全国革命老区县发展史丛书——山西卷

安泽县革命老区发展史

安泽县老区建设促进会 编

山西出版传媒集团 山西人民出版社

图书在版编目（CIP）数据

安泽县革命老区发展史 / 安泽县老区建设促进会编
. -- 太原 : 山西人民出版社, 2022.12
ISBN 978-7-203-12079-7

Ⅰ. ①安… Ⅱ. ①安… Ⅲ. ①安泽县一地方史 Ⅳ.
①K292.54

中国版本图书馆CIP数据核字(2021)第276603号

安泽县革命老区发展史

编　　者：安泽县老区建设促进会
责任编辑：员荣亮
复　　审：贾　娟
终　　审：梁晋华
装帧设计：尹慧娟

出 版 者：**山西出版传媒集团·山西人民出版社**
地　　址：太原市建设南路 21 号
邮　　编：030012
发行营销：0351—4922220　4955996　4956039　4922127（传真）
天猫官网：https://sxrmcbs.tmall.com　电话：0351—4922159
E—mail：sxskcb@163.com　发行部
sxskcb@126.com　总编室
网　　址：www.sxskcb.com

经 销 者：**山西出版传媒集团·山西人民出版社**
承 印 厂：山西万佳印业有限公司

开　　本：787mm×1092mm　1/16
印　　张：21
字　　数：240 千字
版　　次：2022 年 12 月　第 1 版
印　　次：2022 年 12 月　第 1 次印刷
书　　号：ISBN 978-7-203-12079-7
定　　价：148.00 元

太岳政区图
(一九四八年九月)
晋中区
北
太行区
晋绥解放区
豫西区
图例
太岳行署驻地
县城
村镇
省界
区界
专区界
县界
铁路
公路
山峰、河流

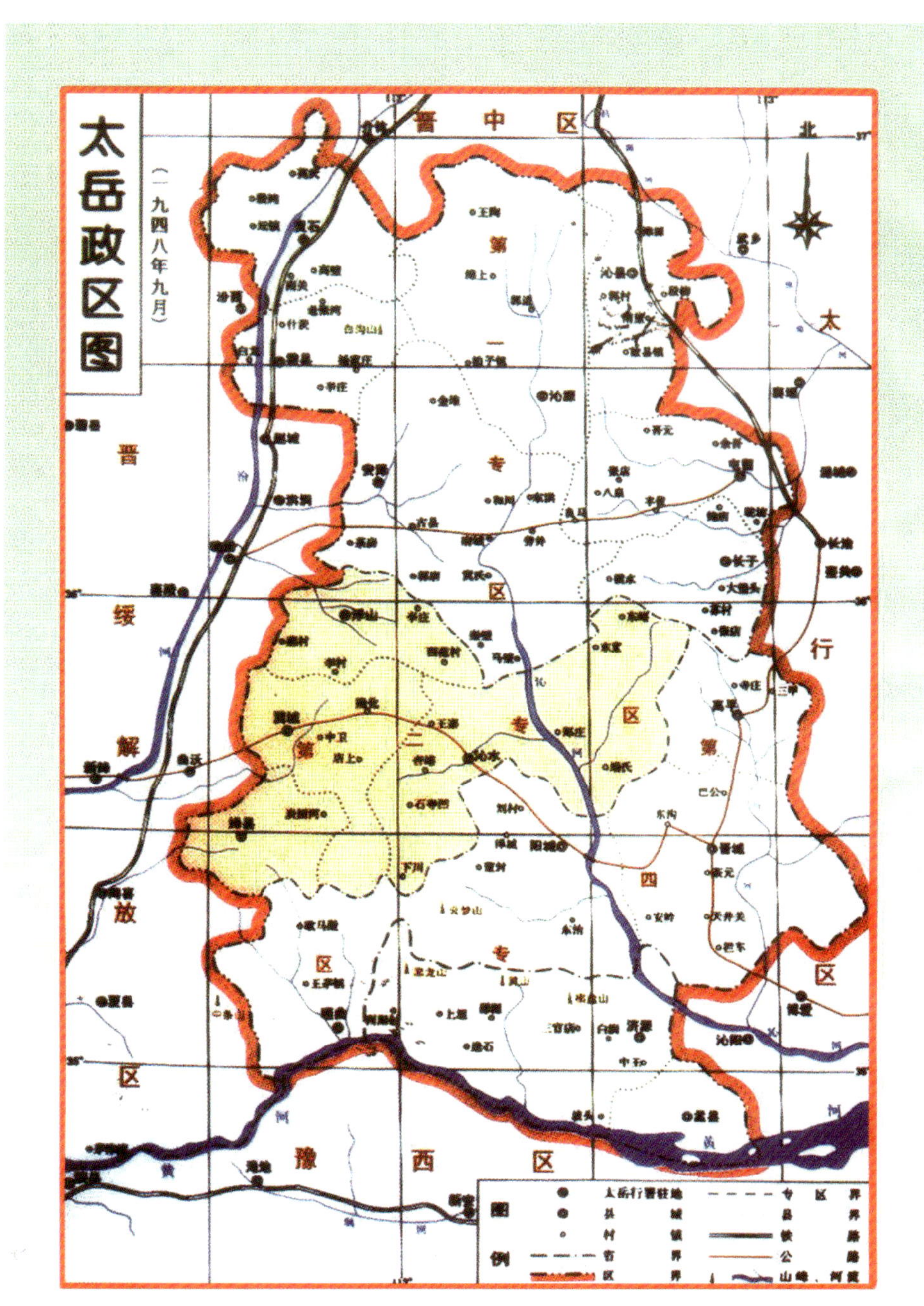

太岳政区图

抗日战争时期在安泽县工作过的主要领导

华逸（女）

安泽县牺盟会特派员

焦善员

安泽县委书记

任明道

先后任岳阳、安泽、冀氏县委副书、书记

严亦峻

冀氏县首任县长

抗日战争时期在安泽县工作过的主要领导

邓肇祥（邓辰西）
安泽县第一任县长

张学纯
安泽县县长

龙光瀛
安泽县工作团团长

宋川
安泽县工作团副团长

王光穿过的衣服

王光用过的围巾

刘少奇用过的布文件袋

红泥沟兵工厂造的子弹

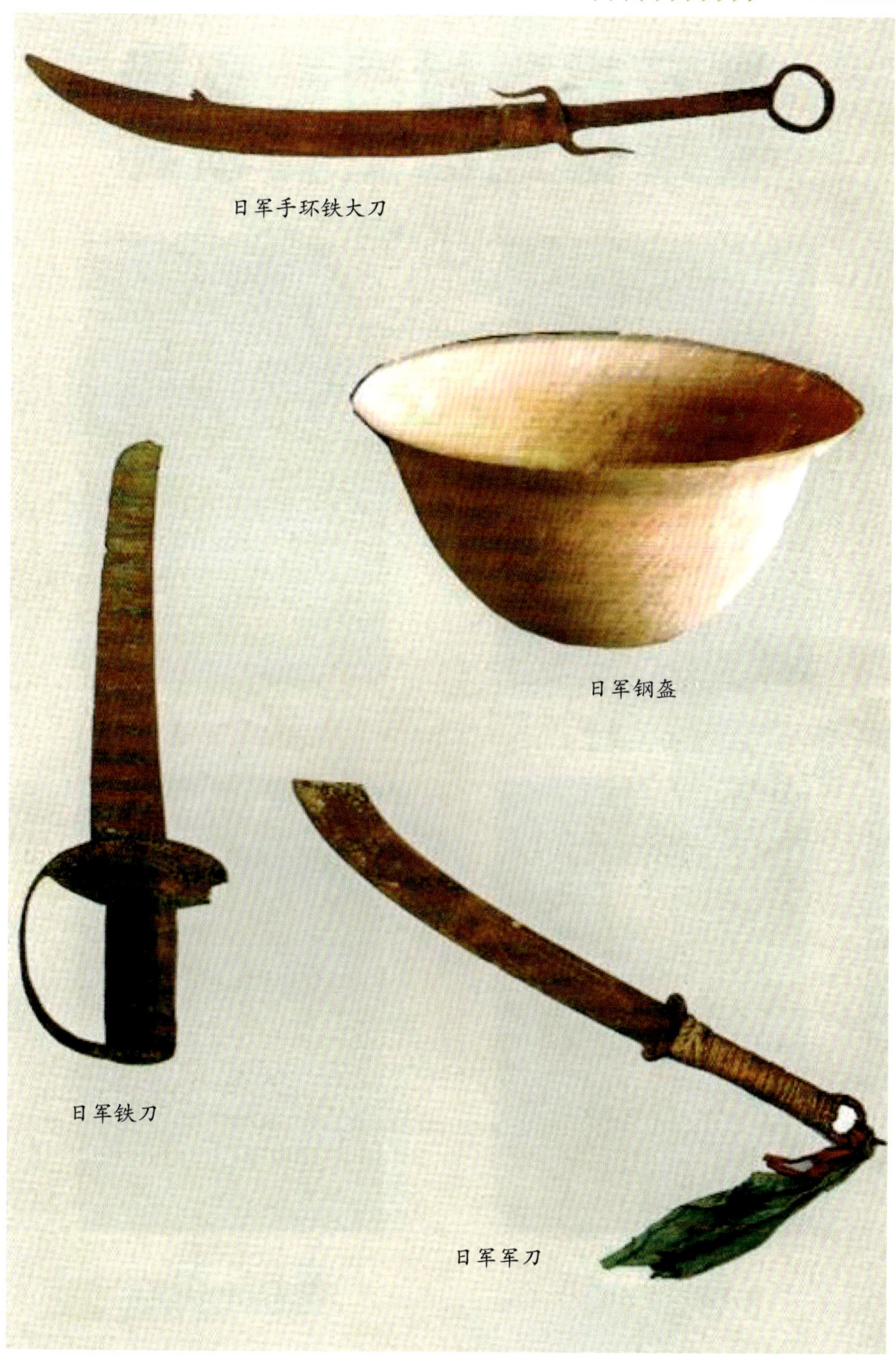

日军手环铁大刀

日军钢盔

日军铁刀

日军军刀

朱德、彭德怀、邓小平等抗日将领在太岳根据地

1938 年朱德总司令指挥草峪岭阻击战

1946 年安泽县战斗英雄合影

1949年10月1日安泽各界庆祝中华人民共和国中央人民政府成立

太岳行署旧址——杜村乡小李村

刘少奇路居——和川镇沁河庄村木家垣

●朱德路居——府城镇李垣村

●石槽会议旧址、邓小平路居——马壁乡石槽村

刘伯承路居——冀氏镇兰村大渠

朱德路居——冀氏镇南孔滩村

安泽县青少年学生在烈士陵园为英烈扫墓

安泽县各界在烈士陵园祭奠革命先烈

●荀子故里——今日安泽

●美丽如画的县城一角

望岳楼——安泽地标性建筑

荀子文化苑——荀子像

黄花似锦　黄花岭

松海波涛　青松岭

红叶似火——红叶岭

冰清玉洁——黑虎岭

郎寨村辣椒种植基地

马壁村苹果园硕果累累，迎接八方来客采摘

安泽县和川镇上田村柴胡千亩种殖基地

郎寨村2万只养鸡场

●连翘的深加工系列产品

丰收的粮食

马壁乡大力发展养羊业

杜村乡发展光伏产业

永鑫焦化生产厂区

安泽一中全貌

府城镇飞岭村新貌

美丽的和川镇车道村

安泽县马壁乡大力发展草编产业帮助农民脱贫致富

县城“月亮湾”休闲广场

安泽县医疗集团

美丽的安泽县城夜景

安泽县丰富群众文化生活的文体广场

●横跨安泽的 G22 高速公路和中南铁路

國務院獎狀

獎給農業社會主義建設先進單位

山西省安泽縣

總理 周恩来

一九五八年十二月二十一日

国务院奖状

《安泽县革命老区发展史》评审会现场

《安泽县革命老区发展史》编纂、评审成员合影

《安泽县革命老区发展史》编纂人员合影

《安泽县革命老区发展史》编纂委员会

顾　　　问：李　强

策　　　划：杨湘萍

主　　　任：赵晨伟

常务副主任：韩建辉　高成锁　郭婷慧
张曙光　魏书亮　崔斗庆　刘　建

副　主　任：赵春亮　亓根平　王朝峰
迟同斌　郭　胜　李　玮
张福增　雷　军　周来群
高　山　冯清华　丁　波
王若刚　王文亮　李软萍
雷改萍　王新文　闫秀武
赵俊峰　张里锁

委　　　员：田俊丽　王文涛　李振胜
徐凤琴　薛长森　王根宝
魏海军　孟连根　罗艳丽
王少华　张田云　任　琨
曹　斌　吴　瑾　李春明
李泽敏　申光耀

《安泽县革命老区发展史》编辑委员会

主　编： 李　玮

副主编： 王东景

编　辑： 逯秀珍　徐向党　李根旺

审　核： 王孝恩　尚志玉　赵贞中

孙德富　郭　胜　董福龙

王元珍　田俊丽　苗敬亮

目　录

总　序

在举国欢庆中华人民共和国成立70周年前夕，中国老区建设促进会王健会长请我为“全国革命老区县发展史丛书”作序，作为一名在老区战斗过并得到老区人民生死相助的老兵，回首往事，心潮澎湃，感慨万千，深感义不容辞。

中国革命老区，是以毛泽东为代表的中国共产党人在领导人民推翻帝国主义、封建主义和官僚资本主义三座大山，争取民族独立和人民解放伟大斗争中建立的革命根据地。在这片红色的土地上，诞生了无数可歌可泣的革命英雄儿女，为后人立起了一座座不朽的丰碑，她是中华人民共和国的摇篮，是党和军队的根。

在艰苦卓绝的战争年代，老区人民把自己的命运与中华民族的命运紧紧地联系在一起，与中国共产党和人民军队的命运紧紧地联系在一起，他们生死相依，患难与共。我亲历过战争年代，并得到过老区红哥红嫂的救助，切身感受到发生在身边的一幕幕感天动地的革命故事。在那极其艰难的条件下，老区人民倾其所有、破家支前，不怕艰难困苦，不怕流血牺牲。“最后一碗米送去做军粮，最后一尺布送去做军装，最后一件老棉袄盖在担架上，最后一个亲骨肉送去上战场”，这是当时伟大的老区人民为建立中华人民共和国做出巨大牺牲的真实写照，它将永远镌刻在中国共产党、中国人民解放军、中华人民共和国的历史丰碑上。他们的光辉业绩永载史册，他们的革命精神必将影响一代又一代的革命新人，造就一代又一代的民族脊梁。

在社会主义革命和建设时期，革命老区和老区人民响应党的号召，面对落后的面貌、脆弱的经济、恶劣的生态环境，他们本色不变，精神不丢，自力更生，艰苦奋斗，干一行爱一行。始终坚持“革命理想高于天”，自觉做共产主义远大理想的坚定信仰者和忠实实践者，勇于向恶劣的自然环境和贫穷落后宣战，他们在各条战线上为国建功立业，用平凡的双手创造了一个又一个不平凡的奇迹，彰显了老区人的崇高精神和人格力量。

在改革开放的伟大进程中，老区人民解放思想，勇于创新，发奋图强，攻坚克难，老区的经济和社会发展取得了辉煌成就。特别是在改变中国的面貌、中华民族的面貌、中国人民的面貌、中国共产党的面貌的伟大实践中发挥了至关重要的作用。老区人民既是改革开放的参与者，也是改革开放的推动者。

艰苦练意志，危难见精神。老区人民在近百年的革命战争、社会主义建设和改革开放的伟大实践中，孕育形成了伟大的老区精神：爱党信党、坚定不移的理想信念；舍生忘死、无私奉献的博大胸怀；不屈不挠、敢于胜利的英雄气概；自强不息、艰苦奋斗的顽强斗志；求真务实、开拓创新的科学态度；鱼水情深、生死相依的光荣传统。这是党和人民宝贵的精神财富、丰厚的政治资源，是凝心聚力、振奋民族精神的重要法宝，也是社会主义核心价值观的重要内容。

中国老区建设促进会怀着强烈的政治责任感和历史使命感，组织全国各地老促会人员克服困难，尽心竭力编纂“全国革命老区县发展史丛书”，记录老区的光辉历史和辉煌成就，传承红色基因，弘扬老区精神，是功在当代、利及千秋的一件大事。手捧这部丛书的部分书稿，读着书中的故事，倍感亲切，深感这部丛书具有资政、育人、存史的社会功能，有着重要的时代和历史价值。它是不忘初心、牢记使命的源头活水，是赞颂共产党、讴歌老区人民的一部精品力作，是弘扬老区精神、传承红色记忆的丰厚载体，是一项继承优秀传统文化、弘扬革命文化、发展社会主义先进文化，坚定“四个自信”的宏大文化工程。它必将成为一种文化品牌，为各界人士了解老区宣传老区支持老区提供一部有价值的研究史料。

希望读者朋友们能从中了解并牢记这些为党和民族的利益不断奉献的老区人民，从中得到教益，汲取人生奋斗的精神动力。新时代赋予新使命，新起点开启新征程。让我们更加紧密地团结在以习近平同志为核心的党中央周围，坚持以习近平新时代中国特色社会主义思想为指导，增强“四个意识”，坚定“四个自信”，做到“两个维护”，弘扬老区精神，铭记苦难辉煌，为实现“两个一百年”奋斗目标，实现中华民族伟大复兴的中国梦做出新的更大的贡献！

迟浩田

2019年4月11日

序

安泽县是革命老区，战争年代是中共太岳区委、太岳行政公署和太岳军区等机关所在地。在抗战和解放战争时期，安泽老区人民在中国共产党的领导下，不畏艰难困苦，不怕流血牺牲。在这片红色的土地上，出现过王光等诸多可歌可泣的先烈，他们的光辉业绩永载史册，他们的革命精神必将影响一代又一代的后来人，成就一代又一代的宏伟大业。

在社会主义革命和建设时期，安泽老区人民响应党的号召，本色不变，精神不丢，自力更生，艰苦奋斗，始终坚持“革命理想高于天”，自觉做共产主义远大理想的坚定信仰者和忠实实践者，用平凡的双手建设自己的家园，彰显了老区人的崇高精神和人格力量。

在改革开放的伟大进程中，安泽老区人民解放思想，勇于创新，奋发图强，攻坚克难，国民经济和社会发展取得了辉煌成就。老区人民既是改革开放的参与者，也是改革开放的推动者，更是改革开放伟大成就的缔造者。

安泽县革命老区过往历史辉煌，今天成就斐然。盛世修志，很有必要专题记述革命老区在中国共产党领导下的发展历史。因此，《安泽县革命老区发展史》的编纂出版，正是这样一项功在当代、惠及后世的有益工作，值得庆贺。

安泽县地处太岳山东南麓，临汾市东部。境内山峦起伏，沟壑纵横，沁河从北至南纵贯全县，309 国道、G22 高速公路横穿西东，中南铁路从境内通过，战略地位非常重要。此地进可攻，退可守，给养有保证，兵员可补充，向为兵家必争之地。在抗战和解放战争中，无数党员带领广大人民群众，不畏艰苦，英勇奋斗，浴血奋战，演绎了一幕幕保家卫国、惊心动魄的悲壮故事。就在这块土地上，无数先烈为中国革命的胜利献出了自己宝贵的生命。共和国的旗帜上，有他们血染的风采。

作为太岳抗日根据地之重要组成部分，许多党的高级领导人、高级军事将领都曾亲临安泽，指导并率领人民群众展开对敌斗争。朱德、刘少奇、邓小平、薄一波、刘伯承、左权、陈赓、安子文、牛佩琮、裴丽生等老一辈无产阶级革命家曾在这块土地上工作过战斗过。安泽是新军决死第一纵队、太岳区党委、太岳行署、太岳军区、岳北地委、专署、军分区、八路军三八六旅、洪赵大队、二一二旅的驻地。军民鱼水情深，安泽的山山水水都为保存和壮大革命力量立下过汗马功劳。

今天，在举国欢庆中华人民共和国成立 70周年前夕，在深入学习习近平新时代中国特色社会主义思想，开展“不忘初心、牢记使命”主题教育活动中，安泽县老区建设促进会经过一年多时间多方收集资料，精心编写出《安泽县革命老区发展史》，全书按新民主主义革命时期、社会主义革命和建设时期、改革开放和社会主义现代化建设时期、全面建设小康社会分为四编，真实记述和总结了安泽县近百年的发展历史，史料翔实、内容丰富，感人至深，给我们开展“不忘初心、牢记使命”主题教育和保持共产党员先进性教育提供了一份鲜活的教材。

宣传我们党的光荣历史，宣传我们党为民族、为人民建功立业的丰功伟绩，用光荣革命传统激励全县人民，爱我安泽，建我安泽，《安泽县革命老区发展史》功不可没；不忘历史，珍惜今天，永葆革命本色，牢记党的宗旨，为人民利益奋斗不息，战斗不止，发扬革命老区人民的斗争精神，把先烈们用生命换来的社会主义祖国建设得更加繁荣富强，是我们毕生的追求。

巍巍太岳山见证着历史的沧桑，滔滔沁河水吟唱着新时代的辉煌。安泽儿女反强暴、抵倭寇英勇悲壮，一方热土铸就了不屈的脊梁。在这青山绿水、美丽富饶的土地上，安泽人民在党的领导下，正在发扬革命前辈的奋斗精神，去创造一个更加辉煌、更加美丽的新安泽。

中共安泽县委书记　李　强
安泽县人民政府县长　赵晨伟
2019 年 9 月

编写说明

2017 年 6 月，中国老区建设促进会组织全国各地老促会启动编纂“全国革命老区县发展史丛书”，按照“建立中国共产党、成立中华人民共和国、推进改革开放和中国特色社会主义事业”三大里程碑的历史脉络，系统书写革命老区百年历史，深入挖掘革命老区红色文化资源，这对于充实丰富中国革命史籍宝库，在新时代传承红色基因、弘扬革命精神、强固根本，对于激励人民在新的历史条件下夺取中国特色社会主义伟大胜利，实现中华民族伟大复兴的中国梦具有重要意义。

丛书编纂以习近平新时代中国特色社会主义思想为指导，以《中国共产党历史》《中国共产党的九十年》等重要文献为基本依据，以党的领导为核心，以老区人民为主题，以老区发展为主线，体现历史进程特征，突出时代发展特色，坚持辩证唯物主义和历史唯物主义相统一、历史真实性与内容可读性相统一的原则，书写革命老区从站起来、富起来到强起来的光辉革命史、不懈奋斗史、辉煌成就史，把老区人民的伟大贡献、伟大创造、伟大成就、伟大精神充分展示出来，形成一部具有厚重历史特征和鲜明时代特色的精品力作。

这是一部培根铸魂、守正创新，既为历史立言，又为时代服务，字里行间流淌着红色血脉、催生着革命激情的传世之作。从书的编纂出版将成为讴歌党讴歌人民讴歌时代、传播红色文化、为革命老区和老区人民树碑立传的重要载体。

丛书按照编年体与纪事本末体相结合，以编年体为主的编写体例确定框架结构；运用时经事纬、点面结合的方式记述史实；坚持人事结合、以事带人的原则处理人与事的关系；采取夹叙夹议、叙论结合、以叙为主的方法展开内容，做到了史料与史论、历史与现实、政治与学术相统一，文献型、学术性、知识性相兼容。

为编纂好“全国革命老区县发展史丛书”，打造红色文化品牌，中国老区建设促进会认真组织积极协商，提出政治立场鲜明、史料真实准确、思想论述深刻、历史维度厚重、时代特色突出、编写体例规范、篇目布局合理、审读把关严格、出版制作精良的编纂出版总要求，力求达到革命史籍精品的精神高度、思想深度、知识广度、语言力度，增强丛书的权威性和社会影响力。各省（区、市）、市（州、盟）、县（市、区、旗）老促会的同志，以强烈的使命感、责任感和紧迫感，勇于担当，积极作为，认真实施，组织起有老促会成员、专家学者等参加的十余万人的编纂队伍。

编纂工作主体责任在县，省、市组织协商、有力指导、审计把关。各方面人员以高度负责的精神和科学严谨的态度，满腔热情地投入工作，为丛书编纂出版做出了重要贡献。丛书编纂工作还得到党和国家有关部委、地方各级党委、政府及有关部门的大力支持和积极参与，社会各界也给予了热情帮助。

中共中央政治局原委员、中央军委原副主席、原国务委员兼国防部长迟浩田上将，对老区怀有深厚感情，对革命老区建设发展十分关注，欣然为“全国革命老区县发展史丛书”作总序。

丛书由总册和 1599 分册（每个老区县编纂 1 分册）组成，共 1600 册。鉴于丛书所记述的史实内容多、时间跨度长和编纂时间紧，不妥之处，敬请批评指正。

中国老区建设促进会

概 述

安泽县位于山西省南部，太岳山东南麓，临汾市东北，东与屯留、长子交界，西与古县、浮山接壤，北与沁源毗邻，南与沁水相连，是临汾、长治、晋城3市交会地。安泽县南北长91公里，东西宽43公里，总面积1967.3平方公里，309国道、G22高速公路纵贯东西，中南铁路跨境而过，326省道南北穿行。

安泽整体地势北高南低形似马鞍，境内山峦起伏、沟壑纵横，最高山峰安泰山海拔1592米，南部沁河谷地海拔800米，山西第二大河沁河由北向南纵贯全境109公里，主要支流有王村河、李垣河、蔺河、兰河、石槽河等23条。境内四季分明，属北温带大陆性气候，春季干燥多风，温升缓慢；夏季短期炎热，雨量集中；秋季温和凉爽，多阴雨天；冬季西北风凛冽，雨雪偏少。温差较大，西南温和，东北寒冷，平均气温9.5℃，极端最高气温35℃，极端最低气温零下20℃，年降雨量500毫米左右，无霜期180天左右。

安泽历史悠久，源远流长，古为炎帝初国，称伊氏邑，是中华“千年古县”。经第三次文物普查，境内府城镇义唐遗址、川口遗址、神南遗址、冀氏南庄遗址、白村遗址和川西洪驿遗址均挖掘出断崖灰坑，大量灰、红两色泥质陶片和石斧、石锤等石器，证明早在5000年前的新石器时代，就有人类在此繁衍生息，是大禹分九州之冀州治所。

安泽人杰地灵，文化底蕴深厚，春秋战国末期思想家、教育家、政论家、文学家，先秦诸子百家的集大成者荀子就诞生于安泽，有“五夫三卿、四代八杰”的晋国上大夫郤芮、冀缺（春秋时晋国人，亦称郤成子，郤芮之子，袭芮之采邑冀），有“完璧归赵”的赵国贤相蔺相如，有协助司马光编纂《资治通鉴》的和川县令刘茹等名人。境内文物资源丰富，现存不可移动文物273处，各类文物保护单位附属碑刻135通，馆藏文物1245件（套），其中一级文物1件，二级文物6件，三级文物45件，全国重点文物保护单位2处，市级文物保护单位1处。

战国时称伊氏，又称伊是，先属韩，后归赵。秦属上党郡。西汉设立县治，置猗（yì）氏县，治同今。晋，猗氏撤县入襄陵。北魏永熙三年（534）取当地北边“安吉”和南边“泽泉”两地名首字，定名安泽，有“安居吉地，泽泉美景”的美好寓意。隋大业二年（606）改安泽为岳阳。千年历史演进，朝代更替不断，县域分合无常。1914年岳阳复原名安泽。1971年安泽与古县分治，屯留县良马公社属安泽。至2010年，安泽辖4镇3乡104个行政村，总人口8.4万人，居民多为汉族，另有回族、佤族、彝族、黎族、蒙古族、满族、拉祜族等少数民族。

安泽境内自然资源和矿产资源丰富。境内林木覆盖率67.2%，林木面积152万亩，木材蓄积量330万立方米。植物垂直分布明显，有林木、果木、药材、花卉、菌类

647 种，中草药 288 种，其中野生连翘量大、质优，产量占到全国的四分之一。有野生动物兽类 23 种，鸟类 47 种。境内较大的河流有 12 条，全年来水量 5 亿立方米。矿产资源方面，已探明煤炭储藏面积 1944 平方公里，总储藏量 247 亿吨，煤层气储量高达 4400 多亿立方米，并且发现了侏罗纪时代 2.5 亿年前的树化石。

安泽县是革命老区。抗战和解放战争时期，朱德、刘少奇、邓小平、刘伯承、陈赓、薄一波等老一辈革命家曾在安泽生活和战斗过，太岳军区党委、太岳行署和太岳军区司令部曾在安泽驻扎两年之久，创建革命根据地，发展党的组织，建立人民武装，开展对敌斗争。安泽人民竭尽全力出兵、出粮、出民工，支援抗战和解放战争取得胜利，1300 多安泽儿女为革命捐躯，涌现出王光、王得胜、尚传文等英雄人物。1950 年统计，安泽全县 17000 多户就有 8000 多户挂上了“光荣军属”红匾。

安泽是个农业县，有着发展农林牧业得天独厚的自然条件。中华人民共和国成立后，安泽人民励精图治，发展生产，精耕细作，粮食产量不断提高。特别是党的十一届三中全会后，以经济建设为中心进行改革，给农民以生产经营自主权，推行土地联产承包责任制，鼓励农民发家致富，粮食生产连续 5 年上新台阶，1984 年总产量达到 73985 吨。1990 年，人均“千树百果十亩林”，牲畜饲养量达 8.2 头（只）。1995 年粮食总产量达 74027 吨（其中玉米 54279 吨）；2010 年粮食总产量达到 105564 吨；2018 年粮食总产量达到 161123 吨。

安泽县是个林业大县，生态环境良好。中华人民共和国成立后，安泽县换书记不换主意，换县长不换主张，连续 21 任县委书记、县长咬定绿化不放松，一任接着一任干，硬是把一个荒山秃岭、洪水肆虐的穷乡僻壤变成如今林海连绵、满目青翠的全国“绿色名县”“生态示范区”“国家级森林公园”。林木覆盖率从中华人民共和国成立前的 3%跃升至当前的 67.2%，居全省第一。

安泽的工业起步较晚，中华人民共和国成立时仅有和川专营酒店的作坊式酿酒。20 世纪 70 年代，工业企业才初具规模，兴办起农机、酿造、化工、建材及食品加工业。1978 年改革开放初期，有乡（镇）工业企业 30 个，从业人员 848 人，年工业产值 500 万元，年实现利润 100 万元。1995 年工业产值 3511 万元。

随着改革开放的深化，经过企业产权制度改革、煤炭资源整合，工业发展模式和格局发生了实质性的变化。至 2010 年，安泽已具规模以上企业 11 户，完成工业总产值 77 亿元，是改革开放初期的 1500 余倍，原煤生产能力 390 万吨，焦炭生产能力 240 万吨，乙醇产能 19 万吨，完成工业增加值 40.14 亿元，实现销售收入 74.14 亿元，利润 12.05 亿元，上缴税金 6.44 亿元，煤、焦、气、化、电产业链初步形成。

在教育、卫生、文化、社会保障以及安全稳定和城乡基础设施建设方面，扎实开展了一系列卓有成效的工作，大力实施“文化共享”工程。图书馆大楼和一大批农家书屋建成，数字电视全面免费覆盖城乡，极大地丰富了群众文化生活。

建成标准一流的安泽一中，对中小学校舍实施安全改造，救助“五类”贫困家庭学生，中小学义务教育免费实现全覆盖。2010年高考有84人达一二本科录取线，再创历史新高。

新建县医院住院部和中医院大楼，与临汾市人民医院合作开展对口援医，群众看病不再难。推进新型农村合作医疗工作并启动了城镇居民基本医疗保险，新型农村合作医疗参合率达91.7%。扩大养老、失业、医疗、工伤保险的覆盖面，对城乡低保工作做到应保尽保、动态管理，使群众享受到最低生活保障。

成立了全国文化信息共享工程安泽支中心，建起县、乡、村三级文化资源网络，兴建荀子文化园、望岳楼、红叶岭、黄花岭、青松岭等一批精品旅游景点，文化旅游业亮点纷呈。完成滨河路、西环路、西北环隧道、神南沁河大桥、安泽黄河京都大酒店等城建重点工程。

完成首轮新农村建设，104个行政村通水泥路达98%，有线电视户户通达96%，人畜饮水解困率达92%，农村合作医疗覆盖率达95%，乡村文化站、所建成达到92%，基层阵地建设远程教育联网、民调组织建成均为100%，新农村建设“五个全覆盖”基本实现，村容村貌焕然一新。

今天的安泽人民在县委、县政府的带领下，人心思进，踏实干事，斗志昂扬。民生持续改善，党风廉政建设从严推进，强大的发展合力正在形成。而今和未来的安泽，经济更加繁荣，社会更加稳定，人民群众的幸福感和满意度逐年提升。

一个全面振兴、绿色崛起、宜游宜居、山水田园的新安泽正在变成可触摸的现实。

第一编　新民主主义革命时期

新民主主义革命时期，据1927年中共太原地委组织部和山西省委向中央报告:安泽县有党员9人,支部1个。1937年7月全面抗战开始时，巩绍英（巩志华）到安泽建立抗日政权,发展各类抗日救国会,秘密开展建党活动。同年11月19日，共产党员邓肇祥（邓辰西）被山西牺盟会委任为安泽县县长。在党内，邓肇祥为安泽县党组织负责人。1938年6月，太岳特委建立了中共安泽县工作委员会（即县委，对外称八路军工作团），归中共太岳特委领导。至此，安泽人民在中国共产党的领导下，进入全面抗战。

此间，太岳党委、行署、军区司令部和二、四两个地委的党、政、军机关均驻扎在安泽县境内。1942年9月，上级党委联席会议如此总结：“……安泽县是太岳区之门户、是前卫。在迎接对敌顽斗争、巩固太岳根据地上是前哨阵地；在主动出击敌顽、扩大阵地上是前进基地；军事上、政治上都处于极其重要的战略地位。安泽是洪洞、赵城、临汾之靠山，洪赵临三县工作之开展首先取决于安泽阵地之巩固。以安泽阵地之巩固为洪洞、赵城、临汾三县对敌斗争（当时浮山划属四地委，1941 年前浮山属二地委）的坚持和取胜提供全力支持。安泽对本地委之区域负有开创建设与巩固根据地之深重的政治任务。”

正因如此，中共太岳区党委确定安泽与冀氏两县为中心县委。太岳区党、政、军驻地的杜村乡，被誉为太岳山上的“小延安”。党领导全县人民，发动群众，开展抗日游击战争，建立和发展抗日民主根据地；实行发展进步势力、争取中间势力、孤立顽固势力和坚持抗战反对妥协、坚持团结反对分裂、坚持进步反对倒退的方针；大力推进党的建设，取得了抗战的胜利。

抗战胜利后，全面内战爆发，党领导全县人民全力支援前线的解放战争，积极出粮、出兵、出民工，全力支援解放战争。

在抗战和解放战争期间，安泽县老区人民做出了巨大贡献。

第一章　中国共产党地方组织

第一节　组织建设

一、建立党组织

中国共产党安泽县的党组织是在抗战时期创建和发展起来的，经历了创建、发展、缩小、分设、恢复、合并、再发展几个阶段。

1936年10月，薄一波受中共北方局的委派到山西建立抗日民族统一战线，接办了阎锡山创办的山西牺盟会。随着抗日救亡运动的发展，薄一波与中共山西省工委书记张友清商定，通过牺盟组织形式，向全省各地派出了牺盟特派员和村政协助员，建立基层抗日政权，发展各类抗日救国会，秘密从事建党活动。1937年7月，巩绍英（巩志华）受派遣到安泽开展工作。同年10月，共产党员邓肇祥（邓辰西）、韩之琛（女）以牺盟会长治中心区巡视员身份到安泽检查工作。11月19日，邓肇祥被山西牺盟会委任为安泽县县长。在党内，邓肇祥为安泽县党组织负责人。同月，八路军在安泽县府城镇设立了分监派出所，积极宣传党的抗日主张，征粮捐款，扩充武装，同时开展建党活动，11月25日，在府城首批发展了4名共产党员，建立了安泽县第一个基层党小组。

1937年11月，安子文受中共中央北方局派遣，在北方局组织部部长彭真的协助下，于次年2月建立了冀豫晋省委驻沁县办事处（对外称八路军联络处），以沁源、沁县、安泽为中心，创建太岳革命根据地，推动了安泽县抗日救亡运动。1938年2月，朱德、左权在安泽指挥了临屯路阻击战，歼灭日军300余人，八路军在太岳区首战告捷，打响了晋南抗日第一枪，极大地鼓舞了太岳民众，坚定了人民抗战必胜的信念。在思想上、组织上促进了安泽县党组织的建设。同年6月太岳特委建立了中共安泽县工作委员会（即县委，对外称八路军工作团），归中共太岳特委领导。之后，一方面举办党员培训班(对外称青训班)，提高党员质量；另一方面发现与培养入党积极分子。到1938年12月，全县共建立了6个党支部，11个党小组，发展党员61名。

1939年1月，中共安泽县委归属新组成的中共太岳地委领导。1939年冬，国民党顽固派发动了第一次反共高潮。同年12月，阎锡山制造了“晋西事变”，把斗争矛头指向共产党领导的八路军及山西新军指战员、牺盟会员和进步分子，在晋东南配合日军进攻上党地区的山西青年抗敌决死纵队及附近的八路军，并破坏抗日民主政权和抗日群众团体。安泽县党组织在太岳区党、政、军直接领导下，坚决斗争，打退了阎、蒋军队的进攻，使党的组织全部安全转移和隐蔽下来。1940年1月，中共安泽县委归属中共太岳二地委。2月，中共中央从大局出发，派八路军后方留守处主任萧劲光、八路军副参谋长王若飞到陕西秋林镇与阎锡山商谈，通过和谈，阎同意了中共6条意见，达成了划定驻区、分区抗战的协议。安泽党组织的活动范围缩小到临（汾）屯（留）公路以北地区，路南党组织转入隐蔽状态。8 月，为抗战之需要，太岳区党委决定从安泽分设岳阳县。中共岳阳县委仍属中共太岳二地委领导。

1941 年夏，日军发动中条山战役，国民党 20 万军队从岳南地区败退。太岳区党委和太岳军区组织了强大的南下支队，开辟岳南抗日根据地。1941 年 6 月，建立了冀氏县抗日民主政府，同年 8 月，岳南地委派出工作团组成了中共冀氏县工作委员会，归属中共太岳四地委领导。

1941 年至 1942 年，日军对安泽、冀氏实施“扫荡”，意在摧毁根据地军民的生存条件。在极其困难的岁月里，党领导两县人民开展针锋相对的斗争，粉碎了日军建立“山岳剿共实验区”的阴谋。在斗争中，许多共产党员献出了自己宝贵的生命，冀氏县四区女区长王光，就是安泽烈士群体的杰出代表。

1942 年 1 月，中共中央《关于抗日根据地土地政策的决定》发布后，安泽党组织领导全县人民开展减租减息运动，扶助农民减轻地主的封建剥削，确实保证农民的承佃权，实行二五减租，激发了群众的抗日斗志。同年 4 月 3 日，专署和安泽县政府合一办公，专员杨少桥兼安泽县县长。同年 11 月，原地委组织部部长石萍（宋洁涵）到安泽任中心县委书记。同月，岳阳县并入安泽县。1943 年 3 月，中共安泽县委归属中共太岳一地委。中共冀氏县委归属新组建的太岳三地委领导，同时被太岳区党委确定为中心县委（亦称示范县）。1944 年，安泽、冀氏两县贯彻执行中共中央“发展生产，渡过困难”的号召，共产党员模范带头，干部百姓全部出动，开展了轰轰烈烈的大生产运动。历经漫长抗战，党组织、政权组织和地方武装不断发展壮大，到抗战胜利前夕，安泽、冀氏两县共建立党支部 82 个，发展党员 2105 人。

抗战胜利后，蒋介石为抢夺人民胜利果实，1946 年 6 月撕毁停战协议，挑起了全面内战。中共安泽县委和县政府根据太岳一地委、一专署的指示和布置，在动员与组织全县共产党员和人民群众支援人民解放战争中，狠抓党、政、军组织的发展和整顿工作，强化支持前线的力量，积极组织民兵民工支前参战，动员党员干部参军。1945 年 12 月，中共安泽县委归属中共太岳新一地委。

为便于统一领导，1946 年 11 月安泽、冀氏两县合并。当年在土改的基础上，颁发了土地证，农民有了自己的土地和房屋，从而更加信赖共产党，极大地调动了生产支前的积极性。全县人民积极参军参战，开展反奸清算和土地改革运动，恢复和发展生产力，为解放战争的胜利做出了新贡献。

1947 年 12 月新窑沟整党后，中共安泽县委正式公开，次年 9 月，石渠村党支部第一个公开之后，全县党组织相继公开。解放战争时期，安泽共有 6244 名共产党员、革命干部、进步青壮年踊跃参加了人民解放军，其中 309 名优秀干部走出家门，西进南下，开辟新区。1949 年 8 月，中共安泽县委归属中共翼城临时地委。1949 年 9 月底，安泽县共建立党支部 95 个，党员发展到 2283 名，占全县总人口 83684 人的 2.07%。

1938年10月—1949年9月
中共安泽县委领导人员名录

姓　名	籍　贯	任职时间	职　务
张　潮	四川云阳	1938.10—1939.5	县委书记
任志远	山西沁源	1939.5—1939.10	县委书记
韩　柏	山东馆陶	1939.10—1940.2	县委书记
郝可铭	山西洪洞	1940.2—1940.6	县委书记
王大经	山西洪洞	1940.6—1940.11	县委书记
任明道	山西沁源	1940.11—1942.11	县委书记
石　萍	辽宁辽阳	1942.11—1945.9	县委书记
葛　莱	四川酉阳	1945.9—1946.12	县委书记
董　峰	山西霍县	1947.1—1947.12	县委书记
葛　莱	四川酉阳	1948.1—1949.4	县委书记
郭树塘	山西沁源	1949.4—1949.9	县委代书记

1941年8月—1946年11月
中共冀氏县委领导人名录

姓　名	籍　贯	任职时间	职　务
张　谦	河北邯郸	1941.8—1942.6	县委书记
安　振	河北磁县	1942.6—1942.8	县委书记
任荣廷	不祥（待查）	1942.8—1943.1	县委代书记
任明道	山西沁源	1943.1—1944.1	县委书记
徐　林	陕西	1944.1—1945.12	县委书记
董　峰	山西霍县	1945.12—1946.11	县委书记

二、党员发展

1927 年，中共太原地委组织部和山西省委向中央的报告称：安泽县有党员 9 人，支部 1 个。同年，中共山西省委向中共北方局报告称：安泽县共有党员 9 名。

1937 年 11 月，八路军分监派出所进驻府城镇，所长黄操龙、指导员陈郁。为方便工作，吸收进步青年张效亭、温国华、侯其昌、孙勤贤 4 人加入共产党。

1938 年 9 月，中共太岳区特委派遣八路军工作团进驻和川，副团长宋川，成员董省三、陈登善，分中、南、北三片物色对象，发展党员。10 月宋川先在西洪驿村吸收尚宪纲、贺戊生、李海东为入党积极分子，随后尚宪纲到岭南村找到吴兴国，又相邀王学礼、常显耀3人到工作团团部，要求入党。董省三通过侯其昌、温国华了解情况，在高壁、西上寨、石槽等村发展入党对象；陈登善在北崖底通过郭树塘寻找积极分子。11月下旬在岭南村以集训农救会骨干的名义举办第一期党训班，参加的人员有：西洪驿村尚宪纲、贺戊生、李海东、李银德、李佑生、王东成，岭南村吴兴国、王学礼、常显耀、苗松田，高壁村张鸿德、亓永德、吴熙春、陈兆旭、陈昭荣，西上寨村张廷栋、张廷臣、刘体旺、付聚才、王德寿、牛秀山，石槽村张立业、郭正庭、郭先法、郭先义、王永珍、李合计，义唐村刘启敬、段立功、孙衍忠，桃曲村马继才、周德方，北崖底村郭树塘、崔福堂、弓金海，上县村范登华、张玉龙、刘万华等40多人，集中学习了《党章》《抗日救国十大纲领》。当年，太岳特委组织部的报告称安泽县有党员61名。

1919年，安泽县下设城关、旧县、府城、唐城4个区行政公所。1939年，全县4个区都派出分委，扎扎实实抓党建。9月在双头村开办第二期党训班，罗云、双头、议亭、上田、安上、孔村、北崖底、和川、石渠、上县、大黄、兰村各村还有今属古县的贾寨、宝丰、圪堆、金堆、多沟、曹寨（上治）、朱家窑等村的党员60多人参加，由八路军工作团团长韩柏（焦善民）、成员王云、李时维主讲党的知识、党员的权利义务以及党员的先锋作用。在抗日烽火考验与民主改革进程中，无产阶级先锋队组织日渐壮大，年末全县党员计有141人。1940年4月至1945年

8月，安泽县党组织在和川以北的唐城、罗云一带，带领群众坚持抗战。1945年8月，安泽县计有党员1414人。

1941年9月，中共冀氏县委建立，首先是慎重地恢复多数党员的组织生活。西上寨及桃寨村的11名党员在“晋西事变”中保持本色，无一动摇。石槽村原有党员9人，经审查郭正亭、郭先法、王家珍、段成德、李合计、郭先义6人登记。翌年2月前，在郎寨、河阳、辛庄、冀氏新发展10多名党员。对于在事变中不屈从压力从陵川逃到李庄的赵正虎、郭汉英，取得力证后恢复关系，委以重任。冀氏县正式物色发展党员是在1942年秋至1944年春“减租减息”高潮中进行的。1945年末，共计有党员587人，其中女党员67人。

1946年10月底安泽、冀氏合并，随之发动土地改革运动。1948年结合土改“纠偏”整党建党，淘汰了思想堕落与违法乱纪者，同时也增添了新鲜血液。1949年末，全县计有党员2283人，占总人口的2.72%。

三、基层组织

党支部 1937年9月，八路军分监派出所进驻安泽县府城镇（住敬兴王号），积极宣传党的抗日主张，征粮募款，扩充武装，秘密建立党的组织，同年11月25日在府城镇首批发展侯其昌、温国华、孙勤贤、张效亭4人加入中国共产党，建立了安泽县第一个基层党小组。1938年10月，中共太岳区特委在安泽正式建立中共安泽县工作委员会，当年成立高壁、西洪驿、上县、上田、石槽、西上寨6个党支部。1939年12月至1940年4月，国民党顽固势力发动十二月事变，破坏抗日民族统一战线，安泽县党组织采取应变措施，全县党组织转入隐蔽斗争。1941年2月，安泽县有党支部16个，党小组61个。

1940年8月，鉴于县域东西长达百余华里，指挥不便，太岳区党委决定在安泽西部设岳阳县，1942年3月又并入安泽。此间，岳阳县委有党支部9个，党小组31个。从1940年4月开始，安泽县党组织在和川以北的唐城、罗云一带，带领群众坚持抗战，1945年8月，安泽县党支部发展到54个。

中共冀氏县委　1941年8月，中共冀氏县工作委员会成立后，恢复、整顿了石槽、西上寨党支部，新成立了郎寨和斜沟党支部。当年9月，阎锡山、国民党分别扶持的县政府垮台后，冀氏县委随即开辟河东地区。1942年8月，冀氏县全县统一，党组织活动迅速发展。1945年8月，冀氏县党支部发展到28个。

解放战争初期，安泽县、冀氏县并存两个县委。1946年初，临汾地区同蒲铁路以东的太岳区大部分解放。为了统一领导和指挥，1946年11月，太岳区党委和太岳行署决定，将抗战时期设置的冀氏县并入安泽。

1947年春，安泽县开展土地改革运动。解放战争期间，中共安泽县委的主要任务是组织民兵、民工支前参战，动员党员干部参军。安泽县先后6次选派309名干部到全国各地开辟新解放区。有6244名优秀党员、革命干部、热血青年踊跃参加人民解放军。1949年底，安泽县党支部发展到95个。

区委　中共安泽县委于1938年10月成立后，下属城关、旧县、府城、唐城 4 个区分委员会（简称区分委）。1940 年 1 月，下属城关、旧县、飞岭、唐城、北崖底、北平 6 个区分委。同年 8 月，安泽、岳阳两县分治后，中共安泽县委下属和川、唐城、大黄、花车、罗云、宝丰 6 个区分委。1942 年 4 月，安泽和岳阳两县合并后，中共安泽县委下属和川、唐城、上治、热留、罗云、北平 6 个区分委。

1941 年 8 月，中共冀氏县工委成立（后称县委），下属河东、河西、岭西 3 个区分委。同年 10 月，有兰村、郎寨、杜村、东上寨 4 个区分委。

抗战胜利后，安泽、冀氏两县并存。1946 年 11 月，冀氏县并入安泽县。中共安泽县委下属区分委 11 个。1948 年 4 月调整区划，区分委调整为 7 个。

中共冀氏县委 1945 年 8 月，上属太岳三地委。同年 12 月，太岳三地委改为太岳二地委，冀氏县归属太岳二地委。中共冀氏县委下属组织（1945.8—1946.11）有兰村、郎寨、杜村、东上寨 4 个区分委。

四、县委工作机构

中共安泽县委于 1938 年 10 月成立，下设秘书室、组织部、宣传部 3 个工作部门；中共冀氏县工委（后改称县委），1941 年 8 月成立，下设秘书室、组织部、宣传部 3 个工作部门。1946 年 11 月，根据太岳区党委和太岳行署决定，冀氏县并入安泽县，中共安泽县委下设工作机构未变。1948 年 1 月增设社会部。

第二节　党员教育

1938 年 11 月，县委在岭南村举办一期为时两周的党员训练班，任务是发展党员、建立支部。到年底，先后建立了高壁、西洪驿、上县、上田、石槽、西上寨等支部。

1942 年全党整风，8 月县委组织干部学习《〈农村调查〉的序言和跋》《改造我们的学习》《整顿党的作风》等，联系实际，对照检查，改造思想，克服主观主义。1943 年 4 月，安泽县委在唐城开办干部训练班，先后 4 期 140 多人参加培训。这些马克思主义和毛泽东思想的基础建设，对当时及随后的革命实践具有深远意义。

第三节　整党整风

1947 年 1 月，中共安泽县委在新窑沟整党，同时县委正式公开。

1948 年春到 1949 年 9 月，县委结合土改纠偏，对全县党支部进行整顿，党员进行学习教育。1948 年春，县委贯彻晋冀鲁豫中央局冶陶会议精神，对前一段土改工作中出现的“左”的倾向做了纠正。同时，县、区党员参加了地委召开的会议之后，全县开始“三查三整”（地方查阶级、查思想、查作风；部队查阶级、查工作、查斗志。三整是整顿组织、整顿思想、整顿作风）为内容的整党运动。同年 5 月，在地委工作组的帮助下，县委组成 3 个工作组 47 名干部，分赴和川、高壁、大黄 3 个村进行土改纠偏，整党和建立民主生活实验村试点。同年9月，石渠村第一个党支部公开。为了加强党的自身建设，提高党组织的战斗堡垒作用，同年10月下旬，县委召开扩大会议，全面部署整党、结束土改、民主建设、生产4项工作。同年11月1日，县委决定第一批整党的35个支部，分南（北孔滩）、北（贾寨）、西（湾里）3个片集训。1949年2月4日，第一批整党开始。县委抽调189名干部下乡，帮助33 个支部整党。针对土地改革中暴露出的侵犯人权、违法乱纪、贪污腐败、腐化堕落、革命意志衰退等问题，开展党的基本知识教育，指明小农思想与共产主义理想的原则区别；仗势欺人，目无法纪，多得果实是党的纪律不允许的；引导党员开展批评与自我批评，同时结合公开党组织，发动群众评议党员。

4月底，63个村土改结束。工作转入集中大生产。同年5月13日，全县党支部和党员全部公开：一区党员264人，二区288人，三区260人，四区362人，五区369人，六区321人，七区270人。全县总计党员2084人。经过整顿，增加了新鲜血液，提高了战斗力，密切了党群关系。

同年2月底，安泽县108名优秀干部组成“长江支队第二大队第二中队”赴闽开辟新区。

第二章　建立人民政权

抗战和解放战争期间，在中国共产党领导下，成立了县抗日民主政府和县民主政府。

第一节　县政府

一、县抗日民主政府

安泽县抗日民主政府　1937 年 11 月 19 日，山西牺盟会委任共产党员邓肇祥为安泽县县长。邓肇祥接任县长后，在共产党人朱剑白、邓丰礼（邓志坚）、祁果、韩之琛（女）、巩绍英等配合下，积极发动群众，改造旧政权、实行合理负担、发展抗日武装，引起国民党驻军的不满。1938 年 3 月 8 日，邓肇祥被国民党中央军八十三师扣押。5 月初，太岳区党委薄一波、牛佩琮同中央军八十三师师长刘戡几经交涉，邓肇祥才得保释。为避免冲突，缓和同国民党驻军的矛盾，太岳区三专署派思想倾向共产党的民主人士傅从隆（傅珂亭）出任安泽县县长。国民党八十三师拒绝傅从隆进城，傅只好在城外工作。在这种情况下，太岳区特委于 5 月下旬决定派在决死一纵队做民运工作的共产党员张学纯到安泽任县长。6 月，张学纯受命带武装人员到安泽，成立安泽县抗日民主政府。7 月，县政府机关由原来驻地城关镇（今属古县）移驻和川镇。1941 年 8 月，晋冀鲁豫边区政府成立，9 月，边区政府撤销太岳专署成立太岳行署，安泽县抗日民主政府受晋冀鲁豫边区第八专署（亦称太岳二专署）领导。1943 年 3 月，晋冀鲁豫边区政府调整太岳行署所辖各专署区划，安泽县抗日民主政府受太岳第一专署领导。

太岳行署下达的县政府编制为行政干部 21 人，杂职 22 人。抗战时期，县政府无固定驻地，先后移驻城关、和川、罗云、双头、议亭、周家口、石仁坪、唐城、议宁、野虎沟、亢驿、北三交等地，抗战胜利后返回和川镇。

岳阳县抗日民主政府　1939 年冬，国民党顽固派发动了第一次反共高潮。同年 12 月，阎锡山在山西制造“晋西事变”，安泽县党组织被迫转入隐蔽中坚持斗争。1940 年 8 月，针对日、阎、蒋军争夺岳北和岳南之间地带，以及县委、县政府驻地和川一带东西长达百余华里，翻山越岭指挥不便，太岳区党委决定，将安泽县一分为二，在安泽县西部设岳阳县，随之成立中共岳阳县委和岳阳县政府。1942 年 3 月，太岳行署在简政中实行并县、并区、并村。4 月，晋冀鲁豫边区第八专署（太岳二专署）和安泽县政府合一办公，岳阳县并入安泽县。

冀氏县抗日民主政府　1939 年“十二月事变”后，安泽县被以临（汾）屯（留）公路为界一分为二。路北为太岳区管辖，路南为国民党军驻防。1941 年中条山战役后，国民党 20 万军队被打垮，其第九十三军移防陕南韩城、第九十八军仍留岳南一带。6 月，中共太岳区党委在安泽县冀氏镇北孔滩村建立了岳南第一个抗日民主政府冀氏县政府，所辖为安泽县三区府城之区域。7 月，为联合抗日，太岳军区司令员陈赓和国民党第九十八军军长武士敏在杜村乡桑曲村谈判达成3条协议，双方划界，互通情报，团结对敌。之后，冀氏县河东区撤销、岭西区划归浮山县，县政府由北孔滩村迁驻冀氏镇。9月，国民党第九十八军与日军作战失利，军长武士敏殉国。10月，国民党全部撤出冀氏县境，冀氏县政府随即开辟河东地区，全县发展为4个区政权，冀氏全县统一。

1944年2月27日，在冀氏县军民的破袭下，府城镇日军与草峪岭日军逃向洪洞县，府城镇宣告解放。至此岳南（冀氏县）的日伪据点全部拔除。1941年6月，冀氏县抗日民主政府归太岳区岳南办事处领导，11月，岳南办事处撤销，冀氏县改为岳南专署领导。1943年3月，太岳区重新设5个专署，冀氏县政府归太岳第三专署领导。抗战时期，冀氏县抗日民主政府驻地先后为北孔滩村、冀氏镇。

二、国民党、日伪县政府

国民党安泽县政府 1939年12月初，阎锡山制造“十二月事变”，疯狂进攻决死纵队和新军，捕杀共产党人。此时，安泽县国民党驻军很多，阎锡山的势力也不小，日军占领县城（岳阳镇），斗争形势十分复杂，各派各家在安泽自立县政府。12月中旬，国民党第九十八军进驻临（汾）屯（留）路南后，在安泽县杜村成立了国民党县政府（“杜村县政府”），1941年10月上旬，国民党第九十八军与日军作战失利，军长武士敏殉国，国民党在杜村成立的县政府垮台。

国民党安泽县政府（阎系） 1939年12月中旬，阎锡山的二战区第四十三军驻防马壁乡东里村，1940 年 3 月成立阎系安泽县政府（“东里县政府”），李绍光出任县长。管理临屯路南安泽区域，机构设置大体与安泽县抗日民主政府（岳北抗日县政府）相同，只是公安局初称保安营，多一官监民办的差务局。1940 年 5 月，国民党第九十三军派员接管，吴万桥出任县长，并扣押有抵触行为的阎系政府保安营长刘志英。1941 年 5 月底国民党第九十三军撤离安泽进入陕西。

日伪安泽县政府 1939 年 4 月 23 日，日军在安泽县城关镇（今属古县）设固定据点，急欲建立维持会；6 月起用破落地主王锡山出任会长，收买旧职员安金阜（平遥人）充当秘书。王系大烟鬼，名声扫地，遭弃；9 月，从太原拉来田杰（崞县人）及李中和、赵博生等一伙支撑局面，田任会长。1940 年 7 月，维持会移至旧县镇，由杨俭（曲沃人）任知事。1941 年 12 月，改维持会为知事署。1942 年 3 月，知事署改称县政府，复进驻县城，杨出任县长，同时设立民政、财政、教育 3 科及警察所、合作社；扩充警备中队为大队，杨兼任警备大队长。然而，杨实为傀儡，县政府全权操纵在日本顾问手里。1943 年 9 月 2 日，八路军与游击队袭击城关，捣毁县政府、警察所、合作社，冲垮警备大队，杨俭他去，贾震海填缺；同年 12 月，阎日秘密协议，由阎部第六十一军营副张从龙（和顺人）带张步腾（山东历城人）、刘龙（阳城人）、凌子期（阳城人）由晋西经临汾到安泽接管了伪政府，张从龙任县长兼警备大队队长，张步腾任副大队长。二张奸诈狠毒，残酷杀害抗日军民及亲属 380 多人，人称杀人魔王。日伪政府协助日军推行强化治安，逼迫维持区百姓领良民证，暴征苛捐。1945 年年中，安泽军民配合太岳第一军分区主力一部向日伪军展开全面进击，5 月 5 日占领黄粱据点，5 月 11 日占领旧县、青树垣日伪据点。5 月 12 日，迫使日伪军放弃岳阳城据点向洪洞撤退，安泽县全境宣告解放。

三、县民主政府

安泽县民主政府　1945 年 9 月抗战胜利后，安泽县抗日民主政府改称安泽县民主政府，受晋冀鲁豫边区太岳行署一专署领导。同年 12 月，太岳行署行政区划调整，安泽县民主政府受调整后的一专署领导。1946 年 11 月，太岳区行署决定冀氏县并入安泽县。1949 年 8 月，太岳行署停止办公，一专署撤销，成立翼城临时专署，安泽县民主政府受翼城临时专署领导。1945 年 8 月，县政府工作机构有秘书室、公安局、财粮科、民政科、司法科、教育科、邮政局、经济局和岳北总店。9 月，增设人民银行、税务局。1946 年 7 月，撤销经济局和岳北总店，成立德顺和（是党组织领导下的、由经济局和岳北总店沿革而来的一个科级机构和经济组织，以私人商号名义开展经济活动）。11 月增设建设科。1947 年 3 月撤销税务局，成立工商税务联合局。8 月，民政科、教育科、司法科合并称为第一科；财粮科为第二科。9 月，成立县联社。1948 年 9 月撤销第一科，恢复民政、教育、司法科；撤销第二科，恢复财粮科。

冀氏县民主政府　抗战胜利后，冀氏县抗日民主政府改称冀氏县民主政府，隶属于晋冀鲁豫边区太岳行署第二专署领导。冀氏县工作机构设有秘书室、公安局、民政局、财粮科、教育科、司法科、生产科、邮政局8个工作部门。1946年11月冀氏县并入安泽县。

安泽县抗日民主政府、民主政府县长

姓　名	籍　贯	任职时间	职　务
邓肇祥	山西临汾	1937.11	牺盟安泽县长
傅从隆	山西崞县	1938.4	抗日民主政府县长
张学纯	陕西神木	1938.6—1940.1	抗日民主政府县长
纪锦章	河北乐亭	1940.1—1942.4	抗日民主政府县长
杨少桥	山西徐沟	1942.4—1943.3	抗日民主政府县长
贾茂亭	山西汾城	1943.3—1944.4	抗日民主政府县长
卫丽天	（待查）	1944.2—1945.3	抗日民主政府代县长
田　英	山西芮城	1945.3 —	抗日民主政府县长
南继舜	山西沁源	1945.10—	民主政府县长
刘　琦	山西安泽	1946.11—	民主政府县长
雷　宏	山西沁源	1947.11—	民主政府县长
李志忠	山西古县	1949.3—1949.9	民主政府县长

冀氏县抗日民主政府、民主政府县长

姓　名	籍　贯	任职时间	职　务
严亦峻	山西河津	1941.6—1942.1	抗日民主政府县长
赵大斌	四川长寿	1942.1—1942.7	抗日民主政府县长
张芸生	山西芮城	1942.7—1942.10	抗日民主政府县长
李绍文	山西河津	1942.10—1943.2	抗日民主政府县长
张天乙	山西平陆	1943.2—1945.6	抗日民主政府县长
侯福珍	山西沁县	1945.5—1945.8	抗日民主政府县长
侯福珍	山西沁县	1945.8—1946.2	民主政府县长
刘　琦	山西安泽	1946.2—1946.11	民主政府县长

第二节　抗日民主政府职能部门

一、安泽县

1938 年 6 月，安泽县抗日民主政府成立后，下设秘书室、公安局、财政科、教育科、司法科。7 月，增设民政科。1940 年 1 月设贸易局，4 月设粮食科，11 月设交通局。1942 年 11 月，贸易局改称工商局，增设监委。1943 年 3 月，财政科、粮食科合并为财粮科。1945 年 5 月，交通局改邮政局，撤销工商局，成立经济局和岳北总店。

二、冀氏县

1941 年 6 月，冀氏县抗日民主政府成立，下设秘书室、公安局、财粮科。1941 年 10 月，设民政科。1942 年春设教育科，4 月设司法科，7 月设生产科。1943 年 3 月，设交通局。1945 年 5 月，交通局改称邮政局。

第三节　民主政府职能部门

一、安泽县民主政府

1945 年 8 月，抗战胜利后，安泽县抗日民主政府改称安泽县民主政府，设秘书室、公安局、财粮科、民政科、司法科、教育科、邮政局、经济局、岳北总店。1945 年 9 月，设人民银行、税务局。1946 年 7 月，撤销经济局和岳北总店，设立建设科和德顺和。1947 年 3 月，撤销税务局，成立工商税务联合局。8 月，民政科、教育科、司法科合并为第一科，财粮科为第二科。9 月成立县联社。1948 年 9 月，撤销第一科，恢复民政科、教育科、司法科；撤销第二科，恢复财粮科。

二、冀氏县民主政府

抗战胜利后，冀氏县抗日民主政府改称冀氏县民主政府。从 1945 年 8 月到 1946 年 11 月，安泽、冀氏两县合并前，冀氏县工作机构设有秘书室、公安局、民政局、财粮科、教育科、司法科、生产科、邮政局 8 个工作部门。

第四节　区乡（社）机构

1937 年 7 月日军入侵后，为适应抗日斗争形势，实行大编村制，编村主任由县政府委任，脱产或半脱产，行使一级政权职能。1941 年，区域划小，领导加强。设区长、副区长和民政、财粮、文教、生产助理员及文书。1948 年，文书称秘书，增公安助理员。

一、安泽县抗日民主政府、民主政府

1938 年 6 月至 1940 年 1 月，安泽县抗日民主政府下辖 4 个区公所。1940 年 1 月至 8 月，下辖 6 个区公所。

1940 年 8 月至 1942 年 3 月，安泽将县西部地区划出成立了岳阳县，此时的安泽县下辖 6 个区公所。

1942 年 4 月，安泽县与岳阳县合并，岳阳县归属安泽县。至 1945 年 8 月，全县下辖 6 个区公所。

1945 年 8 月至 1946 年 11 月，安泽县民主政府下辖 7 个区公所。

1946 年 11 月至 1948 年 4 月，下辖 11 个区公所。

1948 年 4 月至 1949 年 9 月，下辖 7 个区公所。

二、冀氏县抗日民主政府、民主政府

1941 年 6 月至 10 月，冀氏县抗日民主政府下辖 3 个区公所。1941 年 10 月至 1945 年 8 月，下辖 4 个区公所。1945 年 8 月至 1946 年 11 月，冀氏县民主政府下辖 4 个区公所。

第五节　村级机构

编村　抗战开始后，实行大编村制。全县 4 区辖 29 个编村。

村　抗日民主政府实行区辖村。安泽县领6区58村，冀氏县领4区29村，

行政村　1946年10月，安泽、冀氏两县合并，全县调整为行政村97个。中华人民共和国成立初，调整为98个。村民会议选举产生正副村长和若干委员，村委任期一年，可连选连任。设书记1人，负责保管文件，处理日常事务。

第三章　建立人民武装

第一节　战略位置

一、军事地位

安泽县位于山西中南部、太岳山腹地东南麓，处于临汾和长治之间，临（汾）长（治）路309线横贯县域。晋南临汾系天下之要会，长治古称上党，据天下之肩脊，安泽居其间，居高负险，向为兵家必争地。

抗战时期，安泽域内有共产党、八路军建立的广大农

村根据地；有国民党中央军、阎锡山第二战区的驻军驻防；有日军和伪军设立的据点，占领的县城和交通线，各种势力犬牙交错，斗争极其惨烈。安泽处于抗日斗争的前沿，是中共太岳区根据地的前哨门户。解放战争时期，安泽是解放晋南地区和支援全国战略反攻的大后方，全县建战时粮库 14 座，囤积军粮，随时支援前线。

二、军事要地

府城镇　1951 年 5 月 6 日，安泽县党政军领导机关由和川迁驻府城。府城镇西靠山岳，东临沁河，地处川谷盆地，309 国道、326 省道东西南北交会，是全县政治、经济、文化中心和经济贸易重镇，自古多产粮食，有“拉不完的府城”之说。府城是军事要地，抗战时期，日军曾在府城四周的枣圪堆、大圪垴、城墙岭、草沟岭构筑据点。这里曾进行过临屯路府城阻击战、府城攻坚战和柳寨伏击战等较大战斗。

和川镇　位于县城（府城）北 15 公里。抗战时期，1938 年 7 月 1 日，安泽县抗日民主政府机关由岳阳城（今古县城北 1 公里处老城）迁至和川。1939 年 5 月 14 日，日军攻陷和川，安泽县抗日民主政府迁往罗云。1946 年 11 月，冀氏、安泽两县合并，安泽县党政军领导机关重迁和川。战争年代和川为岳北 5 大市场之一。

唐城镇　位于县城北 30 公里，地处蔺河中游。相传唐王李世民东征时曾在此地驻扎，训练士兵，另传说古时唐尧筑城于此，故名唐城。1940 年 5 月，安泽县抗日民主政府机关移驻唐城镇。

冀氏镇 位于城南 20 公里，处于安泽南半县交通要塞。抗战时期，冀氏镇为临屯路以南国民党驻防区。1941 年 6 月，在开辟岳南抗日根据地时，成立冀氏县抗日民主政府。同年 8 月太岳专署岳南办事处在冀氏村建立。1946 年 10 月，冀氏县并入安泽县。

第二节 军事机关

一、县保卫团部

民国初年，县公署设民治（政）科，兼管募兵和治安。1929 年设县保卫团团部，由县长兼任保卫团团长，区长兼区保卫团团长，负责训练团丁，协助公安局维持地方治安。1935 年，县保卫团由省府加委专职团长，县长不再兼职。保卫团前加“防共”二字，属反动性质。

二、安泽县抗日自卫大队

1938 年 1 月，安泽县抗日自卫大队成立，县长邓肇祥任大队长，陈热风任副大队长，徐鸿文任指导员。同年 5 月县自卫大队一部分加入八路军，一部分随政府迁往和川村。1939 年 4 月，安泽县抗日自卫大队改为武装科。

三、县武装科

1939 年 4 月，安泽县抗日自卫大队改为武装科，由原抗日自卫大队副陈热风任第一任科长，徐鸿文任副科长。安泽县武装科是中国共产党在安泽县最早的分管地方武装的行政领导机关。县武装科接受县委、县政府和上级军分区（太岳区第二军分区）双重领导，下辖每个区设 1 名武装干事。主要任务是组织武装农民成立自卫队，配合八路军、决死纵队及正规军主力作战，保卫地方政权和人民生命财产安全。1939 年 5 月，武装科改为人民武装抗日自卫委员会。

四、人民武装抗日自卫委员会

1939 年 5 月，安泽县抗日民主政府奉上级命令，设人民武装抗日自卫委员会（简称武委会）。安泽县武委会接受上级军事系统武委会与同级党委、政府双重领导。当时安泽县地方军事组织隶属太岳军区第二军分区领导。1941 年 9 月，随着太岳区专署区划的调整，太岳军区改称为七、八、九军分区，安泽地方军事组织遂隶属于第八军分区管辖。武委会开始仅设主任 1 人，秘书 1 人，干事若干人。武委会主任由上级军事系统武委会任命，敌人进攻时参加县战时指挥部，任副总指挥。1943 年，县武委会扩大编制增设组教、战训两科，每科 2 至 3 人。1941 年，设区级武委会。武委会主要工作是领导武装民兵机动作战。安泽县武委会主任先后由徐鸿文（1940—1943）、乔苏雄（1943—1945）、杨晋升（1944）、王正刚（1946—1948）、李书文（1946）担任。冀氏县武委会主任由张志甲（1942）、周有荣（1941—1945）、孙文良（1946）、李书文（1949）担任。

第三节　踊跃参军

抗战爆发，有志青年纷纷从军报国。1937 年，八路军一一五师六八六团和一二九师七七二团在安泽设 11 个招兵站，半月之内即有七八百人从军。1938 年，决死一纵队一大队派副中队长张定国（五台人）持三专署薄一波专员的亲笔信到安泽招兵，在抗日县政府的大力支持下，20 天招兵 670 名。1939 到 1940 年，沁河游击大队与农民子弟兵团 400 多人整建制加入八路军。之后则由地方政府个别动员入伍。1945 年 3 月，冀氏县二区秦壁村下介后庄王春贵、王贵义、王贵和、王贵华叔侄 4 人参加八路军，群众敲锣打鼓送光荣匾，称下介后庄为民族英雄庄。

解放战争中，为了粉碎国民党反动派的内战阴谋，保卫人民的胜利果实，支援全国解放，1945 年 10 月至 1947 年 10 月，安泽和冀氏两县先后发起四次参军运动。1945 年 10 月，安泽县武委会主任杨晋升、教育科长刘俊杰、农救会主席李荣福；冀氏县武委会主任周有荣，四区区委书记张廷栋带头入伍。一区和川村李宗祥、申新春、王秋只、赵启昌等 18 名青年首先报名，同时列队到石渠、大黄、高壁各村发表讲演，劝说同龄人上火线，打老蒋。全区 10 个行政村计有 137 名青年编成新兵连，由区武委会主任尚宪经与区委书记吉其祥分别任连长、指导员，整建制加入太岳纵队十一旅三十一团。1947 年 10 月，掀起规模空前的参军运动，全县有 188 名干部，493 名党员带头，l17 户父送子，61 户妻送郎，计有 2741 名青壮年走上人民解放的战场。

第四节　地方武装

一、县主张公道团

1935 年，成立安泽县主张公道团，团部设在今古县文庙，团长刘保安。起初该团与县保卫团相互联络，倾向旧政府，成为阎锡山耳目。1937 年 11 月 26 日，邓志坚（又名邓丰礼、临汾人）调任安泽县主张公道团团长。在邓肇祥、朱剑白等中共党员的配合支持下，将防共反共破坏抗日的原团长魏纯美、刘保安以及高金山、张振玉等人赶出公道团。从此该团成为抗日救亡的武装团体。

二、抗日自卫队

1937 年 12 月，二、三区抗日自卫队分别成立。12 月中旬，驻临汾的八路军总部派排级干部、共产党员侯福安到二区（旧县）任区抗日自卫队工作员。侯福安到二区后很快组织了 20 多人的抗日自卫队。周国钧被派往三区（府城）任区抗日自卫队工作员，也组织起 30 多人的自卫队武装。这两个区的抗日自卫队是安泽县在中国共产党领导下发展的最早军事武装力量。之后不久一区（金堆）和四区（唐城）也分别成立了兵力相当于一个排的抗日自卫队。各区抗日自卫队在县长邓肇祥的率领下，参加了朱德总司令亲自指挥的临屯公路阻击战之后，侯福安率旧县自卫队参加了洪洞县景仙洲游击队，周国钧率府城抗日自卫队参加了八路军白晋游击队。

三、安泽县抗日自卫大队

1937年12月，决死一纵队派武装干部共产党员陈热风、徐鸿文到安泽县帮助建立抗日武装。翌年1月，县抗日自卫大队成立。县长邓肇祥任大队长，陈热风任副大队长，徐鸿文任指导员。自卫大队从警察局仓库中拿出三四十支枪，同时决死一纵队又给了一些子弹和手榴弹，以后又从散兵游勇手中缴获了部分枪支弹药。到1938年2月，县抗日自卫大队已经发展到200多人，而且每人都有枪支弹药，还有一挺轻机枪。安泽县抗日自卫大队组建后参加了朱德总司令指挥的临屯公路阻击日军战斗。3月8日，国民党八十三师颠覆了县抗日政府，非法扣押县长邓肇祥，也搞垮了刚刚建立起来的县抗日自卫大队。同年5月初，县自卫大队一部分加入八路军，一部分随政府迁往和川。4月中旬，县自卫大队改为武装科，陈热风任科长，徐鸿文任副科长，后决一纵队派孙维吉接替陈热风任科长。1940年，武装科改称人民武装抗日自卫委员会（简称武委会）。1950年武委会改称安泽县人民武装部。

四、安泽县沁河游击队

1939年7月，安泽县沁河游击队正式成立。县长张学纯兼任沁河游击队大队长，县委书记韩柏兼任政委。杨晋升（上掌人）任一连连长，秦继续任副连长，王永任指导员。张中林（孔村人）任第二连连长。董汉卿（上县村人）任三连连长。沁河游击队发展迅速，很快有100多人。县委为了加强其战斗力，派政工人员参加进去，建立起政治工作制度，有党员的连队还建立起党小组。同年 11 月，沁河游击队留 20 余名骨干与自卫队剩余部分合并成独立营，其余人员集体编入八路军特务团。

五、安泽县独立营

1939 年 12 月，安泽县委把沁河游击队和原有的县抗日自卫大队合编为安泽县独立营。刘琦任营长，张中林任副营长。独立营有 200 多人，100 多支枪，独立营在保卫根据地、打退阎锡山反共高潮的斗争中做出了很大的贡献。

六、安泽县农民子弟兵团

1940 年 2 月 25 日，安泽县农民子弟兵团在庞壁村正式成立。杨晋升任团长，决死一纵队派纪佩芝任政委，杨迎春任参谋长、张波平任政治部主任，董汉卿为秘书。经杨晋升做工作，红枪会 60 多人加入农民子弟兵团，兵团后来发展到 300 多人，配合主力部队参加了晋家山反顽战斗和百团大战。百团大战期间，杨晋升、纪佩芝率部在赵城一带破袭铁路，炸毁日军军火，牵制了日军进攻。百团大战后，农民子弟兵团集体编入八路军二十五团。

七、安泽县抗日游击大队

1940 年 9 月，安泽县游击大队成立。1940 年 8 月，安泽县农民子弟兵团大部分编入八路军二十五团，留下一小部分做基础，于当年 9 月和一区、二区游击队合并成立了县游击大队。游击大队领导成员正职都由县委书记、县长兼职，专职副职都由军分区直接任命。县游击大队第一任副大队长徐鸿文（后为杨晋升），指导员王直夫；第二任副大队长韩固，指导员赵光荣（后为张汉农）；第三任副大队长刘丰生，副政委张汉农；第四任副大队长郭志坚，副政委张汉农。大队部配有特派员、参谋等干部，还有一个通信班。1940 年，首建县游击大队一连，由武健带领县公安局两个班和在白素区活动的游击区分队 20 多人为基础，动员当地 30 多名青年参加，组成一支 80 多人的连队，连长王旭斋，副连长吴开荣，指导员张春雅，工作员（党支部书记）武健，后来该连队升级为决一纵队二十五团三营。1940 年 2 月 15 日，游击大队三连在上治村（今属古县）成立，共 50 多人，朱尤林任连长，熊光模任副连长，郭建民（后为郭伟）任指导员。1941 年 2 月，县游击大队基干第一连在张才村关南沟（今属古县）成立。共 70 多人，吴海功任连长，王得胜（后为王希文）任副连长，郭伟、温一斋、安志、张春雅先后任指导员，李梦桐任副指导员。1942 年，游击大队第二连成立，70 多人，杨寿昌（后为杨发仕）任连长，尚庆梅、宋福有先后任指导员。县游击大队除管辖 3 个连以外，还指挥和川（一区）、白素（四区）、北平（六区）3 个区分队，各区三五十人不等。

八、村抗日自卫队

1939 年 4 月，中共安泽工委派刘琦任和川抗日自卫队队长，段立功任府城抗日自卫队队长，张鸿德任冀氏抗日自卫队队长。1938 年 11 月底，安泽县有脱产自卫队员 180 人，枪 180 支，个别村还建立了不脱产自卫队。至 1940

年，各村普遍建立了抗日自卫队。

九、太岳游击队

1940年2月26日，太岳游击队在荆村成立。国民党第九十三军地方工作团进步人士赵大斌、李士珍带其常备队中的二、五、六3个中队开进岳北荆村后改编为太岳游击大队，李士珍任大队长，郑刚（共产党员、决死纵队干部）任政治委员，赵大斌任政治部主任。全大队3个连400多人，直属太岳军区领导，对开辟岳南工作多有贡献。

十、冀氏县游击大队

1942年2月，冀氏县组建游击队，队长刘凤岐。6月，王直夫任指导员，陈长留任大队长，开始仅一个连，连长高建兴、指导员梁安林，队员77人。1943年11月，二、三、四区分队组合成第二连，连长马中心，指导员王川雄。冀氏县一区分队于1942年成立，20人，队长贺成文。同年成立二区分队，27人，队长王川雄。1943年，成立三、四区分队，分别由张秀峰、马中心任队长。1944年11月，冀氏县游击大队由大队长陈长留带领，整建制加入八路军汾东支队。

十一、安泽县独立团

1945年8月，安泽县独立团成立。1943年3月，县游击大队40余人编入八路军二十五团。1945年8月18日奉上级命令，县游击大队改编为安泽县独立团。团长刘丰生、副团长郭志坚，政治部主任张汉农。8月下旬，独立团开赴上党前线，在襄垣县老爷山下的四亭村配合主力部队阻击敌人，歼阎匪300多人，受到上级通令嘉奖。1946年4月独立团编入陈赓部第四纵队十三旅三十七团。

十二、冀氏民兵参战营

1945年8月下旬，冀氏民兵参战营成立，营长周有荣，教导员张廷栋。因战事紧迫，参战营刚一组建就派出一个连开赴上党前线，配合主力部队作战。9月中旬，参战连在长子草坊配合主力打了胜仗后，又参加了佛庙岭围歼战。县武委会指挥参战营在马壁、海东、朝阳、庙沟、刘村等处，以“马蜂战术”围追堵截上党战役中溃败逃跑的国民党散兵，俘敌800余名。11月参战营329名青年集体加入了中国人民解放军。1946年5月下旬，民兵参战营赴临汾、襄陵一带保卫麦收，连续攻克敌人两个据点。当时冀氏武装组织隶属于太岳第二军分区。1945年11月，冀氏民兵参战营改编为冀氏地方兵团。团长周有荣（任期1945年11月至1946年11月），教导员张廷栋（任期1945年11月至1946年11月）。

十三、安泽县民兵参战团

1947年7月上旬，安泽县民兵参战团成立。1946年11月冀氏并入安泽县，这时安泽县地方军事组织的主要任务是全力支援解放战争，积极动员民兵参加人民解放军。1947年4月，为支援晋南战役，安泽县副县长巨和勤和县武委会主任王正刚率1000多民兵支前参战，先后解放了曲沃、新绛、河津、稷山、猗氏、乡宁、夏县等县镇。

7月上旬成立了安泽县民兵参战团，县武委会主任王正刚任团长，县委书记董峰任政委，副书记葛莱任副政委。参战团编为3个营，王正刚兼任一营营长，张鸿德任二营营长，李书文任三营营长。9月上旬，安泽民兵参战团三营由营长李书文带队随军渡河，远征豫西作战。1948年1月，豫西远征参战团凯旋。4月下旬，一营在团长兼营长王正刚率领下，为解放临汾赶送炸药，配合主力和其他兄弟县民兵浴血奋战解放临汾城。6月下旬，二营营长张鸿德率部队支援晋中战役，开赴平遥参战。与此同时，安泽上百民工星夜兼程往灵石运送军粮和作战物资。10月中旬，晋中战役参战民兵营胜利归来。安泽民兵参战团完成了历史使命，又成为生产战线上的主力军。

十四、安泽县远征武工队

1947年8月中旬，117人的安泽县远征武工队成立，参加远征豫西作战，留陕西等地开辟新区。

第五节　民兵组织

一、抗战时期

民兵是不脱离生产的群众武装组织，是中国武装力量的重要组成部分。民兵队伍是由中国共产党和民主政府在抗战中组织发展成立的。1937年12月，驻临汾的八路军总部派共产党员侯福安、周国钧到安泽县协助县长邓肇祥做宣传抗日扩充武装工作，侯福安在第二区旧县村，周国钧在第三区府城村，发动青年贫苦农民组建抗日自卫队，这两个区的抗日自卫队是安泽县历史上最早的民兵武装组织。1940 年 5 月，安泽县武装科升级为县武委会，与此同时区村也相应成立了武委会，自卫队员改称民兵，始有民兵称谓。自卫队区村队长由区村武委会主任担任，农民武装通过思想教育、组织整顿、战术训练、改进武器装备来提高战斗力。武装基干民兵人人持枪，由区武委会直接领导，属半脱产性质，有战事时由县武委会统一指挥和调拨配合主力部队作战。据 1942 年 8 月安泽县武委会统计，全县 6 个区合计民兵 2216 人。武装基干民兵均持枪，由区武委会直接领导，半脱产，主要任务是围困敌据点。敌人“扫荡”时，由县武委会统一指挥，参加较大的作战活动。年龄不满 18 周岁的青年，由县区青年救国会组织青年抗日先锋队，站岗放哨，传送情报，配合民兵作战。

二、解放战争时期

安泽县武装基干民兵发展到 2000 余人。1947 年，组建民兵参战团，县长刘琦、县委书记董锋、武委会主任王正刚分别任团长、政委和参谋长，把全县基干民兵编为 3 个营（三、四、六、七区编为一营，王正刚兼营长；一、二、五区编为二营，张鸿德任营长；八、九、十、十一区编为三营，李书文任营长），成立了远征武工队，随时待命配合八路军主力部队。安泽县的基干民兵参加过晋南战役，先后解放了曲沃、新绛、河津、稷山、猗氏、乡宁、夏县、临汾等县，他们还随军西渡黄河远征豫西作战，赶赴晋中参加解放平遥战役。在抗日作战和解放战争中，安泽县的武装民兵立下了赫赫战功。

三、民兵训练

战争年代，为了提高民兵的作战能力，上级机关不断利用农闲季节对民兵进行军事训练。

1938 年 11 月初，中共安泽临时工委、县抗日民主政府在全县各村组建农民抗日自卫队，并利用冬季农闲季节对自卫队员进行站岗、放哨、组织群众转移等军事训练。1941 年 2 月中旬，军分区在庞壁村麦垣子召集安泽、岳阳、洪洞、赵城 4 县民兵骨干 120 人开展历时 25 天的军事训练。1941 年 8 月 9 日，安泽县民兵 4000 人，佩带各种武器在唐城举行检阅大会，接受太岳第二地委、太岳专署第二办事处、太岳第二军分区及安泽县委、县抗日民主政府领导的检阅。安泽县三区民兵王来有在实弹演习中，以 15 环的最高纪录，夺取第一名，成为“神枪手”。1941 年 12 月，中共安泽县委、县抗日民主政府、县武委会对各区民兵进行了大检阅。检阅项目有政治测验、阅兵式、分列式、野外演习等。1942 年 5 月，太岳军区教导大队在亢驿村集训县武委会干部。1943 年 2 月，全县各区分队整顿培训 20 天，解决石雷技术改进问题。各村民兵也普遍进行了培训，石雷使用推广到全县。1943 年 12 月上旬，安泽县武委会在唐城村召开县、区、村武装干部会议，学习贯彻太岳武委总会发出的《人民武装冬季训练工作指示》，制订军事训练和政治训练计划，规定训练方式和训练时间。会议在训练计划中规定从 1943 年 12 月 10 日到 1944 年月 10 日，为集中训练时间，并聘请当地驻军帮助民兵训练。

第六节 驻 军

一、红军东征到安泽

为了巩固和扩大根据地，壮大红军力量，粉碎国民党反动派的军事围剿，抗击日本帝国主义，1936 年 2 月，红军突破阎锡山的黄河防线，兵分三路开赴山西抗日前线。3 月 24 日，红军右路军一部分从洪洞苏堡进驻安泽并侯村。4 月 1 日又一路红军从洪洞曲亭来到旧县、尧店、孙寨。另一路红军的 200 人，由团长张田和政委曹立普率领从赵城兴唐寺翻霍山到热留村。红军在安泽驻扎十几天，经过并侯、旧县、尧店、孙寨、热留、北平、上掌等 30 多个村庄。红军所到之处宣传抗日救国主张，打开富豪粮仓救济贫苦农民。红军东征到安泽，传播了革命火种。

二、八路军分监派出所进驻安泽

1937 年 10 月，八路军分监派出所所长黄超龙、指导员陈郁率部 10 余人进驻安泽府城村，宣传抗日，扩充武装，建立共产党的组织。

三、决死一纵队驻安泽

1938 年 2 月，决死一纵队郭清文带四分队 20 余人到岳阳、下冶、白素、古阳一带。6 月以郭版图为队长的决死一纵队民运工作队到安泽，分和川、永乐、北孔滩 3 个片开展工作。决死一纵队中称为老四团的一部在二营教导员姚忠带领下驻扎在哲才高安岭。由决死二纵队、二〇九旅各一部、二十三旅、二一二旅合编的新决死一纵队，下辖二十五团、三十八团、四十二团、五十七团、五十九团及二一二旅，薄一波任队长兼政委。决死一纵队的二十五团、三十八团、四十二团长期驻扎在安泽境内。

四、八路军太岳区第二军分区

1940 年 8 月，中共太岳地委和八路军太岳第二军分区进驻安泽，二军分区司令部设在热留村，组建了八路军四十二团。1942 年 1 月，地委专署移驻安泽亢驿村，二军分区移驻庞壁村。太岳二军分区与决一纵队四十二团、安泽县游击大队等参加了震惊中外的百团大战。二军分区司令员先为张汉丞，后为李明如，政治委员为二地委书记史健。二军分区直接指挥二分区基干营，下设 3 个连。营长李国贞（又名李文）、副营长罗志友、政治委员先后为朱英、刘忠（又名刘一新）。二军分区下辖另一支部队是景仙洲的汾东游击大队。

景仙洲曾任二军分区副司令员，是一位 1926 年加入中国共产党的老党员。1938 年 2 月，他在临汾组建抗日自卫队，1939 年春，编为大队，隶属决二纵队四总队，后成为裴丽生领导的第六专署河东办事处的独立营，转战霍山山区。1940 年初，景仙洲率部进入沁源县，朱德总司令亲切接见了他，其部被命名为八路军汾东游击支队，景仙洲仍任支队长，陈可春任政治委员。后来景仙洲率部返回河东转战安泽、临汾、洪洞，为抗日立下赫赫战功。

1942 年 4 月，在太岳二军分区和太岳二地委领导下、在赵城县委主力部队地方武装保护下，把稀世孤本《赵城金藏》从日军据点广胜寺抢运出来，安全转移至安泽县亢驿村。1943 年 3 月 1 日，二军分区并入太岳第一军分区，决一旅领导机关兼第一军分区司令部驻贾寨村。司令员先为李聚奎，后为李成芳，下辖二十五团、三十八团、五十九团（分区基干团）、洪赵支队和沁源安泽等 11 个县的地方武装组织，在极其艰苦的环境下坚持抗战，为抗战的最后胜利发挥了巨大作用。

五、八路军二十五团

团长苏鲁，1941 年 5 月率团进驻唐城，四处转战。1942 年秋，沁源围困战开始，该团负责防守西线战区，多次重创由临汾方面增援沁源的日伪军。1945 年 8 月，开赴上党参战。

六、八路军太岳区第四军分区

1941 年 9 月，太岳行署在冀氏县石槽村设立岳南办事处。11 月，建立太岳区四地委、四专署、四军分区。太岳区第四军分区司令部设在石槽村，后移驻郎寨村，司令员原是钟美科，后为孙定国。在八路军太岳第四军分区领导下，冀氏、浮山、青城、长子、沁水、士敏、高平等县地方武装开拓根据地，打击日伪军。

七、八路军太岳军区司令部

1942 年 9 月至 1944 年 10 月，太岳军区司令部随同党政领导机关由沁源县南下移驻安泽县（当时的冀氏县），太岳区党委、军区驻杜村乡桑曲村，行署驻杜村乡小李村碱土院，政治部驻杜村乡郭庄村。区党委设党校于小李村，定期分批培训县区两级党员领导干部。

1942 年 10 月，太岳日报社和新华分社也随党政军首脑机关迁到安泽县桑曲村、郭庄村两村之间的一个小山庄二道河，太岳版的《新华日报》编辑部就设在此村，印刷厂迁到杜村乡的陈家沟。

1943 年 2 月，太岳军区决定在杜村乡红泥沟村太岳军区兵工厂旧址成立军械修配所，制造修配枪械弹药，革命胜利后军械修配所迁移长治，后改名为淮海兵工厂。

八、太岳四纵队留守处驻安泽

1942 年 10 月 1 日至 11 月 19 日，日军集中 3 万余兵力，对太岳区自北向南进行“铁滚式三层阵地新战法”“扫荡”，矛头指向太岳区党政军领导机关。但是在冀氏、安泽两县游击队和民兵的密切配合下，太岳部队不仅重创敌人，突出重围；而且军区的老弱病伤员，几万斤军粮，军械所的机械与军火，都得到安全转移和保护，受到陈赓司令员的嘉奖。1944 年 11 月太岳区党政领导机关移驻沁水县，军区留一机构，后定名为四纵队留守处，驻和川镇。

九、晋冀鲁豫野战军第四纵队集结安泽

1946 年 11 月，晋冀鲁豫野战军第四纵队奉命与晋绥野战军第一纵队入陕作战。中央军委调晋绥三五九旅、独四旅和太岳军区第二十四旅进入吕梁地区展开攻势，掩护第四纵队从吕梁通过。为保证西进行动的迅速、突然，第

四纵队于 11 月隐蔽集结于安泽。1947 年 2 月 10 日，晋冀鲁豫野战军第四纵队由汾（阳）孝（义）地区返抵安泽，28 日召开英雄代表会议，表扬和奖励了 500 多名杀敌英雄和工作模范。

十、国民党军队及阎锡山晋绥军驻安泽

陆军第十七军　1938 年 2 月，忻口战役后退入安泽休整，军长高桂滋，军部驻北平村（今属古县）。次年 3 月至 6 月在北平、府城、良马与日军交战。

陆军四十七师　1938 年 2 月，忻口战役后退至安泽休整，师长裴昌会，师部驻和川村，二十六团驻石渠村。同年 4 月中旬，在上县村与日军激战两天，歼牛岛大队数百人。

陆军八十三师　1938 年 2 月，忻口战役后退至安泽休整，师长刘戡，师部驻金堆村，四九四团驻白素村。同年在岳阳、尧店、郭店、旧县、府城、冀氏等地多次与日军作战。

新编第十师　新编第十师属国民党第九十三军建制，1939 年 5 月至 10 月，师部驻冀氏王村，该部曾在草峪岭与王村南大荆沟与日军交战。

陆军一六六师　陆军一六六师属国民党第九十三军建制，师长刘希诚。1939 年 5 月至 1941 年 5 月师部驻石槽村，四九六团驻文洲村、四九七团驻马壁村。1939 年 9 月与日军血战府城村。

国民党第九十八军　军长武士敏，军部驻杜村。1941 年 7 月，太岳军区司令员陈赓与该军军长武士敏在桑曲村

谈判，划定临屯路南以沁河为界，河东为第九十八军防地，河西为八路军管辖。同年9月，第九十八军与日军作战失利，军长武士敏以身殉国，国民党杜村县政府随之垮台。

十一、日军、伪军、伪警察驻扎安泽

1938年2月24日，日军侵入安泽境内，驻扎在岳阳、旧县、草峪岭、府城4个据点。驻扎岳阳的日军有士兵32人。驻扎在旧县、草峪岭、府城3个据点的日军各有二三十人。

1939年9月22日，日军500余人侵占府城村，盘踞在周围的枣圪堆、大圪垴、草沟岭、城墙岭4个制高点，修筑工事，企图长期扼守临屯公路，把安泽县分割成南北两部。国民党一六六师四九六团、四九七团，第九十三军军部炮兵营等主力部队奉命攻取府城，在府城村、风池村、孔村、第五村、神南村、毛儿庄村、草峪岭等地方武装配合下，将此地500余敌人全部歼灭。

第七节　抗战战事

一、1936：红军东征到安泽

1936年2月20日，红军突破了阎锡山苦心经营的黄河防线，兵分三路开赴山西抗日前线。红三十军、总部特务团和红八十一师两个团为中路军转战晋西，牵制阎军。红十五军团主力为左路军北上晋西北，威逼太原。红一军团和红八十一师为右路军，沿汾河和同蒲路南下作战，并乘势向晋东南发展。3月18日至23日，右路军先后围攻

赵城、洪洞、临汾、襄陵等县城，同时占领霍县、赵城、洪洞、浮山、安泽、临汾等县的广大农村。3 月 24 日，红军右路军一部从苏堡进驻并侯村，收缴村防共保卫团的枪支，向大地主吕洪泉及其儿子吕文郁筹集军饷，并开仓济贫。4 月 1 日，又一支红军从曲亭村来到旧县村、尧店村、孙寨村。另一路红军约 200 人，由团长张田、政委曹立普率领从赵城兴唐寺翻霍山经石滩、凌云，4 月 1 日到热留村，驻老爷庙。在热留村红军包围了公安局卡子，缴枪 8 支，并俘虏了警长张贵生等人。

安泽县是红军东征山西到达的最东部，红军东征到安泽县，虽然只有短短十几天时间，但是经过了并侯、旧县、热留、北平、古阳、石必、永乐、南垣、上掌等 30 多个村庄。红军所到之处斗争土豪劣绅，开仓救济穷人，宣传抗日救国主张，安泽县人民看到红军纪律严明，风餐露宿，公买公卖，不拿群众一针一线，是救穷人的队伍，纷纷报名参军，乔沟垣村的杨丰富，尧店村的王金保，旧县村的邵竹林，湾里村阎德庆，辛庄村薛文明，哲才村邓文升，河底村的王根明等 30 多名热血青年参加了红军队伍。红军东征在安泽播下了革命火种。

二、1938 年战事

临屯公路阻击战 1938 年 2 月 22 日，日军第一〇八师团一〇四旅团（三元旅团）3000 多人占领屯留县城后，西犯临汾。安泽县县长邓肇祥带领自卫大队在旧县镇附近整装待命配合八路军作战。24 日，部队和县自卫大队埋伏于府城左侧临屯公路南的山岭上，利用有利地形，节节阻击日军。驻防临屯公路南侧的国民党八十三师侧击日军。从 23 日到 26 日，双方先后鏖战于三不管岭、劳井、对口店、郭都、府城、草峪岭、永乐、七里坡、蔡家庄、尧店等村，日军死伤 300 余人。此役缴获日军小炮 1 门及许多枪支弹药，牵制日军 4 天多时间，保证了驻临汾军政机关及安泽、洪洞、临汾数十万民众安全转移。安泽县抗日自卫大队郑春喜、逯发有等数十人为国捐躯。临屯公路阻击战打响了晋南抗战的第一枪，是八路军抗战以来在太岳地区所取得的第一个大胜仗。

抗击日军九路围攻　1938 年 4 月 4 日，日军集结了万余兵力分九路向晋东南抗日根据地大举围攻，企图彻底摧毁太行、太岳抗日根据地。6 日，县城（岳阳镇）、旧县镇、府城镇沦陷。安泽人民在八路军总部联络参谋裴世昌和决死纵队工作队、牺盟会、动委会的领导下，全力参加了这次反围攻作战。24 日，在八路军主力和地方武装的沉重打击下，日军的九路围攻以失败告终。由于战前准备充分，安泽军民没有大的伤亡和损失。

上县围歼战　1938 年 4 月 13 日，在九路围攻中受挫的日军黑登联队牛岛大队向沁源和临汾方向逃窜。14 日拂晓，一支溃军逃向北崖底村，刚过南崖底村的寺沟时，受到县自卫大队、区干队和国民党第四十七师 1 个警卫连的猛烈阻击，迫使日军爬上鹰死占（地名），进了鬼门关（山沟名）顺阎王鼻子山上了王母坟地（地名）。县自卫大队和区干队在陈热风、徐鸿文、侯福安的率领下抄小道赶赴和川方向，同驻和川的国民党第四十七师在上县村南的二郎山和石仁坪岭摆开阵势，居高临下猛打日军，将其压制在1公里多宽的河槽里。中午，驻佛寨村的国民党八十三师占领上县村西的碾沟岭、界碑岭，驻北平镇的国民党第四十二师在上县北山展开伏击，日军被团团围困在河槽里四面挨打。15日上午，日军派出20多架飞机轰炸界碑岭阵地。七八十名日军突破八十三师防线，经连家垴南逃。此次战斗史称上县围歼战，打死打伤日军1000余人，挫败了日军的嚣张气焰，振奋了我军民协力抗战的信心。

三、1939年战事

岳阳攻击战　1939年3月26日，决一纵队和第九十三军各一部围攻占领岳阳城的日军。27日晨发起总攻，激战一天，日军溃退洪洞。

日军重占岳阳城　1939年4月，日军由洪洞纠集兵力再次进攻岳阳，经几天激战攻占县城。战斗中敌指挥官米川被击毙。

收复县城和川　1939年4月3日，决死纵队和国民党八十三师联合与日作战，收复安泽县城和川。

北平、和川再度沦陷　1939年4月5日，日军围攻北平镇，驻防北平镇的国民党四十二师与日军在黄土梁激战两天，北平镇沦陷，四十二师撤至良马。6日，日军从临汾、洪洞县调集大批援军入侵浮山、安泽两县，安泽县城和川镇再度沦陷。

红枪会夜袭韩家庄　1939年3月24日，重庆《新华日报》以“安泽民众数千，智袭敌寇大捷”为题报道：

安泽县东南区各村，豫鲁客籍民甚多且有武装自卫组织，抗战以来，屡挫强敌，嗣经驻军整训，抗战情绪益高。上月 27 日，侵入安泽之敌分途东扰，该地民众立即鸣钟击鼓，聚众参战。在府城、和川以西一带，四处扰袭，敌受创伤，狼狈窜回县城盘踞。本月 9 日，侦悉城东韩家庄敌构筑工事据守，遂自动集合 500 余人，于 10 日凌晨驰往袭击。敌梦中惊醒，仓皇应战。我民众争先冲入敌阵，以手镖及手榴弹与敌殊死搏斗，一部绕至敌营后纵火，敌慌乱突围逃窜，又多为我刺毙。是役敌伤亡过半，获轻机枪一挺，步枪 21 支，子弹、手榴弹及军用物资无数，炸毁山炮 1 门。13 日上午，红枪会成员在府城召开韩家庄战斗祝捷大会，第十七军军长高桂滋为立功者披红戴花，率众游行。

担水沟掩护战　1939 年 5 月 14 日，安泽县委和县政府机关带领几百名群众撤离和川向安上一带转移。日军顺东洪驿进沟在后面紧追，县长张学纯命令政治保卫队（公安局）和县自卫大队立即爬上东西两山控制高地掩护。日军轻重机枪猛烈射击，掩护部队以步枪手榴弹顽强应战。分队长吕思贤带领的政治保卫队二中队打退日军 4 次冲锋，将敌引入东南一条深沟即担水沟完成掩护任务。

府城攻坚战　1939 年 9 月 22 日，日军 500 余人侵占府城，在周围的枣圪堆、大圪塥、草沟岭、城墙岭 4 个制高点筑起工事，图谋扼守临屯公路，把安泽分割成南北两部。驻冀氏国民党一六六师奉命攻取府城，指挥部设在平坡村南花柳沟，团指挥所设在风池村。23 日，一六六师四九六团先向城南枣圪堆、草沟岭进攻，伤亡很大。24

日，指挥所调军部炮兵营助战，拿下沁河以东的枣圪堆和大圪垴。25 日上午，四九七团投入战斗，在区、村自卫队的协助下，攻取草沟岭、城墙岭。四九六团刘团长组织 200 余人的敢死队攻入府城，把七八十名日军逼入城西关帝庙内（今县人武部驻地）。就在战斗接近胜利时，洪洞几千名日军援兵突破草峪岭防线直扑府城，各区、村自卫队配合友军与日军激战于府城、毛儿庄、草峪岭等地，歼灭日军 500 余人后，趁天黑撤出府城。

大荆沟歼敌战 1939 年 9 月 24 日，日军尾追驻冀氏王村的十师，十师边战边退引日军进入王村南的大荆沟。此前十师在沟上的松背岭筑有工事，并有两个团在山上驻守，待日军钻进口袋后，一六六师一个团在水不滩封了口袋，敌人进退不得，激战两天一夜。日军从洪洞、浮山两方向派兵增援，残兵于 26 日突围北逃，弃尸 200 余具。

核桃庄缴获阎部电台 1939 年 10 月中旬，中共安泽县委派共产党员杨晋升（上掌村人）到李垣河地区，派共产党员张中林（桃寨村人）到临屯公路南北地区动员当地 60 余名青年，以八路军 10 余名伤员为骨干，组成了沁河游击大队，县长张学纯兼任大队长，杨晋升为副大队长，韩柏（焦善民）为大队政委。12 月，阎锡山顽固势力向安泽抗日根据地进犯，沁河游击大队在核桃庄与其对抗，歼敌 50 余人，缴获电台 1 部、油印机 1 架，机密文件 1 捆，长短枪 12 支，战马 4 匹，受到太岳地委的通令嘉奖。

四、霍山剿匪（1940—1942）

霍山地区原始森林茂密，地势险峻，人烟稀少，当时分属于安泽、霍县、赵城、沁源等县。1938 年，国民党一区分部程立志等人利用青洪帮收买匪首亢占标、王有章，在霍山各占山头逐渐成股，经常出山抢劫，骚扰百姓。1939 年春，国民党军驻北平镇的 1 个留守班和国民党四十二师的旧军官芦得胜、侯福山等人进山为匪。接着国民党军溃兵 10 余人，由旧军官薛志德、王伯达带领进山为匪。之后国民党旧政府外逃人员张书榜、王庆兰在失去第九十三军靠山后，也带其游击支队残部进山为匪。这些土匪和黄土梁汉奸彭兴科、王兴章相勾结，形成了蒋、阎、日三位一体的政治土匪。1940 年 5 月中旬，霍山土匪下山作乱，抢劫财物，在汉口寺被决一死队三十八团截击。六区北平分队在黄土梁袭击土匪，截回耕牛 40 余头。

1941 年 3 月，太岳军区决定派景仙洲带领汾东游击支队和安泽县六区宝丰游击分队、岳阳县四区白素游击分队进霍山剿匪。三支游击队进山后运用突袭战术，首先包围了侯福山匪股，击毙数人，俘虏 20 余人，极大地震慑了其他土匪。

1941 年 11 月，以太岳第二军分区基干营、景仙洲支队和安岳游击队一连为主力，在岳阳县四区和安泽县六区分队、民兵的配合下，对霍山土匪进行了第二次围剿。匪股一触即溃，四散奔逃。

1942 年 8 月，为了彻底消灭匪患，为民除害，巩固抗日政权，太岳行署和太岳军区做出彻底消灭霍山土匪的决定。由决一孙定国、李明如，三十八团侦察参谋崔振山，三十八团一营长姜渭阳，专署民政科长贾茂亭，安泽县武委会主任纪佩芝组成总指挥部，孙定国和李明如任正副指挥。

8月18日，三十八团一营一、三连，军分区基干营，安泽游击大队一连，四、六区分队分别由沁源、亢驿出发进山剿匪。并组织赵城、霍山、绵上、沁源各县游击区分队和安泽县公安队员就地设卡堵截。三十八团侦察参谋崔振山查明匪情，指挥部作了统一部署。进山后先张贴布告，对土匪展开政治攻势：自首者不杀；携枪投诚者有奖；报告匪情者保护；顽抗者坚决消灭。同时动员山民临时迁出匪区，妥善安置。在群众迁出、各要道路口封锁之后，土匪内部恐慌漫延，到8月20日陆续有50余人投诚自首。

三十八团三连进剿至黄粱据点以东的新庄附近诱袭了黄粱据点日伪军，经过半小时的激战，歼灭日伪军40余人，打破了霍山土匪依靠日伪的梦想。到9月18日，击毙匪徒50余人，抓捕70余人，匪众投诚自首者百余人，缴获各种武器近200件。

10月20日，安泽县在六区圪堆村召开剿匪祝捷大会，数千民众参加。太岳第二专署专员杨少桥主持会议，军区副司令员、剿匪总指挥孙定国亲临讲话。当场处决亢占标等7名罪大恶极的匪首，17名罪行严重者判刑，释放了74名自首罪轻的匪徒，自此霍山再无匪患。

五、消灭红枪会反动武装

红枪会组建以后，曾于1939年3月夜袭韩家庄日军据点，受到嘉奖。不久改称第十七军别动队，编8个中队。同年7月，八路军工作团派共产党员杨晋升组织抗日游击队，他利用老乡关系动员一部分红枪会员带枪参加游击队。

1940年3月，经过杨晋升做工作，红枪会60余人加入农民子弟兵团。

1940年6月，日军也开始收编红枪会，建立所谓“剿共自卫队”，草峪岭红枪会头目赵金升任队长。他们欺骗群众，发展迅速，一时达2000余人。中共三区分委决定由分队长朱尤林带领三区分队对其予以坚决打击。

11月下旬，三区分队在草峪岭毙伤10余名红枪会成员，经过军事打击和政治攻势后，第3天就有多人自首。首恶李全来逃跑。此后赵俊生、赵金升继续投靠日军，抢劫烧杀抗日军民。

1942年4月，红枪会反动武装杀害游击队长令狐丁石和战士6人。4月20日，红枪会攻打沁水县抗日政府，抢走看守所在押重犯，杀害岳南专署科长张震宇。1942年7月，县一区游击分队和高壁、桃曲、义唐等村民兵两次奔袭松树坡村石家庄的红枪会。9月，南连长率领二十五团1个排和一区游击分队，在高壁、桃曲、上梯、义唐等村民兵的配合下，打掉各村庄和虎头岭红枪会的老窝，活捉60余人。次日，冀氏县游击大队和兰村、风池等村民兵，打掉金家洼、李家洼、白草洼的红枪会据点，俘虏30余人。赵金升、赵生俊、赵振生公开投敌，当了汉奸。11月，取缔了与日军勾结的反动会道门长毛道。红枪会反动武装被彻底消灭，反动会道门被取缔，其他封建会道门被瓦解，抗日根据地政权得到进一步巩固。

六、古鲁巴歼灭教导师

1939年，阎锡山发动“晋西事变”，辖下6个军兵力向晋西、晋东南和太岳区进攻。同时，阎锡山的第六十一军二〇八旅及在洪赵、安霍一带搜罗的600名社会渣滓编为教导师进驻安泽境内的洞子沟、晋家山、杏树垣、段家垣一带。

1940年2月23日，一区区政府和区分队由区长王博、区分委负责人冯春祯带领，进驻城关镇辛庄村派收抗日军粮，晚住在东山的古鲁巴。辛庄大地主李洪章和富农李国华向阎军告密，1个连兵力连夜包围了古鲁巴村。突围中，王博区长牺牲在大门口，冯春祯腿部受伤晕倒在地，跳出墙的区分队队员边打边撤，终于冲出了包围圈。冯春祯醒后爬回窑洞包扎伤口。阎军把全村人驱赶到麦场，冯春祯被认出枪杀。这就是古鲁巴事件。之后，一区各村惨遭阎军蹂躏。当时，安、洪、赵、临各县的抗日武装在第六行政区河东办事处主任裴丽生等同志领导下，分别建立了安岳游击队、洪赵游击队、临汾汾东游击队（景支队），在决死一纵队的配合下向一区南乡开展攻势，于段家垣、老庄子歼灭了卫立功部，重建一区政府，恢复了各村的政权。

七、太岳区保卫战（晋家山保卫战）

1940年，日军对太行根据地进行残酷“扫荡”，晋绥军陈长捷部二〇八旅四一五团、四一七团和崔道修的六十四团以及卫立功的教导师残部共3000多人，在日军四十一师团直接指挥下，再次向太岳根据地安泽县境内晋家山、杏树垣、罗家窑、段家垣等地进攻。

为了巩固太岳革命根据地，太岳区委决定在安泽县境内城关附近歼灭来犯之敌。陈赓为总指挥，司令部设在白素村，军区参谋长曹道生亲自带人到城关前线实地考察。县游击队、区分队和各村民兵先行占领了城关东山、韩家凹、花车、青树垣一带，协同主力部队阻击敌人。7 月 2 日，八路军三八六旅十七团与决死一纵队二十五团首先歼灭进犯大、小里塘之敌卫立功教导师，并在石门峪一带重创进犯的日军四十一师团一部。二十五团又调一营兵力坚守蹄子埝 1709 高地米家山，以切断由洞子沟、晋家山通往广胜寺的道路，牵制高金波部于晋家山到段家垣地区，等待主力歼灭该部。一营刚进入阵地，高金波部立即发起猛烈进攻。一连战士以步枪和手榴弹激战一天，击退阎军八次冲锋。次日，阎军利用雾大隐蔽接近，一连战士发觉后冲出阵地，同阎军展开白刃格斗，再次打退阎军进攻。一连坚守三昼夜后，由二连接替。二连坚守两天半的时间打退了阎军 20 多次进攻。三连加入战斗，打退敌人数次进攻，共同又坚守了一天半。一营战士英勇奋战 7 昼夜，为全歼阎军赢得了时间。太岳军区调集三八六旅七七二团、十七团和决死一纵队三十八团、二十五团、四十二团向阎军高金波部发起总攻。

此役歼灭阎军近 3000 人，俘虏校尉军官 60 余人，缴获轻重机枪 40 余挺，长短枪 1700 余支，打击了阎军的嚣张气焰，保卫了太岳根据地。

战后陈赓司令员对安泽参战战士予以表扬，并奖给游击队一部分枪支弹药。

八、和川、罗云民兵配合主力反“扫荡”

1941 年 5 月 27 日，日伪军 2000 余人由长治出发对太岳根据地进行大“扫荡”，经良马、府城直犯和川、罗云，实行抢光、烧光、杀光的“三光”政策。县游击大队配合八路军主力出击府城北岭，毙伤日军8人，俘虏3人，解救群众40余人。29日，和川、罗云等10余村的民兵群众自发同敌人展开斗争。同时，中共安泽县委、县抗日政府带领全县地方武装全力配合八路军主力行反“扫荡”作战，军民奋战4天，迫使日伪军于6月11日撤退。抗日区村干部和共产党员在广大人民群众掩护下无一伤亡。

九、参加百团大战

1940年8月25日，安泽县游击大队教导员王直夫率领大队第一连连长王旭斋、副连长吴开荣、指导员张春雅、工作员吴健，配合决一纵队四十二团和二军分区部队参加百团大战，在同蒲路赵城县的永乐路段展开铁路破袭战，炸毁火车一列，伏击了赵城磨头据点日军，毙17人，迫敌放弃二十里铺据点。与明姜的日伪军激战数小时，掩护民工顺利破路。在安泽境内，游击队和民兵对临屯公路也实施破袭。从9月13日开始，在决一纵队掩护下，沿途千余民众奋战三天四夜，阻断洪安公路30多华里。11月18日，日军第四十一师团、第三十六师团、第九混成旅团各一部7000余人，从临汾、洪洞、霍县等方向分十路“扫荡”太岳根据地。日军出动飞机配合，并强拉大批敌占区群众、牲畜跟随。洪洞、临汾据点日军出动2000余人，经县境向北进犯。为粉碎日军“扫荡”，太岳区以五十九团、四十二团及纵队直属机关组成沁西支队，由薄一波指挥；以五十七团、十七团、太岳区党委、二专署路西办事处和三八六旅直属机关组成沁东支队，由王新亭指挥，两路对敌。两支队在沁河东、西地区沉重打击了“扫荡”日军。11 月 21 日，沁西支队五十九团在亢驿地区阻击由洪洞、岳阳进犯之敌，毙伤日伪军 579 人。12 月 5 日，在安吉、白素、辛庄等地，县、区、村游击队和洪洞、赵城游击队拦截退往洪洞之敌，解救群众数十人，夺回耕牛 400 余头，羊 1000 余只。12 月 19 日，由洪洞、赵城游击队掩护，洪安公路沿线 800 多名民兵和群众展开破路行动。

百团大战粉碎了日军对根据地的“扫荡”，鼓舞教育了广大群众，战后掀起了重建家园和参军拥军热潮。1941 年 1 月 23 日，安泽、岳阳两县联合召开劳军大会，决死纵队蔡团长报告百团大战经过和安泽军民英勇作战事迹，并展览了战利品。当日部队收到群众送来的蔬菜数十筐，慰问信百余件，岳阳煤矿工人捐款 12.6 元。

十、战斗在 1941 年

民兵袭扰日军据点　1941 年春，为保卫春耕备耕，安泽县第三区民兵和游击小组袭击府城吕布凹日军据点 5 次，捉汉奸 1 名，缴获手枪 1 支，大洋 240 元。第六区游击小组和游击分队袭扰黄粱山日军据点 1 次，追击汉奸土匪侯福山部 2 次，击毙土匪 4 名，活捉 4 名。

泥木台伏击日伪军　1941 年 9 月，日伪军抢粮频繁。安泽游击大队根据军分区指示，排长熊光模带队在泥木台附近伏击抢粮伪军，击毙数人，俘虏 6 人，缴获步枪 6 支。

岳南军民抗击日军“扫荡”　1941 年 9 月 22 日，白晋线日军第三十六师团、第四十一师团、独立混成第十六旅团的主力及独立混成第四旅团、第九旅团各一部计 2 万余人，分 14 路由岳南向岳北大“扫荡”。23 日，“扫荡”岳南之敌奔袭冀氏、马壁、西范等地。太岳南进支队和二一二旅主力转移到沁河以东的王河、白马山一带。另一股日军进攻国民党第九十八军防区玉皇庙一带，双方伤亡惨重。24 日，太岳南进支队五十七团又转入沁河以西开展游击战，于马壁西南的界碑岭毙日军 50 余人。晚上，十八团一部袭击南孔滩之敌，毙敌 10 余人。

10 月 27 日，日军再次由沁水东北马壁、郑庄、端氏等地分途合击东、西峪南之古堆、沙庄、白马山。太岳南进支队于 28 日拂晓安全转移出日军合击圈，到达河阳的前、后沟。29 日，又转移到沁河以西的唐村。日军合击扑空，恼羞成怒，29 日集结冀氏、南孔滩、马壁、王村、郑庄、端氏、高平关、马村、张店、长子、鲍店、良马等地日伪军万余人，分兵 14 路以东、西峪为中心实施第三次合击。国民党军队损失惨重，撤出岳南。11 月 3 日，日军主力开始向长治、府城、良马等地撤退。此次岳南反“扫荡”作战，太岳部队虽处在方圆不到 30 公里的岳南新区，条件极端困难，但在岳北军民配合下，大小战斗 10 余次，毙伤日伪官兵 500 余人，粉碎了日军的图谋。

涧河伏击战　1941 年 10 月下旬，涧河流域民兵节节设伏截击日军，解救被抓群众 10 余人，夺回耕牛 200 余头，羊 800 余只，衣物几大车。

金子峪战斗　1941 年 11 月 10 日，汾东游击支队、军分区基干二十五团三营在赵城和安泽交界处金子峪，击毙日军中队长以下 40 余人，俘 3 人，缴获轻机枪 2 挺，步枪10余支及一部分弹药。

圪瘩沟战斗　1941年11月12日，八路军二十五团两个连由民兵带路，翻高山穿密林向花车村圪瘩沟逼近。拂晓展开战斗，敌弃尸50余具、战马4匹向西逃窜而去。

岳北军民粉碎日“铁壁合围”　1941年11月，日军集结30000余人对岳北地区实施“铁壁合围”，以多纵队、多梯次、宽正面向八路军主力部队和抗日领导机关合击，烧、杀、抢无恶不作。岳北主力部队经过1个月的反合围战斗，粉碎了日军消灭岳北主力部队的图谋。

将军沟截击战　1941年11月18日，决一旅参谋长李成芳、政治部主任刘有光、团政委雷荣天、副团长刘丰指挥八路军五十七团、二十五团主力，在安泽和屯留交界处上田、将军沟截击从沁源撤退的日军三十六师团一部3000余人。上午11时许战斗打响，毙敌230余人。五连连长杨临渊、十一连连长王耀斌、指导员邢玉良光荣牺牲。

十一、粉碎日伪“扫荡”

引蛇出洞打日军　1942年2月初的一天，区分队隐蔽进入岳阳镇南堡日军碉堡附近的大觉寺，另派几个人接近日碉堡“引蛇出洞”。日军追入大觉寺时，被埋伏的游击队全部歼灭，南堡援兵赶来增援时，游击队已安全撤离。

卅里梨园袭击战　1942年2月，日伪对岳北地区展开“抉剔扫荡”，决一纵队三十八团主力在安泽游击大队三区分队和民兵的配合下，在旧县镇东北卅里梨园、店上袭击向旧县撤退之敌，毙伤日伪200余人。

四羊滩、水泉子两次伏击战　1942年2月，岳阳县武委会主任纪佩芝和游击大队副大队长徐鸿文指挥四区分队和白素、哲才民兵连，配合洪洞、赵城支队在四羊滩至水泉地段伏击去往白素据点的日军小分队。后纪佩芝又召集下冶、乔家山的民兵配合洪赵支队在下冶至水泉子设伏，待敌进入水泉子沟后予以全歼。这两次战斗，击毙日军60余人，缴枪50多支、军马1匹和大量军用物资。

永乐伏击战 1942年2月10日，太岳纵队二十五团一营在临屯路永乐村伏击日军，毙敌20余人。

李垣袭击战 1942年2月20日，太岳纵队三十八团在安泽县游击大队、三区游击队和民兵配合下，在李垣村、店上村袭击撤退之日军，毙伤200余人。

“四·一五”战役 1942年3月，八路军从抗战大局出发，电告阎锡山表示愿配合其出击同蒲线，共同打击日军后方交通线，以逼日军放弃进攻乡宁、吉县。然而阎锡山竟讨好日军，命令其第六十一军于3月31日向浮山佛庙岭八路军二一二旅阵地进攻。为打击阎锡山反动气焰，清除开辟岳南根据地一大障碍，八路军决定4月15日发起自卫反击战。参战部队共有4个旅10个团兵力。4月15日拂晓战斗打响，到16日晨初战告捷。右纵队攻克了茶房、杨家掌、李家堡和胡子岭等阎军据点，左纵队攻占天檀里、朱家坝、大圪塔山一带阎军阵地，毙伤阎军392人，俘获665人，缴获轻重机枪48挺，步枪等354支。20日，八路军再布战局，决意全歼阎军。19日晚，阎军第六十一军军长梁培璜派人来议和，经双方谈判，阎军退居原占领的浮山、青城两县西部地区。

镇压长毛道 1942年9月中旬，日军对安泽县实行灭绝人性的“百日扫荡”时，在安吉村（今属古县）设了杀人场。9 月 13 日，日军从西沟煤窑搜捕 30 余名群众，准备拉到安吉村杀害。当时正在吴儿岭执行任务的安吉、相力、热留等村民兵立即出动拯救群众。民兵们两面夹击，击毙日军 3 人，救出 30 多名乡亲。

打击日军“蚕食”　1942 年 9 月，安泽县游击大队和区分队持续打击日军“蚕食”。4 日夜，游击大队和区分队袭击贾村据点，毙伤日伪军 9 人。1942 年 9 月 9 日，袭击大路山据点，击毙日伪军 20 余人。1942 年 9 月 15 日，在岳阳南沟俘获伪军 6 名，缴获步枪 6 支。1942 年 9 月 17 日，攻克金沟子日军据点，击毙伪军 5 名，俘虏 6 名，缴获步枪 4 支、轻机枪 1 挺、手枪 1 支及其他军用品。伪军预感抗战胜利在望，主动向抗日游击队投诚。

里应外合夜袭旧县镇　1942 年 9 月 24 日（中秋节），安泽县游击大队夜袭驻旧县镇伪军。夜 11 时，二连连长杨寿昌、排长熊光模带领突击队袭击院内伪军，队长朱尤林带领三区分队负责阻击日军增援，指导员王裕民负责部队的政治工作和做内线人员工作，班长宋福有、马玉山负责抓捕伪军小队长李仕举。此次战斗打死打伤伪军小队长以下 4 人，俘虏 30 余人，缴获机枪 1 挺，步枪 30 余支，子弹数千发，游击队无人伤亡。被俘伪军大部分反正，编入抗日游击大队二连。

拦马河伏击战　1942 年 10 月 4 日，县游击大队一连在岳阳镇到旧县镇中间的拦马沟设伏打击在两据点间来往联系的日伪军。下午 5 时许，日伪军 70 余人，按尖兵、本队、后卫顺序沿大路向岳阳镇进发。因日伪军队形拉得太长，游击大队当即决定打其后卫，速战速决。俘伪军12人，打死打伤日军小队长以下4人，缴枪12支。

胜负岭伏击战 1942年10月，游击大队民兵在徐鸿文指挥下，配合二十五团八连于胜负岭伏击从亢驿出动的日军运输队，歼敌21人，获给养军火11驮，缴获长短枪16支，受到军分区表扬。

粉碎日军“山岳剿共试验区”阴谋 1942年10月10日，日军占领沁源县城，图谋打通岳阳至沁源的公路，以实现其“山岳剿共试验区”阴谋。日军先以重兵对安泽县境大举“扫荡”“清剿”，对旧县、草峪岭、府城、师祖顶增兵，并在白素、安吉、安吉岭、北平、金堆扎下了据点，修了公路。安泽游击队、民兵配合八路军主力部队同日军展开了针锋相对的斗争，用游击战、麻雀战、地雷战、破袭战等手段打击、消耗、疲惫敌人。25日，在北平附近的游击六区分队和三十八团袭击黄梁日军据点，毙伤敌10余人。此后八路军主力部队下山进至霍县袭击日军后方，迫使“扫荡”日军1500余人回援。

粉碎日军“百日扫荡” 1942年10月20日起至1943年1月29日，日军先后纠集9个大队万余人向岳北发动“百日扫荡”。日伪军7000余人侵占白素、安吉、金堆、北平、贾寨、亢驿、唐城、罗云等30多个村庄。安泽全县军民配合八路军主力部队奋起迎击。10月22日，金堆村民兵连在连长姚风林指挥下，于西梁凹附近伏击敌人运输队，打死日伪军10余人，驮骡5匹，缴获一批军械。安泽民兵配合基干营破路、割电线，使汽车无法运输。3个月中，大小战斗共毙敌160余人。

芦家庄伏击战　1942 年 10 月 28 日，六区分队和民兵配合三十八团一营在北平镇以西芦家庄地区伏击回援霍县之敌，毙伤日伪军 320 余人，缴获军械一批。

黄家窑伏击战　1942 年 11 月中旬，日军“扫荡”退出亢驿地区时，抓走 70 余人，赶走不少牛羊。六区分队和贾寨民兵配合军分区警卫分队在黄家窑设伏，先将一日军军官打下马，被抓的 70 余名群众逃出虎口。

小北沟遭遇战　1942 年 11 月，太岳二军分区基干营在热留村小北沟遭遇日军，击毙敌小队长以下 20 余人。

西梁凹打击修路日伪　1942 年 11 月，太岳二军分区基干营在府城村西北的西梁凹伏击修路之敌，毙伤日伪军 10 余人，解救修路民工 100 余人。

马驹滩战斗　1942 年 11 月 24 日，驻扎在哲才村高家岭的洪洞县游击大队得到可靠情报，白素村据点一小队日伪军次日要到城关据点，大队决定由连长霍马驹率领一连，在尖洼庄前的四羊滩设伏。25 日拂晓时分，全连进入公路两侧埋伏阵地。一、四班埋伏在路边河滩，担任突击任务。二、三班埋伏在路西山坡上，截断敌人的退路，路两端布置了观察哨。多沟村和下冶村的民兵也分兵各处，担任警戒、运输和救护任务。此次战斗，日军 30 多人全部被歼，缴获一批军用物资。霍马驹连长和战士文金业壮烈牺牲，太岳二地委、专署改四羊滩名为马驹滩以资纪念，并命名一连四班为“战斗英雄班”。

赵店伏击日伪运输队　1942 年 12 月 26 日，游击三区分队配合二十五团一部，在永乐村西赵店伏击日伪军运输队，毙伤敌 60 余人。

打掉府城村西日军哨所 赵店伏击战后，府城日军在村西高地设了哨所，游击一区分队根据日伪军每早换哨规律，相机设伏突袭。频遭打击后，日伪撤掉了这个哨所。

郎寨庙抢粮 1943年3月，冀氏县民兵夜袭郎寨庙，夺回2000余斤粮食，连夜送到大豁子深山老林，解救了数百群众的饥饿之苦。

风池民兵一枪战术 1943年3月，府城据点的日军到风池村袭扰百姓。风池村民兵胆大心细，精准射击，一枪解决一个日军，吓得府城据点日军轻易不敢再出来。风池民兵的精准袭扰战术得到各级领导的充分肯定。

全歼伪军巡查中队 1943年4月上旬，获悉安泽县警务大队1个中队要到旧县镇据点巡查，安泽县游击大队二连在连长杨寿昌、指导员王裕民带领下于旧县镇至小留山两据点之间的小曲路两旁设伏，班长阎天保带15名突击队员埋伏在大路右侧，经过10多分钟战斗，打死打伤伪大队长以下5人，俘7人，缴获步枪7支并子弹若干。

朱怀德牺牲 1943年4月中旬，安泽县游击大队二、三连的大部分战士被调到后方帮助群众抢耕抢种，每个连只留1个班协同民兵监视敌人，保护春耕。二连连长吴元亨、指导员王裕民和三连指导员宋福有各带1个班巡逻到旧县镇东北的毛儿庄时，与区武委会主任刘钊、武装干事朱怀德带领的10余名民兵会合，因天色已晚，宿营毛儿庄。第二天拂晓被旧县伪军包围。突围中，二连连长吴元亨被日军抓捕，三连战士马守义和区武装干事朱怀德牺牲。

智歼日军电话班 1943年4月，驻长治和临汾日军联合进犯岳南地区。长治日军由东向西占领桑曲、杜村，在辛庄岭修筑碉堡，设置了电话总机，并派 1 个加强班保护。太岳游击队决定由罗云区分队协助捣毁这个联络枢纽。太岳游击队与罗云区分队夜袭辛庄岭，剪断电话线，换穿上查线日军的服装混入碉堡，用手榴弹炸死 16 名日军，炸毁两挺机枪和 1 部电话总机。

冀氏军民 5 天作战 25 次　1943 年 5 月 1 日至 5 日，日伪军千余人“扫荡”岳南地区，冀氏军民 5 天作战 25 次，毙伤日军 27 人，俘虏日军 11 人，夺回耕牛 400 头，羊 1500 只。

辛庄村王光英勇就义　1943 年 10 月中旬，在反击日军“铁滚扫荡”时，冀氏县四区女区长王光率民兵掩护群众撤离时被日军抓捕，受尽酷刑，壮烈牺牲，时年 23 岁。

十二、全面反击日军

柳寨伏击战　1943 年 5 月末，太岳军区五十四团获得日军骑兵运输队 28 驮给养夜宿旧县的可靠情报。团长王墉亲率一、四两个连于府城西 7 公里的柳寨设伏。第二天上午 10 时许，日军 43 人护送 28 驮给养进入伏击圈。因谋划精准，战斗不到半小时，便消灭日军 41 人，缴获给养 28 驮，战马 17 匹，机枪 1 挺，步枪 36 支，短枪 2 支。一连长宋克兴，排长陈根有及两名战士牺牲。

柳寨、古罗伏击修路日军　1943 年 5 月，日军第三十六师团 1500 余人，第六十九师团一一八大队 500 余人，先后由安泽县府城镇和屯留县城出发东西对进，企图修复并控制临屯公路。安泽、冀氏两县游击大队、民兵和群众紧密配合太岳主力部队实施全线破袭。6 月 1 日和 3 日游击大队和武装民兵配合太岳部队先后在柳寨、古罗设伏，全线共毙伤日伪军300余人。

关圣岭夺粮战 1943年6月，日伪军加紧抢粮，安泽县游击大队和民兵加强保卫夏收。游击一区分队在府城镇以北的关圣岭与抢粮的日伪军展开激战，夺回被抢粮食。战斗中，区分队指导员张春雅负伤。

陈长生湾里受骗 1943年7月25日，伪警察所长郭瑞林诈称要反正，骗取抗日内线人员阴洪恩和敌工站站长陈长生的信任。3人约定在湾里村见面，不料郭瑞林暗地里通知日军尾随。陈长生正在湾里宋学诗家给郭瑞林作思想工作，日军冲进了院子。阴洪恩遭日军严刑拷打，宁死不屈，26日壮烈牺牲。

围困府城据点 1943年8月12日，8名日军押解4名民夫到河里挑水，被民兵击散，救出了这4个民夫。15日，日军纠集100余人出南门时，遭到民兵联合打击，只好拖着4具死尸回窜。19日，50余日军押民夫修路，刚出碉堡不远，被埋伏的民兵迎头痛击，死伤大半。7天之间击毙小队长以下30余人，日军惶惶不可终日。

夜袭安泽县城 1943年9月，湾里村陈长生等4名敌工人员被捕后，日军全面清查岳阳城内的伪军，伪县长杨俭也加紧审查伪警备大队人员。为了保护内线关系，太岳第二军分区决定派二十五团五连和三营机枪连，由营长徐其孝带领协同游击大队夜袭岳阳城，拉出警备队，营救被捕人员。进城后，连长吴海功带游击大队一连摸进警备大院，闯进警备大队长刘明和伪军官打麻将的屋内大喊“不许动”。刘明趁势下令：“反正抗日，若有反抗，就地处决。”游击三连刘全带领突击队袭击伪县署，二连攻打警察所，二十五团五连攻击日军碉堡，杀死汉奸10余人，烧毁汽车2辆。此战共营救战友和群众20余人，还从合作社获得食盐、布匹、煤油等物资。

张才村围歼张从龙　1944年1月至2月，新任伪县长张从龙对游击大队夜袭岳阳实施报复，大肆杀人，抢粮。张从龙带部下袭击张才村时，被县游击大队一、三连打死打伤10余人，张从龙慌忙领残兵逃回县城。

桃原子阻击日军　1944年，旧县镇日军向草峪岭据点运送物资，县游击大队三连在旧县以东的桃原子北侧设下埋伏。运送物资的日军遭受打击后，被迫退回旧县据点。

府城、草峪岭据点日军西逃　1944年2月28日，冀氏县军民袭扰府城、草峪岭日军据点。日军断绝了粮草，只得乘6辆汽车逃往洪洞，府城宣告解放。至此，岳南的日伪据点全部被拔掉。岳北的安泽境内只剩下岳阳、旧县、黄粱3个日军据点。

交里村夺耕牛　1944年3月14日，黄粱据点20多名日军到交里村抢走耕牛13头。六区北平民兵立即冲进日军碉堡，夺回耕牛交还群众。岳阳据点日军时常组织五六十人到湾里、张家沟一带抢掠，活动十分猖獗。三区上冶各村民兵抓住战机，联防作战，日军一出动，四面策应联合打击，令日军闻风丧胆，抱头鼠窜。

青浮战役　1944年4月，太岳军区发动第一次反击日顽青浮战役，历时两个多月。县游击大队及民兵、民工1500余人参战支前。县武委会主任杨晋升带领600余人参加战斗，缴获军粮1万余斤，运回唐城军粮库。

1944 年 9 月，太岳军区组织 14 个团和 11 个县游击大队兵力，发起反击日顽的第二次青浮战役，历时半月有余。安泽游击大队奉命牵制曲亭据点日军，境内民兵民工奋勇参战支前。

党家山与日军激战 1944 年 10 月 20 日，六区民兵在李子坪制造石雷，被黄粱据点日军包围。北平附近的六区分队和太岳第一军分区二十五团一部立即出击解围，在党家山与日军激战，毙伤日伪军 60 余人。游击四区分队和民兵沿涧河公路埋设石雷、瓷雷，西庄、焦家山、朱家窑等村民在旧县附近埋雷，吓得日军不敢越雷池半步。

安泽境内多处抗击日军“扫荡” 1945 年 1 月下旬，日伪军 2500 余人，从临汾（旧县据点）、洪洞（岳阳据点）霍县（黄粱据点）出发，分 3 路袭击太岳一军分区沁河以西和浮山北部南垣，历时 7 天。安泽境内主力部队和民兵在草峪岭、辛庄和党家山给敌以重创，又在古阳滩设伏痛击回撤之敌，毙伤日伪军 150 余人。

旧县伏击日军抢粮抓捕队 1945 年 2 月 21 日，六区武委会主任常亦亭带领远征集训民兵，在旧县日军碉堡附近伏击日军抢粮抓捕小队，打死打伤日军 30 余人。

十三、安泽全境解放

1945 年 4 月 25 日，安泽游击大队和民兵配合太岳第一军分区主力一部，向西部日伪据点发动攻击。5 月 5 日，打败黄粱据点日军，占领黄粱。11 日武力占领旧县、青朴堰日伪据点。12 日进攻岳阳据点日军，日军战败放弃岳阳城据点向洪洞撤退，至此安泽全境解放。

支援周边县区解放　安泽全境解放后，1945 年 6 月，县游击大队响应毛泽东“驱逐日寇出中国”的号召，打出安泽，支援周边县区解放，转战洪洞、赵城、霍县、浮山、长子等县。

赵城围歼杨本兰部　1945 年 8 月 12 日，决一旅旅长李成芳率三十八团两个营和安泽、赵城两县游击大队绕过日军据点，穿铁路过汾河直插孔庄，包围了阎锡山军汾东挺进支队杨本兰支队部。毙伤敌人 100 余人，俘 300 余人，缴获机枪 11 挺，步枪 250 余支及弹药一部分。安泽游击大队在北梁村包围了杨本兰支队的 1 个中队，经过一天战斗，毙伤阎军 10 余人，俘虏 30 余人，缴获机枪 1 挺，步枪 30 余支。二连长杨寿昌和三连 2 名战士受伤。战斗结束后接上级通知：日本无条件投降，安泽游击大队迅速开进赵城火车站、侯村一带做受降准备。

安泽民兵参战团赵城受降　1945 年 8 月 19 日至 20 日，葛莱、王正刚带领一、三、七区民兵参战团 800 人于赵城接受日军投降。乔苏维带领二、四、五、六区 1000 多民兵开至霍县南关、什林间破路，截断日军北逃之路。

第八节　解放战争战事

马壁生擒阎军军长史泽波　上党战役中，率万人进犯上党地区的阎军总指挥、第十九军军长史泽波所部死伤惨重，企图向西突围。太岳纵队从虒亭出发取捷径，走小路直插冀氏县马壁一带，控制沁河，在太岳部队十七团、太行部队十四团的配合下，于 1945 年 10 月 12 日在沁河东马壁附近歼其主力，生擒军长史泽波。

参加上党战役　1945年9月至10月，由长治溃逃至沁水县境内佛庙岭的阎军史泽波部被解放军打垮，一部分残余窜入冀氏县境内，县武委会立即紧急动员全县民兵追歼溃兵。马壁刘村、兰村、冀氏、石槽、南孔滩、卫寨、王村、李庄、西唐各村民兵都参与作战，冀氏县民兵共计歼敌500余名，缴获长短枪318支。

参加同蒲战役　1945年10月下旬，安泽县独立团和四、五、六区分队从凌云出发参加同蒲战役，后在绛县并入晋冀鲁豫野战军十三旅三十七团。

远征赵城保卫夏收　1946年5月22日，县武委会组织民兵远征赵城一带保卫夏收，唐城、热留民兵带枪、镰刀参加。

洪洞追捕外逃伪顽人员　1946年8月，南同蒲线反击战打响后，安泽县公安干警随解放军进入洪洞县城，缴获国民党安泽县党部档案22卷，另从战俘营识别、押解潜逃的伪顽敌对分子41人回县。

第四章　统一战线组织

第一节　安泽牺盟会

安泽牺盟会　1937年七七事变后，全面抗战爆发。山西牺盟会委派巩绍英为特派员到安泽开展抗日救亡工作，发展牺盟会组织。8 月，安泽牺盟会成立。牺盟会号召力极强，工农商学纷纷响应，加入抗日救国行列。10 月，牺盟长治中心区派邓肇祥（中共党员）等人到安泽检查工作。11 月，邓肇祥被任命为安泽县县长。12 月 26 日，牺盟会于大觉寺集训全县教师、自卫队骨干 200 多人，为基层培养了一批从事抗日工作的中坚分子。1938 年 10 月，牺盟会发行油印三日刊《星火报》，向群众宣传抗日救国。1939 年 6 月后，县牺盟会同农会一起发展生产，搞减租减息、反贪污腐败斗争，推进合理负担，改造县、区、村旧政权，组建人民武装力量。

安泽“动委会”、牺公联　1938 年 1 月，以牺盟会领导骨干为主体，成立了安泽县全民抗战总动员实施委员会，简称“动委会”。邓肇祥、巩绍英任正副委员长。动委会以准政权的名义委派人员参与区、编村实际领导工作。10 月，为扩大抗日民族统一战线，安泽牺盟会与主张公道团联合，简称“牺公联”，牺盟会特派员、共产党员张一樵为主任。“牺公联”下设组织部、宣传部、联络部，其成员分工协助农、工、青、妇社会各界组建救国团体。1938 年 10 月到 1939 年 5 月，牺公联举办了 5 期训练班，培养了一大批抗日基层干部。

安泽牺盟会沿革　1937 年 10 月以前上属山西牺盟会；1937 年 11 月至 1938 年 6 月上属沁县中心区；同年 6 月，牺公沁县中心区改称牺公上党中心区；1939 年 5 月，牺公上党中心区划分为沁县、长治两区，安泽县上属牺公沁县中心区。1940 年 4 月，沁源牺代会后，牺盟会组织随之撤销，牺盟干部大多数转入农、青、妇各救国会。

第二节　群众团体

安泽县工人抗日救国会　安泽县工人抗日救国会成立于 1940 年 4 月，工救会从保护工人利益、改善工人生活入手，动员组织工人兴办各种小工厂、小作坊，开展生产运动。到 1943 年，全县各种小工厂、小作坊在 1938 年悉数倒闭的基础上发展到 56 家，公营企业 3 家，这些企业的兴起，壮大了工救会组织，支援了抗战。

工人抗日救国会领导人名录

负责人：李廷芳（1940.1—1940.4）

　　　　姚一凯（1940—1943.）

主　席：张鸣山（1944 年秋—1945.8）

安泽县工人联合会　抗战胜利后，安泽县手工业作坊蓬勃发展，到 1946 年已发展到 93 家，公营企业 6 家，工会组织随之发展壮大。1949 年秋，和川、府城、唐城等地开设了熬硝厂，7 个月生产火硝 8961 公斤。工人联合会主席为张鸣山（1945.8—1946.11）。

安泽县农民抗日救国会　抗战开始后，中共安泽县委以牺盟会名义扶持成立农救会，1938 年年底，全县已拥有会员 10101 人。1940 年 4 月，县牺盟会撤销，牺盟干部大批转入农救会。5 月，安泽县农民救国会正式成立，设主席 1 人、常委若干。

抗战时期，党的工作重点在农村，多数村由党员出任农救会主席。党组织多通过农救会发动群众，开展工作，并围绕生产建设、民主建设（参加村选举活动）、武装建设（组织民众参军参战）开展工作。

1942 年，党在农村实施减租减息，以维护百姓的切身利益，农会因之建立起在群众中的威信，农民参政意识增强。到 1943 年，全县农民 50%以上参加农会；全县 52 个村，农民掌握领导权的有 45 个，占到 90%；领导权占绝对优势的村达到 50%。与此同时，农会还基本上掌握了农民武装。1943 年 4 月 15 日至 17 日，安泽县召开首届农民救国会会员代表大会，选举李荣福、李炎（女）、杨发祺等 19 人为农救会执行委员，同时决定各区设农救会机构。

农民抗日救国会领导人：1940 年秋之前先后为李廷芳、吕滋生、吕兴国、周宇博、徐良谟、李永福，称负责人或秘书。1940 年秋后，农救会负责人称主席，李永福、王守江、杨发祺先后任职。

安泽县农民联合会 1945 年 8 月，安泽县农民抗日救国会改称安泽县农民联合会。1946 年 6 月，贯彻中共中央《五四指示》，全县开展土地改革。1947 年春，中共安泽县委在土改工作中提出，充分发动群众，彻底消灭封建剥削的土地所有制。8 月上旬，县农会召开 400 余人参加的农会代表大会，提出几项土改原则：维护雇贫农利益，满足雇贫农要求，培养雇贫农骨干，大权交给雇贫农。土改运动中，农会对行政管理、村干部任免、果实分配、地富分子处置等重大问题拥有相当大的决定权。1948 年 1 月 1 日，县农会派工作组赴各村进行土改纠偏。

农民联合会领导人名录

主　席　杨发祺（1945.8—1948.7）

　　　　张政铭（1948.7—1949.9）

副主席　张政铭（？—1948.7）

　　　　田金俊（1948—1948.11）

　　　　李修德（1948.12—1949.3）

　　　　赵黑则（1949—1949.9）

冀氏县农民抗日救国会　冀氏县农民抗日救国会成立于 1941 年 8 月，兼管卫、青、妇方面的工作，是一个综合的群团组织机构。

冀氏县农民抗日救国会领导人名录

主　席　罗　君（1941.8—1943）

　　　　周一清（1943—1945.8）

副主席　李文彦（1941.8—？）

冀氏县农民联合会　1945 年 10 月，冀氏县农民抗日救国会改称冀氏县农民联合会，1946 年 11 月，与安泽县农民联合会合并。

冀氏县农民联合会领导人名录

主　席　周一清（1945.8—1945.12）

　　　　刘　光（1945.12—1946.11）

安泽县青年抗日救国会　1938 年 10 月，安泽“牺公联”组建青年救国会。通过办训练班、开代表会、深入基层发动，多数村有了青救会成员，涌现出一批骨干。1940

年 4 月，安泽县青年抗日救国会成立。1941 年 5 月，增设青年抗日先锋队大队部，青救会儿童工作部部长刘宝玉兼任大队长。青年抗日先锋队协同自卫队站岗放哨，开展拥军优属等，有时还参加自卫队的对敌作战。1944 年秋，青年抗日救国会单独设立。

青年抗日救国会领导人名录

负责人　王　煌（1940.4—1940.4）

　　　　段化文（1940.4—1941）

　　　　李银德（1941—1942）

　　　　王福生（1943—1944 秋）

主　席　刘　珍（1944 年秋—1945）

　　　　段书香（1944—1945.8）

安泽县青年联合会　1945 年 8 月，安泽县青年抗日救国会改称青年联合会。

青年联合会领导人名录

主　席　段书香（1945.8—1946.11）

中国新民主主义青年团安泽县委员会　1948 年 7 月，安泽县青年联合会改称“中国新民主主义青年团安泽县委员会”。当年县直机关 30 多名青年首批加入新民主主义青年团。县委组织部干事梁礼秀负责青年团工作。

中国新民主主义青年团安泽县委员会领导人

负责人　梁礼秀（1948.7—1949.2）

书　记　胡立志（1949—1951.4）

儿童团 1938 年 11 月，全县儿童代表集会和川镇，会议通过建立儿童团的决议，选举张荣中为团长，安泽县儿童团成立。随后各编村相继建立儿童团组织。

安泽县妇女抗日救国会 1939 年 1 月 1 日，专署在沁县召开妇女工作者会议，安泽县派乔健和张桂芳参加，大会主要内容之一是开展妇女工作，发动妇女抗日。会议之后，安泽县派乔健、张桂芳、王华、乔英明到沁县开村专署举办的训练班学习两个月。1940 年 4 月沁县牺代会结束后，成立了“安泽妇女抗日救国会”。1943 年 3 月，安泽县妇救会向全县妇女提出五项任务：①组织妇女自卫队；②开展纺织活动；③改善妇女生活；④争取婚姻自主；⑤动员男子参军。整个抗战时期，安泽妇女抗日救国会领导全县妇女做军鞋、照顾伤员、搞纺织，劳动生产也不误，贡献突出。

安泽县妇女抗日救国会领导人名录

负责人 乔　健（女，1939.8—1940.4）
　　　 张桂芳（女，1939.8—1940.4）
　　　 黄林生（女，1940.4—1940.8）
　　　 高润芝（女，1940.10—1942.4）
　　　 张庆云（女，？—1942.2）
　　　 齐耀纯（女，1941—1942.）
　　　 安启凤（女，1942.2—1944.秋）
主　席 安启凤（女，1944 年秋—1945.8）

安泽县妇女委员会　抗战胜利后，安泽县妇女抗日救国会改称安泽县妇女委员会。1947 年 2 月，中共中央指示大力发动妇女参加土地改革运动。和川村 207 名、兰村 104 名妇女参加农会活动。1945 年 4 月交军鞋 17839 双，提前 4 个月完成上半年任务。冀氏村负责人毛白秀，自办招待站，拥军工作出色。1950 年应邀出席在北京召开的全国妇女代表大会。在解放战争中，安泽妇女在妇女联合会的领导下，全县 5414 名妇女使用 1700 架纺车、649 架织布机，为部队纺线织布、做军鞋、军衣，支前妇女则肩负着看护、送饭、换药、洗衣等繁杂活计。

妇女联合会领导人名录

主　席　安启凤（女，1945.8—1946.2）

　　　　李玉贞（女，1946.2—1948.4）

　　　　王　波（女，1948.12—1949.9）

第五章　武装斗争

第一节　开创根据地

1937 年 10 月，牺盟长治中心区派遣中共党员邓肇祥和韩之琛到安泽，拟利用有利条件开创根据地。11 月中旬，邓肇祥接任安泽县县长职，对开创工作更加有利。但是，安泽是阎锡山多年苦心经营之地，从县到村都效忠于阎。其次，忻口大战后，国民党有 3 个师退驻安泽，在各种干扰之下，开展工作难度很大。

当时安泽县牺盟特派员巩绍英已组织了一群青年，宣传工作颇具声色，但远远不够。邓肇祥先从临汾要来朱剑白（党员）、关子平、邓丰礼 3 人应急，12 月中旬又专程到中共北方局驻刘村办事处请求支援。下旬，八路军总部学兵团的祁果（党员）、邢青山（党员）、齐孔有、杨树亭、董光（女）、董坚（女）、邓钟祥、乔树则（女）等到安泽工作，另派周国钧、侯福安（均系红军、党员）、陈热风、徐鸿文协助安泽发展武装力量。12 月 26 日至 30 日，于大觉寺集训全县教师和牺盟会骨干 280 多人，宣传中共《抗日救国十大纲领》，号召群众武装抗日。与会者轰走妨碍群众自卫抗日的阎系主张公道团团长魏崇美，撤换了 4 个区的主张公道团团长。

1938 年 1 月初，指派关子平进公安局任政工员，侯福安、周国钧到二、三区组建抗日自卫队，陈热风、徐鸿文组建安泽县抗日自卫大队。随即正式成立安泽县全民抗战总动员实施委员会，邓肇祥县长兼任委员长，分设组织、宣传、武装、总务 4 个部，分别由巩绍英（党员）、赵子岳（党员）、陈热风（党员）、邓丰礼担任部长。武装群众、征集兵员、推行抗日负担等，均由动委会承办。国民党军队对“动委会”将仓谷、兵员输送给决死纵队心怀忌恨，政府内的旧职员不甘心坐冷板凳，他们内外勾结，3 月 8 日晚，八十三师出兵包围安泽县政府并扣押了县长邓肇祥，明目张胆夺权。10 日贴出公告，扶持国民党民政科科长王庆兰（古县左村人）出任安泽县县长。

“三八事件”使反共分子的面目暴露无遗。第三行政公署薄一波专员向八十三师提出抗议，师长刘戡也承认以军干政的错误，在第十七军军长高桂滋的斡旋下，薄专员与师长刘戡在北平镇（今属古县）商谈，由三专署另行委任安泽县县长。三专署先委任了傅从隆，但打不开工作局面。6月，复任党员张学纯为县长，并派一支武装工作队协助开展工作。

张学纯上任后，把县署机关迁至和川镇，目的有三：其一，可避开日军锋芒（此前日军已两次攻破县城）；其二，可脱离八十三师控制区；其三，可就近接受三专署的领导，取得八路军的支持。因不少旧职员擅自离职，张县长选用决死纵队成员郭版图、杨建江、陈热风分别担任民政、财政、武装三科科长；不久后又任命田玉、孟廷栋、史彦田、李成祥分别出任一、二、三、四区区长，改造旧政权取得重大进展。8月初，决死纵队又派王正中、李百川、袁平、吕思贤4名党员为骨干的10人工作组，着手公安局改造。9月初，中共太岳区特委派出以张潮（龙光瀛）、宋川为领导的八路军工作团抵达和川，不久建立中共安泽县工作委员会，同去的还有张一樵（党员）、华逸（女，党员）、武孟宇、周一清等一批骨干。在中共安泽工委的领导下，牺公联、武装自卫队、农民救国会、青年救国会、妇女救国会等方面的工作大有起色。尤其是农民救国会，成员众多，基础深厚，凝聚力强，不少村的农救会已能左右形势。1939年春夏，通过反贪污、反摊派不公，农救会发动民众撤换了不少编村的村长，确立了共产党在多数编村的领导地位。

1939年是进步力量与守旧势力大搏斗的一年。“晋西事变”后，阎锡山派一支40多人的“突击团”到安泽抗日县政府驻地罗云村，其头目“点验委员”以势压人，要张学纯县长向他汇报工作并提交政府组成人员名单以“点验审查”。唇枪舌剑中，“突击团”竟打算以武力解决安泽抗日政府。安泽独立营和县公安局出马，针锋相对，挤走了“突击团”。八路军总部领导对开创安泽抗日根据地十分关注，1938年3月至1939年5月，联系参谋谭应机、裴世昌、李云山先后驻安泽，八路军总部特务二团则以武力协助安泽开展工作。

第二节　南　进

1939年6月，为政令通达，抗日县政府派出一支20多人的民运工作队驻北孔滩，由决死纵队成员王泼任队长，深入附近各村动员群众武装抗日，反对封建欺压，抵制苛捐杂税。为避免摩擦，月内撤回岳北。8月正式委任王志学、温国华、侯其昌、史文保4名共产党员分别出任兰村、横岭（石槽）、杜村、英寨编村长，推行县政府令。“晋西事变”时，阎军一九七旅在安泽南部寻衅，扣押了温国华、侯其昌、三区区长高天祥。时魏巍（后改名白天，中共党员）任第九十三军参谋长、副军长，思想进步，倾向革命；第九十三军安泽县工作团团长赵大斌早年参加过共产党，他多次主动到罗云找韩柏团长和张学纯县长，表示要将功补过。通过魏巍、赵大斌等施加压力，一九七旅释放了高天祥、温国华、侯其昌。

1940 年 3 月，中共代表与阎锡山代表达成协议：临（汾）屯（留）路北为八路军驻地，路南归国民党军驻防。孙楚随即指派李绍光组建安泽县政府（阎系西里县政府），管辖路南安泽各村，同时派团副唐士渊搜罗散兵游勇扩充武力，与岳北八路军抗衡。中共安泽县委一直没有放弃对岳南的工作，县委副书记周震常驻大黄村，通过高壁、桃寨、兰村、郎寨、石槽秘密联络线，一直关注路南的动静，为上级党委决策提供有价值的情报。先是上级党委指示安泽县委与第九十三军地方工作团赵大斌、余贻则、李士珍等人从第十七军手里接管红枪会，改编为“第九十三军别动队”，与唐士渊争夺地方兵权。第九十三军别动队活动于冀氏、英寨、东池一带，与路北决死纵队友善相处，决死纵队还派出李凌云、陈德山、张风山参加别动队，任政工员。1943 年 2 月，太岳军区再派出以郑刚为首的太岳游击队深入岳南，一方面与赵大斌、李士珍拉近关系，一方面消除唐士渊部的谣传。郑刚与魏巍的秘书夏钠有更深层次的关系，当得知第九十三军军长刘戡要对别动队动手时，赵大斌、李士珍立即带领别动队 3 个中队到路北荆村会见郑刚，随之两部合并编为太岳游击大队。

太岳游击大队成员多为安泽人，领头人郑刚、赵大斌、李士珍对岳南的情况又比较熟悉。5 月“中条山战役”后国民党军队大部分退出岳南，太岳游击大队随同八路军南进支队挺进岳南。6 月中旬，冀氏抗日县政府正式建立，太岳工作得以向南拓展。同年奉行署指示，划岭南的郭店、东池、茶坊、尧店、龙王沟、王村归浮山县，划王峪归沁西县，扩展基地。

一、领导机关进驻

1942年9月，中共安泽县委分委联席会议总结：

……安泽县是太岳区之门户、是前卫。在迎接对敌顽斗争、巩固太岳根据地上是前哨阵地；在主动出击敌顽扩大阵地上是前进基地；军事上、政治上都处于极其重要的战略地位。

冀氏县的战略地位同样重要，因此，中共太岳区党委确定安泽与冀氏两县为中心县委，领导机关也先后进驻。

二、中共太岳区二地委

1940年2月，"晋西事变"后的安泽趋向平稳，洪洞、赵城、浮山、临汾各县干部滞留在安泽的花车、寺村一带。太岳区党委于安泽孔村(东洪驿)组建中共太岳区二地委，书记王旭，成员史健、韩柏(焦善民)、郝可铭、王大经、赵锋、石平等。地委成立后办的第一件事就是组织洪、赵、临三县人员推进到热留（今属古县），各以自己的地方干部、公安局和自卫队组成基干大队武装开拓地盘。洪洞县基干大队队长范东源、政委石金和、主任卫勋元。赵城县基干大队队长段清秀、政委杨少桥、主任杨泽生。4月初，洪洞大队由五马岭经偏涧向南垣苏堡推进，赵城大队由热留向石门峪苑川推进。赵城大队由于组织严密，地形有利，取得了相当进展，洪洞大队则受到挫折。7月，太岳部队反击晋家山阎锡山部教导师取得大胜。8月，地委和军分委进驻岳阳县的泽泉和热留村。史健任地委书记，张汉丞任司令员，杨少桥任专员。军分区还以河东办事处的保卫队和赵城基干大队为基础组建起四十二团，刘丰任团长，南景志任政委，支持洪洞、赵城、浮山、临汾四县开展工作。1942 年 1 月，地委移驻安泽亢驿村，军分区移驻庞壁村。年内地委在亢驿堡子上开办党校，分批分期集训安泽、岳阳、洪洞、赵城、临汾五县党员领导干部，军分区分批集训各县武装骨干。6 月，安泽一度划多沟、槐树、辛庄、五马等村归洪洞。同年 10 月精兵简政，二地委并入一地委，顾大川任书记，周一中任专员，刘聚奎任分区司令员。1943 年 3 月，一地委、专署、军分区由沁源移驻安泽贾寨村（今属古县）。

三、中共太岳区四地委

1941 年 9 月，太岳行署在冀氏县石槽村设立岳南办事处，时逸之任主任。11 月下旬，成立中共太岳区四地委，韩柏（焦善民）任书记、王逸飞任副书记，成员有时逸之、钟美科、戴苏理、解玉田，同时建立了四专署、四军分区，时逸之任专员，钟美科任司令员。以安泽人为主体的太岳游击大队改编为四军分区基干营，协同南进支队挫败阎锡山军彭玉弼部北犯图谋，协助沁水、青城、浮山、士敏、高平等县建立政权。

阎锡山不甘失败，1942 年 2 月派第六十一军进犯青城、浮山。在太行军区领导指挥下，4 月 15 日，八路军 3 个旅从郎寨、马壁、刘村出发，向青城司空山和浮山李家堡一带进击，消灭四十八师 3000 余人，岳南新区暂获安定。26 日，地委召集七县党政军领导干部集会石槽村，总结半年多来的工作，检讨存在的问题，部署新的任务。

会议就军事、政权、财经、群众工作等方面，尤其是对正确执行党的统战政策、争取团结中间力量做了重要安排，对巩固岳南根据地具有深远意义。

1942 年，精兵简政，四地委改称二地委，书记刘聚奎，二专署专员徐子寅，二军分区司令员孙定国。地委、专署、军区分别驻高峪、东里和郎寨，军区直属部队五十四团驻马壁。11 月太行军区政治部副主任罗瑞卿在郎寨庙给二地委党政军干部做报告，鼓励大家克服眼前困难，争取最后胜利。五十四团随后在反击敌人“蚕食”根据地斗争中不断向西南地带推进，成绩卓著。

四、中共太岳区党委

1942 年 10 月，中共太岳区党委、太岳军区、太岳行署由沁源南下进驻冀氏县，区党委、军区驻桑曲村，行署驻碱土院，政治部驻郭庄。区党委设党校于小李村，分批培训县区两级党员领导干部。中共中央北方局书记胡服（刘少奇）在党校做关于群众运动与根据地建设的重要报告。太岳版《新华日报》在陈家沟印刷发行，指导全区抗日斗争与生产建设。军区军械所多处设厂，修理枪械，生产弹药。10 月 1 日至 11 月 19 日，日军集中万余众兵力，对太岳区实行“铁滚式三层阵地新战法”，矛头指向太岳区党政军领导机关。在冀氏、安泽两县游击队和民兵的密切配合下，太岳部队重创敌人，突出重围；军区的老弱病伤员和几万斤军粮，军械所的机械与军火被安全转移。1944 年 11 月，太岳区党政军领导机关移驻沁水县。

第三节　贡　献

安泽人民对抗日和解放战争胜利的贡献，突出体现在出兵、出军粮、出民工三个方面。

出兵　抗战中，全县有 2107 人参军。1945 年 10 月安泽县在册新兵 736 人、冀氏县新兵 314 人；1947 年 10 月大扩军，2743 人走上战场。1950 年末统计，全县军属 6492 户（双军属 19 户），烈属 649 户，合计出兵 7160 员。

出军粮　1946 年 5 月 28 日，晋冀鲁豫边区太岳行署指示安泽县速建 1 个大仓库（直属行署）、14 个小仓库，备足军粮，保证军需供给，支援人民解放战争胜利。随即确定和川为特级支前站，设大库；府城、旧县、唐城、北平、马壁设甲级站；城关、贾寨、白素、飞岭、劳井、南孔滩、兰村、杜村、草峪设乙级站。共计囤积军粮 69607 石（约 703 万公斤），随调随运，有力支援了当年 8 月 14 日开始的南同蒲线反击战和 9 月 23 日打响的官雀攻坚战。

出民工　1940 年 7 月反击晋家山阎军教导师，1942 年 4 月 15 日青浮战役，1944 年 6 月 13 日反击驻浮山第六十一军，这几场战斗中，安泽每次均出动上千民工，运送军粮弹药，转运伤员。

解放战争时期，1945 年 10 月的上党战役，1946 年 9 月的南同蒲反击战与官雀攻坚战，1947 年 5 月开始的晋南战役，1948 年的解放临汾与晋中战役，4 年间安泽县出动支前人力工 540.9 万个，畜力工 202.6 万个。

第六章　抗战时期的牺牲和贡献

第一节　日军在安泽制造的血腥惨案

一、残害平民

日军屠杀安泽百姓始于1938年3月。1938年2月下旬，日军一〇八旅团由长治到临汾，24、25两日在安泽境内受到以八路军为主力的中国军队的顽强阻击。3月4日，日军返回长治途经安泽，为发泄仇恨残酷杀害安泽百姓。在义唐村杀死郑长春、冯长尼、刘进法等6人。在桃曲村杀死李黑牛、侯六只、侯瘸只、周喜年、周小女、贝建福、李桂林等9人。在高壁残杀刘石、刘金、刘玉兄弟5人，亓侯、亓都、亓盆子一家3口，张富忠、崔老三、陈连五等14人。在神南村杀害李明笃、祁小马、段千发、苟布里、李石头。在东庄杀害张进保、张金福、苗春来、牛四东。在郭都村杀死贾全保、赵生和、老吴一家3口，郭运生一家4口。

二、涂炭府城

1938年8月，日军为保长治—临汾公路畅通，在府城驻扎了500多人，烧杀抢掠，无恶不作。驻冀氏南的国民党军一六六师集中两个团兵力强攻府城，一场恶战打了4天3夜，以死伤800多人代价，消灭日军三分之二以上。

日军22日溃退，逃离前放火烧毁府城全镇房屋。

抗战前，府城是安泽第一大商埠，居民400多户，商户100余家，门店林立，所有楼房平房全都连体架构，大火总计烧毁楼房735间，平房678间，窑46孔，粮食38717石。全镇除娘娘庙外的1孔石头窑，顿成一片废墟。

1939年4月，日军牛岛大队从沁源县窜至安泽，被两个师重兵围击堵截在和川上县村一狭窄地区，死伤惨重，突围逃生的不足百人。一年后，日军再次进攻和川，一队人马在上县河滩搜寻一年前亡命同伙的尸骨，另一队在上县村四周山沟里大肆搜捕，抓获居民郭文、郭汉、刘老三、刘成有、牛大女、郝兰子等18人，用刀劈杀。

三、四大血案

1940年百团大战中，太岳区部队破袭南同蒲铁路，安泽农民子弟兵团参与袭击赵城火车站。为此，日军对安泽发动报复性屠戮。10月18日，日军1个联队驻扎唐城、亢驿、庞壁、固县、李家沟等不足20平方公里的地段，在杏湾、良子沟、梁家圪台、北岭制造了四大血案。

杏湾惨案　杏湾位于固县南，今属井上村。日军将沿途抓到的84名百姓集中在此杀害，其中有议宁村的李仰功、李四来、张奉先、张奉有等19人，有井上村的高五则，张福全夫妇等14人。

良子沟惨案　该沟在固县东南方，位置很隐蔽，但日军突然窜进深沟，羊工没来得及给村民报信，全村17人被杀害。

梁家圪台惨案　11月3日，日军撤离固县前一天，将固县村张甲正、王福拴、刘金才以及梁家圪台申四牛一家，刘万贵夫妇等21人全部用刺刀捅死。

北岭惨案 北岭是固县村正北山上仅两户人家的小庄，正值农历大年初七，日军发动突然袭击，裴改芝、李银香、李七子等23人被堵在窑洞里用烟火窒息死，李了芝脸贴地面湿土，是唯一幸存者，死者的姓名也是她一一提供的。

第二节 人员伤亡和财产损失情况

一、安泽县抗战期间人员死伤及财产损失

被杀3837人，致残270人，失踪753人，恐吓致死161人，负伤37人，合计4912人，占总人口的7.8%。被烧居民房屋29375间，被抢粮食5142875石、牲畜51748头，财产损失价值23.29亿元（冀钞）。安泽县议宁村死伤人最多，计97人。

二、冀氏县抗战期间人员死伤及财产损失

被杀1621人，致残923人，失踪213人，合计2757人，占总人口的14.3%。被烧房屋14039间，被抢粮食224409石，牲畜损失12052头，财产合计损失3.186亿元（冀钞）。李庄村受害最重，被杀64人。

两县共计被杀5458人，致残1193人，失踪966人，恐吓致死161人，合计7679人。被烧房屋43414间，被抢粮食5367284石。牲畜损失63800头。经济损失折合26.476亿元（冀钞）。

第三节　安泽老区在抗战中的贡献

安泽人民在抗战中所做的贡献，突出体现在筹备公粮、支援前线、踊跃参军、投身战场等方面。

一、筹备公粮

1938 年囤积公粮 10400 石　在艰苦的抗战岁月里，公粮主要是保证军需。抗战头三年，在“合理负担”的基本原则下，民众“有钱出钱，有力出力”，当时公款与公粮主要靠富户摊派，通过群众运动，1938 年囤积公粮 10400 石。1940 年 10 月下旬，中共安泽县委、县抗日民主政府在议宁村召开囤粮会议，对照上级规定，结合区、村实际，安泽以人均年收入折小米 1 石 5 斗为囤粮起点，分级“一、三”累进，最高累进囤粮不超过个人全年总收入的 30%，负担户达 80%以上，真正体现了“有粮出粮，粮多多出”的合理负担原则。

安泽、岳阳两县半月囤积公粮近两万石　1940 年 11 月初，安泽、岳阳两县干部群众响应县委、县抗日民主政府“积极囤积公粮是抗战首要举措”的号召，仅半个月时间积粮近 2 万石。其中安泽县完成 1.2 万石，岳阳县完成 8000 石，均超规定数量，受到太岳行署嘉奖。

捐助小米百石支援沁源围困战　1943 年 1 月下旬，为支持沁源围困战，安泽县捐助小米近百石。

开展生产大开荒　1943、1944 两年开展生产大开荒，安泽与冀氏两县的耕地一度达到53.6万亩。

石槽民兵缉私粮食10余石 1943年8月，冀氏县二区石槽村民兵积极缉拿粮食走私，查获走私粮食10余石，依法扣留交公。

二、支援前线

出民工 抗战期间，安泽县支前共出人力工961.6万个，畜力工540万个。

安泽县青救会组建抗日先锋队 1941年5月4日，安泽县青救会负责人李银德在中共安泽县委、县抗日民主政府支持下发起组织青年抗日先锋队（简称“青抗先”），吸收15岁至17岁的青年参加。短短几天内，全县组织起276人的青年抗日先锋队，由儿童工作部的刘宝玉兼任县青年抗日先锋队大队长，各区设中队。县、区青年抗日先锋队员平时站岗放哨，优属劳军，做好人好事，战时负责传递情报，协同县游击大队和区分队参加战斗。

安泽县发展工厂、合作社，支前抗日并解决民生 为了发展生产，筹集抗日资金，解决民生问题，1940年10月中旬，中共安泽县委、县抗日民主政府发动工、农、青、妇各救国会发展工厂与合作社。县工救会在荆村发展赈济工厂，产品一部分慰问部队，一部分供应群众。农救会在唐城组建农民联合社（简称“农联社”）制造生产工具和生活用品，并在议宁发动群众投资入股，筹集资金555元，办起了合作社，为群众购销面粉和煤油、火柴、纸张、烟、酒、茶等。妇救会组织了缝纫社，给部队做军衣、军鞋。

安泽妇女半月做军鞋 530 双　1941 年 4 月下旬，全县以区、村为单位组织了妇女缝纫组。广大妇女为抗日部队飞针走线，半个月就完成了 530 双军鞋的缝制任务。

安泽妇女纺织工作全面展开　1941 年 12 月，安泽县妇女抗日救国会积极响应专署妇救总会“关于开展纺织运动”的号召，成立了纺织运动委员会，并决定在罗云、和川、大黄 3 个村建立起纺织合作社，作为全县纺织试验区。据统计，实验区内参加纺织的妇女达到 90%以上，生产出的棉纱、棉布可供全县一半以上人口穿用。1943 年 8 月 19 日在全县生产救灾运动中，安泽县妇救会以五区（罗云）为中心，推动全县成立 79 个纺织小组，8 月底纺织出棉布 45320 尺，支援抗战。1943 年 8 月，太岳行署专员周一忠在全区各县县长联席会议上专门表扬了安泽县的妇女工作。《新华日报》《太岳日报》均报道了安泽仅 10 个村就组织 510 名妇女参加纺织的事迹。1944 年 3 月 18 日《太岳日报》报道题目是，《冀氏县纺织娘了不起，两个月织布 17 万尺》。

安泽县和川、宝丰两区开展优抚抗日活动　1941 年 5 月 9 日，为纪念抗日英烈，安抚抗日军人和干部家属，安泽县第一区（和川）和六区（宝丰）区分委、区公所组织优抚抗日活动，基本上解决了抗属的烧柴和耕种难题，稳定了前线士兵的心。

1944 年 1 月中旬，中共安泽中心县委和冀氏中心县委分别召开县、区、村党政群领导干部会议，部署 1944 年必须做好的 6 项工作，其中第 6 项为“发扬光荣传统，搞好拥军优属”。

安泽县工救会组织工人支援抗战 1943年4月，在中共安泽县委的领导下，安泽县工人抗日救国会从保护工人利益、改善工人生活入手，积极动员和组织群众兴办各种小工厂、小作坊，开展生产运动，全县各种小工厂、小作坊发展到56家，其中公营企业3家。这些企业的兴起，壮大了工会组织，支援了抗战。

支援浮翼自卫反击战 1942年4月15日，八路军一二九师政委邓小平在岳北、岳南和中条山地区检查指导工作，指挥一二二师10个团发起了浮（山）、翼（城）自卫反击战。师后勤部驻马壁村，野战医院驻南孔滩村。安泽县民政科长贾茂亭率民工1565人带担架363副、驮骡151头支援部队作战，运送物资上千吨，转运伤员560名。冀氏县也组织上千民工，支援了这次具有历史意义的反击战。

支援两次青浮反顽战役 1944年4月5日至6月13日，在第一次青浮战役中，县游击队积极参战，县武委会主任杨晋升带领600多民工配合主力作战，缴获军粮1万余斤，运回唐城军粮库。1944年9月第二次青浮战役，安泽县游击大队负责牵制、监视曲亭日军。两次青浮战役，全县共有1500多民工支前。杨晋升率民兵冲锋陷阵，受到表彰。

三、踊跃参军

抗战期间，为保证兵员素质，多从民兵中精选人员组建区、县游击队，经一段实战训练再加入正规军。抗战期间，安泽共有2107人参军。

安泽县抗日民主政府为八路军扩充新战士 1937年

12 月中旬，八路军一一五师、一二九师七七二团工作人员和安泽县抗日民主政府决定，在岳阳、旧县、北平、府城、冀氏、唐城、交口河、和川等地设立 11 个招兵站，半个月招收 1300 名安泽健儿奔赴抗日前线。

安泽县地方武装第一次有组织参军　1938 年 2 月临屯路对日作战中，周国钧领导的三区人民抗日武装自卫队配合作战，成绩卓著。战后，周国钧率自卫队 40 多人挺进太行，入编太行白晋游击大队。

基干队整建制编入决死一纵队　1939 年 11 月，中共安泽县委组建了一支 120 余人的基干游击队。“十二月事变”后，为增强太岳区的反顽力量，基干队整建制编入决死一纵队。

沁河游击大队编入八路军　1940 年 2 月，岳南国民党军与阎军势力正旺，岳北根据地亟待巩固。在安泽县执行任务的八路军特务二团兵员不足，中共安泽县委决定把沁河游击大队 300 多人输送入特务二团。

农民子弟兵团整编加入八路军　1940 年 8 月“百团大战”中，安泽县杨晋升、郎静波率新组建的农民子弟兵团 200 多人随八路军赴赵城破袭铁路，之后整编加入八路军野战兵团，支援全国抗战。

太岳游击大队全部加入太岳纵队　1941 年夏开辟岳南工作，冀氏、浮山、青城、沁西、士敏都是刚建立的机构，必须在武装力量保护下才能推进工作，郑岗、李士珍领导的太岳游击大队多系安泽、冀氏人，一直游击活动于临屯路南地区。1942 年 3 月，他们全部加入太岳纵队。

冀氏游击大队加入太岳纵队汾东支队　1942 年 2 月

开始组建的冀氏县游击大队1944年11月在大队长陈长留带领下整建制加入八路军太岳纵队汾东支队，同时加入的还有二、三两个区分队，计300余人。

安泽县游击大队40余名骨干编入八路军 1943年3月，奉太岳第一军分区命令，安泽县抗日游击大队40余名骨干编入八路军二十五团。

安泽县独立团整建制编入太岳纵队第十一旅 1945年4月，四区分队扩编升格为第四连，刘占奎任连长，安志任指导员。1945年7月，六区分队扩编升格为游击大队第六连，李振清任连长。

四、投身战场

抗战期间，安泽儿女配合八路军主力部队先后参加了抗击日军九路围攻、柳寨伏击战、上县围歼战、晋家山战役、上田岭战斗，支援兄弟县驱逐日军、收复失地等战斗。

安泽县罗云、上田、唐城民兵配合八路军主力反击“扫荡”日军 1941年10月15日，在八路军二十五团团长苏鲁指挥下，唐城民兵200余人配合主力在唐城疙瘩沟与“扫荡”岳北的日军展开激战，歼灭日军80余人。10月18日，罗云、上田民兵400余人协助八路军二十五团、三十八团在上田岭将军沟伏击日军。经过半天激战，歼灭日军300余人，缴获各种枪支300余支，军马20多匹。

安泽民兵出击旧县镇日军 1945年2月21日，岳阳城和旧县镇日军包围村庄，拉牲口，抢粮食，抓捕抗日青年和抗日干部。安泽县武委会立即组织当地民兵，配合远征集训民兵作战，打击日军的抢粮和骚扰。六区武委会主任常亦亭带领远征民兵在旧县镇日军碉堡附近分路部署伏击，民兵们抓住日军小队出碉堡活动的良机，集中火力，打死打伤日军30余人。

第七章　根据地的经济建设和发展

第一节　减租减息土地改革

一、减租减息

1942年1月，中共中央提出了抗日民族统一战线的土地政策的三条基本原则：①承认农民是抗日与生产的基本力量，故应实行减租减息，借以改善农民的生活，提高农民抗日与生产的积极性。②承认地主的大多数是有抗日要求的，故于实行减租减息之后，又须实行交租交息，以便联合地主阶级一致抗日。③承认富农的生产方式带有现时中国比较进步的资本主义性质，故应奖励富农生产与联合富农。但对其一部分封建性质的剥削，则须照减租息，同时实行交租交息。

1939年7月，在安泽双头村搞“双减”试点。

1941年，除敌占区游击区外，普遍实行“四七五”减租。1石租减4斗7升5合，东家得5斗2升5合。

冀氏县1942年开始实行减租。郎寨村租行天顺恒原收租700多石，82个佃户联合说理斗争，当年减租526

石，实交原租额的17.8%。

减租减息削弱了封建地主经济。有些地主租粮收入不敷公粮（农业税）支出，主动要求把土地转让或出卖给佃户。安泽县1943年4月至12月有70%的佃农上升为自耕农。冀氏县三区有64户佃农买地2386亩，其中43户上升为自耕农，12户变为半自耕农。

安泽（冀氏）外籍地主多，抗战开始后多不再来收租。按照晋冀鲁豫边区政府规定，承租人已拥有事实上的土地耕种权，至1946年，85%以上的农户实现耕者有其田。

二、土地改革

1947年7月全国土地会议后，各解放区为贯彻《中国土地法大纲》精神，从各级党、政、军机关抽调大批人员组成工作组深入农村开展工作。1947年11月至12月，土地改革很快在解放区广泛开展起来。

1947年1月至1948年4月，安泽县开展群众运动，实行土地改革。各村农会领导群众开展清算斗争，据1947年5月底对15个行政村统计，斗争算账397起，其中斗争188起，和平算账209起，从地主富农转入农民手中的果实有土地11040亩，粮食5844.7石，牲口332头，羊1376只，现大洋1231元，冀钞64700元……和平算账的地主、富农一般留给相当于下中农的土地和房屋。同年7月统计的和川、洪驿、石渠、岭南、飞岭、高壁、大黄、桃曲、义唐、上梯、上县、三交12个行政村，有303户雇贫农分得土地1573亩，牲畜37头，房屋137间，其中61户成自耕农，242户收入增加，生活改善。

第二节　大生产运动与经济的恢复

大生产运动，是抗战期间发动的一场旨在鼓励生产的群众运动，通过军队屯田和百姓垦荒相结合的大规模生产自救运动，基本上实现了经济上的自给自足。

1941 年，由于日军疯狂“扫荡”和国民党军队的经济封锁，解放区的财政经济发生严重困难。为了战胜困难，坚持抗战，1942 年底中共中央提出“发展经济，保障供给”，号召解放区军民开展大生产运动，自力更生，克服困难。

安泽抗日根据地在 1943 年开展生产救灾运动的基础上，1944 年至 1945 年党政军民齐动员，开展了以农业为主的大生产运动。1944 年春，首先是部队开展了一个月以开荒为主的生产大突击，完成了垦荒下种的任务。同时各地加强水利建设，开渠凿井，扩大灌溉面积，第二专区开渠 29 条，第一专区 8000 余亩旱地变成水地。

冀氏县客籍居民多，佃户多，群众在减租减息中得到好处，开荒扩耕大显身手，涌现出很多劳动英雄。

在大生产运动的推动下，安泽县的粮食生产喜获丰收，增产幅度创历史最高水平，全县基本解决了吃饭问题。

第三节　组织起来　互助合作

为了战胜困难，支援战争，各根据地军民在中国共产党和抗日民主政府领导下，从 1940 年开始，组织起劳动互助组，发展农业生产。

一、互助组

1940 年 11 月，遭日军“扫荡”损失惨重的议亭南沟、双头下滩组织群众生产互助，效果很好，经推广，1941 年全县成立生产互助组 252 个。互助组分常年互助、临时变工两种。组内耕地、牲畜和农具属私人所有，收入归己。组员之间以工换工，计价结算。冀氏县二区秦壁村苏士贵将 13 个互助组扩大为互助生产大队，吸收 4 个村 76 户的 166 个男女劳力参加，优先为烈军属和支前民工耕地，实行农业与工副业计工发票，等价交换。《太岳政报》刊文介绍了他们的经验。

根据地人力物力比较分散，为了提高劳动效率，安泽县响应上级号召，大力发展互助合作运动。在 1943 年的冬季生产和 1944 年的春耕生产运动中，互助组、纺织组、运输组在全区发展起来。互助合作突出生产与战争结合、劳力与武力结合，创造了生产与全民皆兵相结合、生产与民兵参战、民工服勤相结合、生产与围困敌人相结合等劳武结合的好形式。就安泽而言，无论是减租减息还是发展生产方面，这一时期都取得了优秀的成绩。

二、供销合作社

1941 年，安泽县抗日民主政府于唐城、上治、相力发动群众集资办了供销合作社。1942 年，和川村集资办社。1945 年 1 月，冀氏县四区民众集资开办济民生产供销合作社。1949 年 5 月，合作社转向供销企业性质。7 月执行冀城专署供销合作联社指示，整顿合作社，建立健全制度，加强民主与计划管理，开展服务当地群众生产生活的经营业务，建立了和川、府城、唐城、冀氏、马壁、杜村、旧县、城关、北平 9 个集镇供销合作社，吸收社员 20369 人、股金（小米）44.4 万斤。9 月，召开集镇联社经营联席会，选举产生了县社理事会和监事会。

第四节 财政税收金融民政

一、财政

机构 1938 年 6 月，安泽县抗日民主政府成立，下设财政科。各区设财粮助理，村设财粮主任。1943 年 3 月，根据上级简政精神，财政科和粮食科合并为财粮科。1946 年 11 月，冀氏县抗日民主政府并入安泽县，冀氏县财粮科并入安泽县财粮科。

体制 抗战和解放战争时期，安泽县政府设财政科、财粮科，主管全县合理负担粮款征收入库。实行“合理负担，统一累进税”的比例税制，改地丁粮为爱国公粮制。开设公粮库与地方粮库，公粮库开支权归专署，地方粮库收存上级核定征收的地方粮，支出权归县政府。

收入 1940 年，推行合理负担，征收公粮、公款。1942 年，安泽县征集负担公粮 13388 石，花料 2000 石；冀氏县负担公粮 8000 石，花料 680 石。1945 年，安泽县征收公粮 29155 石，公款（冀钞）55.8 万元；冀氏县征收公粮 16400 石，公款 24 万元。

支出 1942 年精兵简政，行政开支压缩三分之一。1943 年安泽县地方粮开支 3233.5 石，1944 年开支 4618.7 石。冀氏县 1945 年财政支出公款 27.6 万元。

二、税务

机构 1927 年，县政府设税务联合稽征局。1945 年 9 月，县政府设税务局；1947 年 3 月，撤销税务局，成立工商税务联合局；1949 年 1 月，撤销工商税务联合局，恢复税务局。

农业税 战争时期，安泽、冀氏县政府推行合理负担。抗战时期的根据地、解放战争时期的解放区称农业税为“公粮”。农业负担包括公粮、公款两部分。以户为征收单位。政策规定抗日军人、脱产干部、教师、医生、雇工不负担。人均收入 15 斗以下者免负担，人均纯收入超过免征点的户按累进比例依率征收。

工商税 1942 年，按照边区政府《工商业负担暂行办法》开征工商税。其办法是每个工商户先扣除 1 个人全年食粮 3 石、食盐 12 斤、食油 6 斤及成本再计纯收入，400 元（冀钞）为起征点，分 7 个等级累进计税。

四、金融

钱铺、银号 1938 年，日军侵入安泽，安泽银号停止营业。

冀南银行安泽县支行 1945 年 8 月，冀南银行太岳一分行于和川镇设立营业办事处。1946 年 1 月，改称冀南银行安泽县支行。同年 10 月，冀氏县支行并入安泽县支行，在职职工 12 人。

中国人民银行安泽县支行　1949 年 6 月，冀南银行安泽县支行改称中国人民银行安泽县支行。

农村信用合作社　1945 年，采取“插柳枝”的办法，先于洪驿、上县、北三交、热留、上治办起信贷所。1948 年，唐城 87 户农民入股集资 10.65 万元（冀钞），建立互助信贷社。

解放区边币　1938 年 8 月，晋东南抗日根据地成立“上党银号”，发行上党票，流通至 1940 年 10 月。

冀南币　1939 年 5 月，冀南行政公署经济委员会设立“冀南银行”，发行冀南本位币。1940 年 7 月山西第三行政公署与冀南、太行两公署联合召开太行全区首届财经扩大会议，决定统一币制，通用冀南币，上党票 7 折兑换冀南币。中条山战役后，实行“吸收法币，打击伪币，巩固边币”政策。

人民币　1949 年 5 月，中国人民银行发布 87 号通令；各大行政边区流通的边币从 5 月 15 日起兑换人民银行发行的人民币。10 月 1 日通用人民币。

存款　1945 年 8 月，冀南银行批示所属机构大力吸收社会游资，和川办事处 9—11 月吸收存款 150 万元。

民　政

支援前线　1942 年 4 月，八路军反击向青城、浮山进犯的阎锡山军，安泽县民政科长贾茂亭带领民工 1565 人带担架 363 副及大牲口 151 头支前，转运伤员 560 名，其中 197 名重伤员送至沁源县疗养。1944 年到 1945 年，冀氏县 16 个月组织民工支前 27172 人次，折工 154496 个；送军粮 60662 人次，折工 262291 个。

1946 年 8 月，中国人民解放军发起南同蒲路反击战，安泽县组织 840 名民工支前，配合太岳纵队先后解放了洪洞、赵城、霍县、汾西、灵石县城。

1947 年 5 月，安泽县组织 1200 名民工支援二十三旅作战，解放了曲沃、新绛、河津、乡宁、稷山、万泉、猗氏、夏县等县。

1948 年春节前夕，接太岳行署紧急通知：5 天内往阳城运送军粮 10 万斤。安泽县积极组织民工行动，5 天内共送军粮 11.9 万斤，超额完成了任务。

拥军 1936 年 4 月 5 日东征红军撤离安泽县，王荣、秦继续等 12 名伤病员留在上掌村休养。1940 年 11 月，安泽县、岳阳县群众齐上阵，半月囤积军粮两万石，受到太岳行署和安泽县委、县抗日民主政府的嘉奖。1941 年 4 月，安泽县妇救会发动全县妇女做军鞋 5304 双，提前两个月超额完成任务，送给驻军二十五团。1941 年 5 月，安泽县组织起 276 人的青年抗日先锋队，刘宝玉兼任大队长，平时站岗放哨，优属劳军做好人好事，战时传递情报，协同武装组织参加战斗。1941 年 5 月 9 日，和川、宝丰两区开展优抚抗日活动，帮助抗属搞好春耕生产。

1941 年 5 月，日军“扫荡”太岳根据地，军民奋战 4 天，全力进行反“扫荡”作战，抗日区村干部及共产党员在广大人民群众的掩护下无一伤亡。1942 年青浮战役后，363 名伤员在杏湾、贾寨两地养伤。在极度困难的情况下，群众筹集白面 210 斤、煎饼 3240 张、鸡蛋 102 个慰问伤员。1942 年春，古阳村农会主席赵金林在铁凹沟组织起变工互助组。贾寨村党支部书记牛荣锁、村长吕希贵和军属任梅枝按照薄一波、聂真、裴丽生的提议，组织起“一手拿锄、一手拿枪”种地抗战相结合的互助组。

1943 年 1 月，按照县委、县政府《优待抗日军人家属的通知》，在解决抗属代耕这类生产困难基础上，又发动群众募捐棉衣、粮食、煤炭和现款，解决抗属生活困难。

据史料记载，抗战时期支前民工运送军粮弹药、转运伤员出人力工 2961.6 万个，畜力工 40 万个。解放战争时期支前出人力工 540.9 万个，畜力工 202.6 万个。

军属优待　抗战和解放战争时期，根据地和解放区一直为军烈属和干部家庭代耕土地。1950 年以前享受代耕的烈军属有 1132 户，代耕土地 21947 亩。

生产自救　历史以来，安泽县境内水、旱、风、雹、虫、霜、冻等自然灾害不断。1942、1943 年，太岳边区和安泽县连续两年发生了 50 年不遇的特大旱灾，边区政府深入贯彻“减租减息”政策，减免群众负担，开展生产自救，以多项措施度过灾荒。

第五节　老区的文教和卫生事业

一、文化

安泽每年春节至元宵节期间有闹“红火”的习俗，正月十五之前以各村自行活动为主，主要有秧歌、花灯、高跷、花鼓、龙灯、舞狮、旱船等。

议亭戏班 1933 年，安泽和川镇议亭村人张丙全出卖多半家产，购 8 箱戏装，买 4 头驮骡，招收戏迷入伙。其义子杨根喜系潞城名角，戏友甚多，组成落子腔戏班，活动于安泽、沁源、屯留一带。张丙全联络社会名流，游说八方支持，亲自跟班送戏，颇受群众欢迎。1939 年，日军烧毁其住宅及戏装，丙全气郁身亡。

郎马剧团 1936 年，马壁村李左唐、徐东昌筹资购戏装、乐器，成立戏班，吸收郎寨村冯志藻、申金发加入，演唱黎城落子。农闲时活动于安泽、沁水、浮山各村，日军入侵后，戏班解散。1944 年，在县抗日政府支持下，冯志藻联络戏友重整旗鼓，组建郎马剧团，自编自演《借粮》《回头看》等戏配合宣传抗日。1945 年 1 月，应邀为太岳区英模代表大会演出，获得好评。太岳行署资助小米 40 石支持剧团发展。1947 年，剧团多名成员参加八路军，剧团停止演出。

石渠戏班 1937 年“七七事变”后，晋南艺人乔相会、刘狗旦来到岳阳县，栖身于和川石渠村。1945 年，乔相会协助石渠村成立戏班，排练演出《明公断》《打渔杀家》等传统剧目，活动于和川、唐城一带。

安泽青年剧团 1945 年 12 月，第二、四高小合并，四高留几名学生组成七区文宣队，赵伯濂任队长。1947 年秋，二高抽 30 名学生办表演艺术班，郭璞玉任教师。1948 年，艺术班与文宣队合并组建安泽青年剧团，团长赵伯濂，指导员杨玉瓒，演出《胜败图》《三打祝家庄》等剧目。

摄影 1948 年谢会贤在县城开设第一家照相馆，只能拍最基本、最简单的黑白照片。

新闻报道　抗战中后期，安泽、冀氏均有通讯员为报纸写稿。1941 年 7 月《太岳日报》刊登《安泽减租减息中的几个问题》。1944 年 3 月 6 日，延安《解放日报》发表《安泽减租减息生活改善，买地娶妻者日渐增多》。

图书经营与发行　1933 年，安泽县城后街和丁字街口有两家私人书铺，主要经营课本和一般图书，如《彭公案》《包公案》《小八义》等，还销售大仿影及文房四宝等，1938 年日军侵占安泽后停业。1943 年 3 月，太岳区党政军领导机关入驻杜村乡桑曲碱土院村，在桑曲设有太岳新华书店门市部。1944 年 4 月，太岳新华书店在安泽设立分店。1948 年，安泽县政府在和川镇设立文化书店，主要发行太岳新华书店的书刊，因图书品种少、数量有限，年销售额仅 1.2 万元。

《星火报》　1938 年 10 月创刊，安泽牺盟会主办，武梦宇主编，八开油印，每周 2 期。《星火报》对宣传抗日形势，团结抗战力量开展抗日救亡活动发挥了积极作用。

二、教育

1911 年，改县学堂（书院）名为高等小学。全县设有初等小学 19 所。1914 年，创办女子初等小学，校址设在城关文昌宫（今属古县）。1916 年，初等小学改称初级小学。1917 年后，县署尤为重视教育。1919 年，全县共办初级小学 54 所（其中女子初级小学 1 所），高级小学 1 所；共有教师 70 名，在校学生 1400 余名；教育经费支出总计 4490 元。1922 年，山西强力推行义务教育，村办小学改称国民小学。1925 年，将上述原（书院）改称的高等小学更名为县立第一高小，并在北平（今古县）开办县立第二高小。1932 年，在府城开办县立第三高小（校内附设初级小学）。1934 年，全县有国民高小 3 所，国民小学 117 所，简易小学（复式小学）73 所，冬春小学 5 所。

1937 年，安泽县共有小学 122 所，其中高级小学 3 所，初级小学 99 所，女子小学 4 所，简易小学 11 所，冬春小学 5 所。

1938 年日军侵占安泽，全县学校几乎全部停办或解散。抗日民主政府在领导人民进行艰苦抗战的同时，重视培养人才，着力发展教育。1941 到 1943 年开办了 3 所民族革命抗日高小。安泽、岳阳两县恢复开办小学 96 所，“游击”上课。1944 年 3 月，根据晋冀鲁豫边区政府“普及国民教育，发展民办小学”的指示精神，安泽县（1942 年岳阳县并入安泽县）62 个行政村办学 98 所；冀氏县 29 个行政村办学 45 所。1946 年冀氏县并入安泽县，全县共有行政村 92 个，小学 143 所。3 所民族革命抗日高小分别改称第一高小、第二高小、第三高小，共有 5 个教学班，学生 194 名。

师范学校 1926 年，安泽县第一高小附设简易师训班，招收高小毕业生 30 名，进修语文、数学、历史、常识及教育学等课程，学制 3 年，毕业后由教育科推荐，大部分毕业生被办学村聘用为小学教师。之后隔年招收 1 个班，先后共招 5 个班（简师学历）。1948 年 11 月岳北专署教育局应安泽县政府请求，委派时任沁源县政府教育科长王旭明（沁源人）赴安泽县发展教育。12 月首期小学教师训练班开班，校名石渠师范，招收16到35岁具有高小文化程度或同等学力者，培训3个月分配执教。先后共举办3期，培训135人（称速师学历）。1949年12月，经山西省政府教育厅批准，停办师训班改招师范班，石渠师范更名为“安泽县初级师范学校”。

其他职业教育　民国年间安泽县有农业实业学校1所，教师1名，学生30人。1920年，安泽县有县立商业讲习所4所，班级4个，教职员27名，学生122人，毕业110名。

扫盲教育　1941年秋，太岳行署进驻杜村乡碱土院，当年冬季在太岳军区政治部的倡导协助下创办了郭庄冬学，全村群众踊跃参加学习，冬学成为发动群众进行全民教育的一种有效形式。1942年8月27日《太岳日报》载：安泽县有冬学32所，学员841名，人均识字342个。1944年贯彻晋冀鲁豫边区政府《关于开展冬学运动的指示》，安泽、冀氏两县92个行政村普遍开设冬学。

教师队伍　1912年，全县有高等小学堂2所，小学19所，教职员28人，全系原书院私塾读经多年的生员。1934年，全县有高级小学3所，教职员23名；初级小学117所，教职员221名；高小教师多系省城毕业的师范或中学生，初小教师多系简易师范毕业生。抗战后期，安泽县有学校98所，冀氏县有学校45所，共有教师160余人。

教师任用　抗战时期，日军占领区（城关、旧县、府城）学校停办。解放区（和川、冀氏）创办的民族革命抗日学校教师由抗日县政府委任，其大多为中共党员，受太岳行署领导，以教师公开身份宣传组织抗日救亡。1945

—1949 年，高级小学和公办小学教师由县政府文教科委派，民办小学教师由办学村自主选聘。

学历（文化）进修 1946 年，选送区教育助理员孟振、张亭旺，小学教师孟学臣、李长英（女）赴太岳中学师范班进修。

经济待遇 民国时期，小学教师年薪一般为 30 元（白洋）。1944 年 3 月，实行教师粮食薪资制（甲、乙、丙、丁 4 等，分别为月薪小米 4 斗、3 斗 9 升、3 斗 8 升、3 斗 7 升）。当年 11 月又一律增 2 斗。1945 年 7 月，冀氏县抗日政府规定乡村教师享受脱产干部待遇，月供小米 45 斤，卫生费 10 元（冀钞），学杂费 5 元，年供单衣 1 套、棉衣 1 件、布鞋 4 双、线袜 2 双。

行政管理 1941 年，安泽县抗日政府先于开办学校多的第二区（唐城）设联合校长，翌年各区均设联合校长督导所辖区各学校的教学工作。

教育经费 1920 年，安泽县教育支出 4044 元。1933 年，教育局年经费 1464 元。1934 年，安泽县教育经费支出 16.86 万元，占全县行政经费总支出的 56.30%。1945 年，冀氏县教育经费支出 8.3 万元，占年度总支出的 30.32%。

三、卫生

预防接种 民国中期，安泽县府城宏泰成、唐城太和堂已开始经营部分西药并会接种牛痘疫苗，未推广。

重大疫情 1941 年 4 月，安泽瘟疫大流行。1943 年，伤寒、疟疾、疥疮三大传染病并发，病者近 3 万人。1947

年春伤寒再发作，县政府组织强力防治，167人转危为安。

大骨节病　亦称矮人病、水土病，俗称柳拐子病。1948年6月18日，太岳行署主任牛佩琮撰文研究水土病成因，提出改良用水，多吃蔬菜、海盐、海带，讲究个人卫生、小病早治疗等办法。

学生保健　民国年间，高级小学开设卫生、体育课，讲授一些基本的卫生常识，教育学生讲究卫生，参加体育活动，增强个人体质，预防抵制疾病侵害。

安泽县人民医疗所　1945年秋，群众入股在冀氏马寨村建立和平药店。1946年11月，安泽县武委会医疗所与冀氏和平药店合并，称永和药店。

1948年10月县政府补拨经费、人员，改称安泽县人民医疗所，李克让任所长。

医疗队伍　1945年，以县医药卫生促进会为核心，组织民间医生带徒，并于1947年举办医生训练班，为农村培训医务人员30余名。

医疗保障制度　1945年，李克让、房宝瑚等医生在安泽县三区上治村设立全县第一家医药合作社。冀氏县四区（东上寨）开设济民合作药店，入股社员、军烈属用药享受八折收费，特困户享受五折优惠或全免费。

公费医疗　1947年，县政府规定凡供给制干部、职工、教师每人每月发医药费（冀钞）10元，设在和川的人民武装科中西医疗所对参战兵民就医一律免费。

药品营销　抗战前安泽县有药铺40余家。1939年安泽县抗日民主政府建立了和川庆吉药房、冀氏惠民药房、岳阳（今古县）济世堂药房。1945年1月，冀氏成立济民医药生产合作社，专营药材购销业务。1946 年，县营“永和商店”成立，经营中西药品，批零兼售。

第二编　社会主义革命和建设时期

1949年至1952年，中国共产党领导全国各族人民为巩固人民民主政权而斗争，基本上完成土地制度改革和其他民主改革任务，取得抗美援朝战争的胜利，迅速恢复遭到严重破坏的国民经济，为向社会主义转变进而实现工业化准备了条件。

1953年党提出过渡时期的总路线，开始实行第一个五年计划的大规模经济建设。到1956年，基本完成对生产资料私有制的社会主义改造，初步建立起社会主义基本制度。从1956年社会主义基本制度建立到1978年实行改革开放，党领导安泽人民全面进行社会主义建设并取得一定的成就。

地区生产总值：1949年，全县工农业生产总值407万元，农业总产值401万元，占98.5%，工业总产值仅为6万元，占1.5%，人均84.91元；1957年，总产值达554万元，人均116.78元；1978年全县地区生产总值为1693

万元，人均 248 元。

粮食生产：1949 年，粮食生产总量为 19503.75 吨；人均生产粮食 413 公斤；1978 年，总产突破 3 万吨，达到 31881.25 吨，人均生产粮食 498.7 公斤。

财政总收入：1953 年安泽县财政总收入完成 51.67 万元；1978 年完成 113.93 万元。

历史经验证明，社会主义制度具有强大的生命力。

第一章　中国共产党地方组织

第一节　组织建设

一、党的组织

中华人民共和国成立后，中共安泽县地方组织进入一个新的历史发展时期。

中华人民共和国成立初期，中共安泽县委由中共太岳区党委领导的太岳一地委划归翼城临时地委领导。1950年1月9日，中共临汾地委成立后，归中共临汾地委领导。1954年9月，中共安泽县委归属中共晋南地委领导。

在1958年人民公社化运动中，安泽县撤销乡的建制，成立政社合一的人民公社，撤销乡党委或党总支，成立人民公社党委。农村的基层党组织，由行政村党支部改为管理区党支部，以后又改为生产大队党支部。这一段基层党组织的变化比较多。1962年中共中央发布《农村人民公社工作条例修正草案》后，相对稳定地形成公社设立党委、生产大队设立党支部的组织系统。

1949年到1966年全面建设社会主义的17年间，安泽县委先后召开过4次全县党员代表大会，选举产生4届中共安泽县委，历任县委书记（包括设书记处时的第一书记）7人次，安泽县行政区划进行多次调整。与此相应，党的基层组织设置也发生过多次变化。1949 年 10 月至 1950 年 3 月，中共安泽县委下属 7 个区分委；1950 年 3 月至 1956 年 2 月下属 6 个区分委；1956 年 2 月至 1958 年 8 月下属 42 个乡党支部；1958 年 8 月至 1961 年 2 月下属 7 个人民公社党委；1961 年 2 月至 1966 年 5 月下属 17 个人民公社党委；到 1966 年 5 月，中共安泽县委设有 8 个工作部门，下属 17 个人民公社党委，224 个党支部，3396 名党员，国家干部增加到 910 人。

1966 年“文化大革命”开始。1967 年 1 月，安泽县委被造反组织夺权。同年 3 月 30 日，经上级批准，成立了中共安泽县核心小组，行使县委职权，归中共晋南地委核心小组领导。1970 年 5 月，中共安泽县核心小组更名为中共安泽县革命委员会核心小组，归中共临汾地委核心小组领导。1971 年 5 月 1 日，改称安泽县革命委员会核心小组，仍行使原中共安泽县核心小组权力。各人民公社也成立了相应的机构，行使原人民公社党委、人民公社核心小组的职权。从 1967 年 3 月开始到 1971 年的 4 年间，虽然县、社两级均成立了党的领导机构，但机关、农村党的基层组织仍未建立，党员的组织活动一直没有恢复。1970 年 11 月，根据统一部署，安泽县开展了“一打三反”和整党建党，在大部分党员恢复组织生活的情况下，中共安泽县第五次党员代表大会于 1971 年 3 月召开，选举产生了县委。同时各人民公社相继召开了党员代表大会并选举产生了人民公社党委。之后，继续整党建党。在整党建党中，陆续恢复了党的组织生活。1971 年 5 月，中共安泽县委归属中共临汾地委领导。

1971 年 8 月，经国务院批准，安泽县分设为安泽、古县两个县，屯留县良马公社划属安泽县，原来的 17 个人民公社党委变为 11 个人民公社党委。到 1976 年 10 月"文化大革命"结束时，全县共建立党的基层组织 216 个，其中党委 11 个，党总支 4 个，党支部 201 个；党员发展到 3205 人，国家干部增加到 1133 人。这一时期，县委（含县革委核心小组）和县革委实行一元化领导，合署办公，1975 年 8 月才恢复部、委、办工作机构。

1976 年 10 月，"文化大革命"结束，进入了社会主义现代化建设新时期，安泽县党的工作和党组织的建设走上新的发展阶段。

二、发展党员

中华人民共和国成立后，县委及时提出工作重点转向和平建设，接受社会主义建设积极分子入党。新民主主义青年团的建立，为党建准备了充足的后备军。1953 年 11 月贯彻党在过渡时期的总路线，社会主义改造与建设高潮掀起，两年间有 479 名积极分子入党。截至 1966 年 5 月，全县党员发展到 3396 人。1971 年重建县委，恢复党的基层组织，党组织在治乱中吐故纳新，再现生机。1976 年 10 月，全县党员 3250 人。

三、基层组织

党支部 1949 年底，安泽县党支部发展到 95 个。1965 年末，安泽县有党支部 224 个。1978 年，全县有党支部

211 个。

区委 中华人民共和国成立后，县内行政区划几经变化，中共安泽县委下属组织也相应加以调整。1949 年 10 月至 1950 年 3 月，中共安泽县委下属一区府城、二区冀氏、三区杜村、四区和川、五区白素、六区城关、七区北平 7 个区分委。1950 年 3 月至 1956 年 2 月，下属一区府城、二区冀氏、三区杜村、四区和川、五区城关、六区北平 6 个区分委。1956 年 2 月至 1958 年 8 月，下属府城、上梯、孔村、小黄、郭都、英寨、花车、冀氏、兰村、王村、白村、马必、段峪、郎寨、石槽、杜村、桑曲、文洲、和川、孔旺、安上、罗云、议亭、唐城、亢驿、城关、槐树、五马、下冶、天池、古县、尧店、石必、上治、高城、永乐、范寨、北平、贾庄、金堆、热留、古阳 42 个（集镇）乡党总支委员会。

乡（镇）（人民公社党委） 1958 年 8 月至 1961 年 6 月，下设府城、冀氏、杜村、和川、城关、古县、北平 7 个人民公社党委。1961 年 6 月至 1967 年 1 月，下设府城、郭都、三交、冀氏、马必、石槽、杜村、和川、罗云、唐城、城关、下冶、古县、石必、永乐、北平、热留 17 个人民公社党委。1967 年 1 月，中共安泽县委被“红卫兵”组织夺权，各基层党组织陷于瘫痪。6 月以后，下设党组织先后建立了 17 个人民公社核心小组。1970 年 5 月 1 日，中共安泽县核心小组和县革命委员会核心小组合署办公后，基层 17 个人民公社核心小组也同时和公社革命委员会合署办公，改称人民公社革命委员会核心小组。至 1970 年 3 月之前，安泽县革命委员会核心小组下属府城、三交、郭都、冀氏、马必、石槽、杜村、唐城、罗云、和川、城关、古县、永乐、石壁、下冶、热留、北平 17 个人民公社革命委员会。1971 年 3 月 28 日至 31 日，中共安泽县第五次党员代表大会在县城（府城）召开后，全县 17 个人民公社先后召开了党代会，重新建立了党委会。恢复和建立了党的基层组织，广大党员恢复了组织生活。1971 年 8 月，经省革命委员会研究决定，并报请国务院批准，安泽县分为安泽、古县两个县，原安泽县西部的城关、古县、永乐、石必、热留、下冶、北平 7 个人民公社划归古县；原晋东南地区屯留县的良马人民公社划归安泽县。至 1971 年 8 月中共安泽县委上属中共临汾地委领导，下属 11 个人民公社党委。

党组　1953 年 2 月至 1954 年 9 月，设中共安泽县财贸党组。

党委　1950 年 3 月，设中共安泽县人民武装部委员会，1954 年 6 月改设为中共安泽县兵役局委员会；1961 年 6 月改设为中共安泽县人民武装部委员会，延续至今。1957 年 1 月设中共安泽县直属机关委员会，“文化大革命”时期停止工作。1973 年 2 月，恢复中共安泽县直属机关委员会。

第二节　思想建设

1953 年 12 月，在原有的农村政治工作宣传网基础上，选取 23 个基点乡建立党课传授站，要求各支部成员必须每月两次到传授站听讲党课。县委设专职支部工作指导员

24人，每月20天下乡，巡回到各站讲党课，定时定点向党员讲党的基本知识、时事政策、党员的表率行为等。县委聘请了79名兼职支部支教员，深入各农村支部上党课，辅导党员学习，提高认识，增强党性，促进农业社会主义改造。

农业合作化以后，党的建设走向正规化。1956年夏成立县委党校，分批分期轮训农村党支部成员。县乡脱产党员干部则按上级分配名额到地委党校或省委党校进修，系统学习马列主义和毛泽东思想。

县委党校是培训、轮训党员领导干部的主阵地，是提高党员和基层领导干部马列主义、毛泽东思想理论水平的主要教育基地。在不同历史时期，县委党校配合党的中心工作，培训了大批县乡村干部，提高了基层党员干部队伍的政治素养。

第三节　纪律检查

1952年10月，安泽县委设立纪律检查委员会，1955年11月改称监察委员会，县委副书记兼任监委书记，当月召开首次纪检会议，研究通过了“工作细则”。

一、案件查处

中华人民共和国成立初期，配合三反五反、镇压反革命、粮棉油统购统销、农业合作化等运动，先后查处违法乱纪党员199人。为严肃党纪、纯洁组织，对错误严重不可救药的82人开除出党；对犯有一般错误者，本着“惩前毖后、治病救人”的精神，分别给予留党察看或警告等处分。

二、甄别平反

1957年至1961年“大跃进”、人民公社化时期，在“扫暮气”“拔白旗”“狠刹资本主义歪风”等运动中，对部分党员群众进行了纪律处分。1962年12月，县委开展甄别工作，对40名脱产干部（党员30人）中的14人（其中部分错误处分者6人、全部错误处分者14人），受批评的149名基层干部中的133人，受批评处理的357名社员（党员131人）中的193人给予纠正。

第二章　农业生产

第一节　种植业

一、耕地

1950年，安泽全县实有耕地2.53万公顷，人均0.28公顷。

1982年全县推行农业生产责任制，在册耕地1.3万公顷，人均0.19公顷。1995年在册耕地1.2万公顷，人均0.149公顷。

1996年县委、县政府制定优惠政策恢复弃耕地，建设“大粮仓”，在册耕地达到1.5万公顷，人均0.23公顷。

2005年受退耕还林、退耕还草政策影响，在册耕地减少为9590.3公顷。2006年至2010年耕地面积稳定在1.5万公顷。

二、劳力

1950年，全县有整劳力30429人（男14606人），半劳力8583人（男4119人），辅助劳力4069人，合计39012人。1957年整劳力29924人（男14394人），半劳力8231人（男4097人），辅助劳力4052，合计38155人。1965年整劳力21440人（男13432人），半劳力14844人（男7299人），辅助劳力3863人，合计36284人，2000年整劳力22378人（男13773人），2005年整劳力21300人，2008年总劳力40380人。

三、粮食生产

安泽是一个农业县，主要粮食作物有玉米、小麦、谷子、高粱、大豆、薯类等。在以粮为纲、全面发展思想指导下，全县大搞农田基本建设，千方百计控制水土流失，土地深翻，耙耱保墒。积极推广和采用有机肥为主、无机肥结合的办法，狠抓了科学施肥技术的适时应用，有效提高了新型肥料的利用率。因地制宜构建旱作种植结构，培育推广耐旱丰产品种和适应旱作的综合栽培措施，粮食总产量由1949年不到两万吨提高到1978年的三万多吨，亩产由90公斤提高到160公斤。

第二节　养殖业

安泽历史上曾有“养牛为耕田，养猪为过年，养鸡为换盐油钱”的说法，确切地反映了小农经济下的养殖观念。

随着社会主义市场经济的兴起，养殖观念发生大变化，养殖品种主要有牛、羊、猪、鸡等，1978 年猪、羊的饲养量分别达到 18715 头和 90470 只。

第三节　林　业

安泽林业发展始于 20 世纪 50 年代初，在半个多世纪的漫长历程中，安泽县委、县政府历任领导，换书记不换主意，换县长不换主张，传承绿色接力棒，带领全县人民年年造林，岁岁植树，造林绿化工作取得辉煌成就，受到国务院嘉奖。截至 1978 年底，全县有林面积从解放初期的 9.3 万亩增加到 43.17 万亩，森林覆盖率由 3%提高到 14.65%。

一、采树种

中华人民共和国成立后，安泽县人民政府组织全县人民，年年采集大量各种树种，五年采树种 2.8 万公斤。1967—1973 年采种 21.6 万公斤。1975 年领导带头，机关干部参加，全民行动，两周内采树种 6.77 万公斤，其中油松 6 万公斤，刺槐 0.75 万公斤。

二、育苗

1950年3月，县人民政府确定50个行政村各建苗木基地1.5亩，县农业实验场育苗21亩。60年代以后，逐步形成国营、集体和家户三级育苗新格局。

三、植树造林

安泽全境土层厚，水源足，宜林果。抗战以前，全县有天然林5.6万公顷。战争年代山林毁坏严重，40年代末全县仅保留森林3.66万公顷。中华人民共和国成立后，历届县委和政府都十分重视发展林果业，至1965年，共营造人工林1.88万公顷，四旁植树254.5万株，定植干鲜果树680万株。1971年与古县分治后，安泽有林面积计3.5万公顷，四旁植树52.3万株。

安泽宜林面积12万多公顷,1956年成立国营造林站。

中共安泽县委1973年3月决定，荒山造林要两条腿走路，国营集体一起上，尤其要调动生产大队一级造林的积极性。县委要求各大队都要划定各自的干果、水果、用材林基地，组建造林专业队，常年植树造林。

第四节　经济园林

一、干鲜水果

安泽县传统的果树有枣、梨、桃、杏、李、沙果、红果、葡萄、核桃等。抗战前，全县有24个行政村盛产核桃，年产10.7万公斤，外销核桃仁1.4万公斤。有各种水果树3.3万株，年产水果30万公斤。由于战争，果树多毁，1949 年全县仅收核桃 2.48 万公斤，水果 9 万公斤。1978 年全县收获核桃 14.8 万公斤，水果 70.1 万公斤。

二、中药材

安泽野生中药材有 239 种，连翘、黄芩、柴胡、桔梗、黄芪、知母、苦参为大宗。连翘占全国总产量的四分之一，有“全国连翘在山西，量大质优在安泽”的美誉。经普查全县连翘资源达 18000 公顷，年产量 1000 余吨，年收入可达 2000 万元左右。

第五节　农田水利建设

一、引水　蓄水　提水

1952 年至 1955 年，政府拨小米 400 多石，各信用社贷款几十万元，扶持全县沿河村社打透河井，安装水车 32 部，扩大灌溉面积 59.9 公顷。高级合作化后，第五村、东洪驿、北孔滩、冀氏、槐树、五马、贾村等社两年增加水浇地 105 公顷。1965 年兰村、贾村、唐城、下冶安装锅驼机提水灌田，保浇地达到 40 公顷。

20 世纪 70 年代学大寨期间，国家拨款数百万元，兴起建电灌站热潮。

二、农田基本建设

农业合作化后，土地连片，劳力集中，有利于农田建设。20 世纪 70 年代初，多数社队有专业队常年修建农田。

1970 年秋，马壁公社寨上生产队集中 40 个劳力根治最瘠薄的6亩红料礓陡坡地。之后三年又连续大整大平陡坡地164亩，小麦单产由40公斤提高到210公斤，县委召开现场会推广其经验。

1974年，唐城公社党委决定根治蔺河，围滩造田。抽调唐城、议宁、亢驿、庞壁、南湾、东湾、李家沟7个大队250名青年（最多时420人）组成治蔺专业队，连续奋战9年，新造地205公顷，新增水浇地313公顷。1984年全公社产粮639万公斤。

1975年，全县有87个农田水利专业队，参加劳力1600人，改善土地面积1000亩。新建沟坝地、滩地2800亩，初步建成园林化面积1.6万亩。

三、水土保持

中华人民共和国成立初期，人民政府即设水利水保科，发动群众治山治水。1953年至1955年，桃曲乡4个农业生产合作社通力协作综合治理三山四沟九面坡，筑石谷坊1490个，打地埂308条，建拦洪坝32座，修防洪堤坝153米，造林355.8公顷，修梯田19公顷，1000公顷面积的水土流失得到有效控制。中共安泽县委及时推广了桃曲乡的做法。

70年代农业学大寨，各人民公社生产大队组织专业队大规模治理水土，10年间治沟337条，打石坝2100条，造沟坝地4300公顷，修梯田6058公顷。

第六节　农业机械

安泽是个山区农业县，传统的简陋农具大多依靠人力，生产效率十分低下。中华人民共和国成立后，为了进一步促进农业生产发展，安泽县重视引进和推广新式农具。1956 年推广双轮铧犁，1955 年引进解放牌水车 6 部用于农田灌溉或人畜饮水，1957 年始用单管喷雾器灭虫，1960 年引进小钢磨用于粮食加工，1961 年开始推广胶轮小平车。1977 年全县农机总动力 15071 马力，是 1957 年 5 马力的 3000 多倍。

第三章　工业交通

第一节　煤焦工业

一、煤炭

中华人民共和国成立初，安泽县境煤炭开采分布在今古县境内的北平、宝丰、古阳、下冶、多沟等地。分县后，安泽县革命委员会决定，在境内唯一且已停采的上庄小煤矿基础上筹建安泽县国营岭底煤矿，1971 年始建，1972 年投产。年产煤仅 15200 吨，产值 32.84 万元；到 1978 年其产量也只有 24100 吨，产值 59.24 万元。

二、焦炭

20世纪70年代，国营煤矿在坑口土法炼焦，主要供应机关、企业、学校及家庭取暖。1972年，年产焦炭仅2110吨，到1978年产量也只有4260吨。

第二节　电力工业

一、火力发电

1956年4月，县政府投资，委托府城联合加工厂安装50千瓦蒸汽发电机一台，同年8月投产发电。供电范围为县城中学、部分县直机关及街道照明等。

1960年3月，新增2号发电机组投入运行，设备为沈阳制造100马力锅驼机带动的75千瓦发电机。1963年7月投入运行3号发电机组，设备为上海产100马力柴油机带动的70千瓦发电机，随之1号机组停止运行。1968年6月，又投入运行4号发电机组，设备为山东潍坊产135马力柴油机带动的80千瓦发电机。

1969年6月，正式成立安泽电厂，新装5号、6号发电机组，为195千瓦发电机组。1975年沁源县李元电厂向安泽送电，结束了安泽县城火力发电的历史。

二、水力发电

安泽县水力资源较为丰富，20世纪80年代前，河流水量大且长年不断。20世纪70年代，沁河和马壁乡段峪河流域的干部群众，在县电力、水利、科技部门的大力支持下，先后建设了 18 处水电站，装机总容量 442.5 千瓦，基本满足了生活照明、磨面加工和抽水浇地的需要。随着电力事业的发展，电网逐渐延伸覆盖，各小型水电站先后于 1984 年底关停。

三、电网建设

35 千伏网线路 1971 年 5 月至 11 月，由国家投资，兴建了沁源县李元电厂至安泽县 35 千伏线路和 35 千伏亢驿变电站输变电工程。安泽县输电网建设从县境北部起始。

10 千伏线路 1972 年架设亢驿变电站至和川 10 千伏线路，1975 年 5 月 4 日投入运行。1975 年至 1985 年先后建成和川至府城，府城至冀氏、良马、三交、杜村、英寨，和川至罗云，马壁至石槽的 10 千伏配电线路，大多数村用上了网电。

第三节 建材业

一、砖瓦

20 世纪 50 年代初，有外籍工匠到安泽烧制手工砖瓦。1952 年 3 月，个体手工业组建了砖瓦互助小组，从业者 19 人，当年生产手工砖 3 万块，1957 年改名为府城砖瓦社，从业人员 35 人，年产砖 95.3 万块，手工瓦 69.6 万片。

1976 年 4 月，府城砖瓦社购置小型制砖机 1 台，平瓦机 1 台，75 马力锅驼机 1 台，半机械化生产，日产砖 1.6 万块。

二、水泥

1974 年在唐城镇亢驿村筹建磷肥厂，因原材料和其他因素改建为安泽县水泥厂，设计能力年产 5000 吨。

第四节　农产品加工

一、酿造

白酒酿造　安泽酿造白酒历史悠久，酿酒作坊大多分布在和川、府城一带。清光绪年间，安泽白酒已畅销并闻名于运城、临汾等地。

1953 年和川专营酒店收归山西省工业厅酒业局管理，更名为地方国营和川酒厂。1956 年下放归县经营，20 世纪五六十年代产量维持在 100 吨上下，1965 年开始采用玻璃瓶装白酒。参照名酒竹叶青配方研制成功含有 19 种药材的具有保健、饮用双重价值的“菊香酒”，向国家工商总局申报了“丰收牌”商标。20 世纪 70 年代改进工艺，年产量 200 多吨。1978 年，由 20 多种中药材配制的优质健身酒“蔺泉香酒”面世，远销香港地区和东南亚国家。

安泽白酒远销内蒙古、东北三省，供不应求，县政府于 1974 年又新建了府城酒厂。

酿造黑酱　20 世纪 70 年代，安泽县副食加工厂酿造黑酱，主要供应安泽居民食用，年产量约 150 吨。

酿造熏醋　安泽大曲熏醋酿制工艺技术由平遥籍张兆元师傅传授，1955 年酿醋作坊加入公私合营公司，属县食品公司。

二、粮油加工

安泽县面粉厂 1965年建厂，建筑面积869平方米，归县粮食局领导。面粉车间安装500型磨面机4台，班产面粉8000公斤，设有挂面、食品、饲料加工车间。

食品加工 中华人民共和国成立前，民间已有制作粉条、豆腐的家庭作坊。20世纪60年代后期至70年代，部分生产大队开办过集体粉坊。1955年，县供销合作社供应经理部开始食品加工，生产挂面、糕点，1962年果品公司加工厂生产山楂糕、果丹皮和梨、桃等水果罐头。

第五节 其他工业

一、铸造

安泽县的铸造业主要分布在唐城、宝丰（今古县）一带。1963年，从襄汾请师傅指教，自制模具和生产设备，生产铁锅、山地犁、火炉等铁制品。1964年至1966年共生产山地犁506张，火炉2100套，各种铁锅10万口，大犁铧5万张、农机具配件2.6万余件。尤其是安吉张字犁铧，是20世纪60年代安泽县手工业的名牌产品，产品畅销临汾、洪洞、霍县、沁源、屯留等地。

20世纪50年代至80年代初，马壁、冀氏、府城、和川等公社铁木社，大都利用收购回来的废铁件，加工日常所需的犁铧、耙齿、炉圈、铁盆、碾槽等。

1971年，安泽与古县分县后，铸造业有唐城五金厂的铸铁，良马铸铝制品厂的模具，农机修造厂（后分设黄河铜套厂）的连杆铜套。

唐城五金厂 1954 年由个体经营木铺和几个铁匠组建。主要产品有铁锨、镢头、镰刀、锄头及铁质小农具。至 1965 年底，生产铁质小农具 2860 件，总产值 2.1 万元，实现利润 1638 元，有职工 31 人。进入 20 世纪 70 年代，企业职工增加到 78 人，新建工房 21 间，引进机械设备八眼熔炉、牛头刨、皮带车床、空气锤、冲床、台钻等 20 余台件，初步达到半机械化生产。新增铸造、化工、机修 3 个生产车间。1972 年至 1975 年总产值 6.923 万元，实现利润 2.1 万元，1975 年底固定资产原值 4.5346 万元。

铸铝制品厂的前身是良马铁木社，1953 年由 12 人组成，主要生产铁木农具。1971 年更名为安泽县良马铸铝制品厂，职工增加到 33 人，以提炼废杂铜杂铝为主业。至 1972 年底，生产杂铜 2 吨、杂铝 8 吨，价值 6 万余元。1973 年 4 月，迁厂址于良马村西，筹建铸铝制品生产线，新增压缩机、机床、车床、空气锤、熔化炉等 10 余台件，年产能 30 吨。产品由地区日杂公司包销并列入国家计划，拨供原材料。1974 年至 1977 年，共生产铸铝制品 12954 件，炼杂铝 4 吨，总产值 3 万余元。1978 年 7 月与府城铁木社合并，迁厂府城，更名为安泽县铸铝制品厂，有职工 67 人，固定资产原值 5.2 万元。

二、木制业

20 世纪 50 年代，手工业联合社成立了府城、冀氏、和川、唐城、马壁铁木社，生产、修理农具、办公用具和生活用具。1952 年至 1970 年，铁木社总产值 174.26 万元。

三、机械制造

安泽县 1956 年建立府城联合加工厂，设米面加工、榨油、印刷、发电 4 个车间。1961 年转生产铁木农具，1968 年改名农具修造厂。20 世纪 70 年代中期，生产沁河牌 GA–10、BT–130 型连杆铜套，连续十年被评为部优产品，远销 18 省区。

四、服装

1950 年前后，衣着鞋帽靠家庭妇女手工缝制。1954 年 2 月，成立了安泽县服装鞋帽针织生产合作社。20 世纪 70 年代中后期家用缝纫机普及。

五、造纸

1962 年，手工业管理局筹建起府城皮麻纸毡生产合作社，恢复了传统产品车马挽具、麻绳、土纸、毛毡、被套加工等。土纸多用于包装或卫生纸。1976 年 3 月，自筹资金 2 万元，县财政拨专项借款 3 万元，转生产标语纸、包装纸、有光纸和土纸，原料以麦秸为主。当年筹建投产，生产有光纸 1011 令（100 张/令）。

六、印刷

早在土地革命时期，县里就办有《安泽群众小报》，推动了土改运动。1953 年正式编印《安泽小报》，隶属县委宣传部领导，手写石印。1956 年，府城联合加工厂内设印刷车间，铅字排印《安泽小报》。1966 年在印刷车间基础上成立了安泽县印刷厂,印刷会议文件、表格、账簿、稿纸、信笺、布告、宣传品等。1971 年改为安泽县地方国营印刷厂，1972 年扩建厂房，新增设备，实现了半机械化作业。

七、其他制造

硝铵炸药 1971 年,唐城五金厂专设化工车间,1971 年至 1974 年共生产硝铵炸药 150 吨、导火索 15 万米、火硝 1254 公斤,配制雷管 55 万发,用于农田水利基本建设。1974 年 12 月停产。

陶瓷 1971 年安泽、古县分县时，宝丰陶瓷厂划归古县。1972 年在唐城镇上庄村选址新建安泽县陶瓷厂，当年建成投产,生产民用瓷器 5900 多件,产值 5900 多元。1975 年至 1984 年逐步增加设备，扩大规模，新建厂房、仓库、宿舍，计 3000 多平方米，新建 75、90 立方米倒焰窑各 1 座，13 米多孔窑 1 座，新增两吨球磨机 1 台、30 吨压力机 1 台，逐步实现了半机械化作业，产品由日用粗瓷向细瓷发展，品种由缸、盆、水管、耐火砖发展出细瓷碗、酒具、茶具等多样品种，研制生产的新式酒瓶如双龙瓶，龟、鸡形态瓶和扁形瓶等，造型美观，远销河南济源和黑龙江等地。

中药材加工 安泽县野生中药材资源十分丰富，1966 年安泽县药材公司成立安泽县中药材加工厂，员工有 18 人，1970 年增加到 50 人。主要产品有：银翘解毒丸、跌打丸、牛黄解毒丸、山楂丸及治疗烧伤、牛皮癣的敷药，除供应安泽外，还销往周边县市。1971 年安泽和古县分县后，改为安泽县中药材饮片加工厂。

第六节　交　通

一、公路

中华人民共和国成立初期，安泽县仅有干线公路 10 公里。1954 年 10 月 11 日至 17 日，全县动员 3519 名民工，投工 17500 个，扩修府城至尧店 42 公里大路，当年临汾至安泽通汽车。1965 年 3 月至 11 月，县人民委员会抽调 17 个公社的 280 名民工，改造了三不管岭至郭都路段，年底长治至临汾通汽车。到 1978 年，全县通车里程 515 公里。11 个公社全部通车，89%的大队通车。

二、运输

20 世纪 60 年代前，安泽县的货物运输主要靠牲畜驮载，畜力车拉运和人力担挑。1950 年，县供销联社购进第一辆胶轮大车从临汾运货。随后冀氏、和川和岳阳、旧县、北平（现古县境内）供销社及部分有实力的农业生产合作社也相继购置，到 1965 年全县有胶轮大车 79 辆。20 世纪 70 年代后期，胶轮大车淘汰。

1958 年县交通局购进 3 辆吉尔 146 型汽车，随后一些企业陆续购置汽车。1971 年，全县计有货运汽车 14 辆，客车 2 辆。

三、客运

1954 年 10 月，临汾汽车运输公司在安泽县设汽车站，以货运车代客运车开通了临汾至安泽的客运。1957 年运行客运专车，每天一班，60 年代后期为每日两班。1963 年安泽县运输站开通县城至宝丰（今属古县）客运。20 世纪 70 年代起陆续开通了县城至唐城镇岭底（1972）、马壁（1972）、杜村乡郭庄（1976）、交口河（1978 年，原三交乡）、罗云（1988 年，原罗云乡）的客运。

四、货运

20 世纪 50 年代前，货运工具主要靠畜力车。货物输出以粮食、煤炭、林畜产品、山货药材为主，输入以食盐、百货、日用杂货为多。粮食大多运至洪洞曲亭镇转销，部分牲畜驮至翼城、浮山出售。输入品多经由临汾、洪洞运入，部分由平遥用牲畜驮入。

1957 年县人民委员会行文，要求交通沿线 13 个乡的 60 辆大车（骡马车）以乡编队与县交通科签订合同，纳入统一计划参加货物运输。1958 年运货 2400 吨，1965 年运货 6800 吨。20 世纪 70 年代设联运指挥部，统一组织调度车辆运货。

第七节　邮政电信

一、邮政

1949 年 1 月 1 日，安泽县 11 个区普设邮务所。1950 年并区保留府城、冀氏、和川、杜村、岳阳（现古县）、北平（现古县）6个所，配专职邮递员，唐城、旧县（现古县）、热留（现古县）、交口河设邮政代办所。

1953 年，县政府电话班并入邮政局，电话由邮政局统一管理，改称邮电局。1955 年 10 月于冀氏、旧县（现古县）、北平（现古县）、和川、唐城、岳阳（现古县）设营业所。1958 年和川、冀氏、旧县（现古县）、岳阳（现古县）营业所改称邮电支局。

邮路　1950 年县邮政局划定了 3 条邮路，计 335 公里。1952 年 9 个集镇扩为邮路，总长 1061 公里，全靠邮递员身背邮包步行传递。1959 年邮路延伸到管理区，达到 1736 公里，其中可乘汽车传递 180 公里，骑自行车投递 308 公里，需步行投递 1248 公里。1963 年邮路增为 48 条，由 39 名乡邮员定人定点直接投递到 177 个生产大队 465 个生产队和 200 多个乡（镇）机关、学校。1971 年后，重新规划邮递线路 661 公里，其中汽车传递 133 公里，摩托车传递 528 公里。

业务　1949 年开通安泽至临汾邮路，1951 年 3 月邮政局开始办理汇款业务。1957 年，安泽县邮电局受到国家邮电部的表彰，1959 年出席了全国群英大会。

报刊发行　1949 年全县发行各种报纸 1963 份。1950 年发行报刊 19 种 8312 份，其中《人民日报》《山西日报》《山西农民》计 5599 份。1975 年 5 月山西省在安泽召开报刊发行现场会。1995 年发行报刊 470 种。

二、电信

电话 1950年县政府安装20门磁石交换机1台，设电话班，话机9部，部分区通电话。1953年架设府城至冀氏、杜村、和川、岳阳（现古县）、北平（现古县）5个区公所电话线路，同年电话业务归属邮电局。1953年开始承办长途电话业务。1955年7月至1957年5月，全县42个乡先后安装电话，和川、冀氏、旧县（现古县）、岳阳（现古县）、北平（现古县）5个支局安装交换机。1964年17个人民公社安装电话总机，177个生产大队及所有工矿企业全部安装了电话机，线路总长1149公里。全县共有交换机19部，总容量700门，接入电话机473部。1971年安泽、古县分治后，线路为440杆公里，交换机17部，总容量580门，其中乡（镇）交换机11部，容量450门，农村电话线路11条，计长422杆公里，有电话机246部。

电报 1955年开办电报业务，收发电报均通过电话转临汾中心局办理。1958年，县邮局增配莫尔斯人工发报机和15瓦收发无线电台，独立承办收发报业务。

第四章　文化体育

第一节　文　化

一、民间艺术

每年春节至元宵节期间，安泽有闹“红火”的习俗，正月十五之前以各村自行活动为主，元宵节各村“红火”队伍集中到乡(镇)所在地竞相献艺。20世纪80年代后，元宵节当天，各乡（镇）“红火”代表队云集县城巡游表演，整个县城街巷张灯结彩，鼓乐喧天。“红火”表演形式异彩纷呈，主要有秧歌、花灯、高跷、花鼓、龙灯、舞狮、旱船、威风锣鼓等。

二、群众文化

安泽县文化馆成立于1950年3月，初始仅有4人，采用广播、说唱、板报、幻灯等形式向群众宣传时事政策。1952年增加音乐、戏剧、美术专业人才，下乡辅导群众文化娱乐活动。1967年征地3360平方米，新建文化活动用房30间。文化馆不定期举办展览，组织讲座，培训文艺骨干，以配合各个时期政治宣传及中心工作。

蒲剧　1956年2月，安泽县人民委员会拨出专款1.2万元筹建剧团。3月，招收学员44名，由地区委派樊保安、郭德荣任培训教师。4月14日，安泽县人民蒲剧团宣布成立，李大刚任指导员，孟余德任副团长，当年下乡演出 112 场。之后，逐年增加设备，充实人员，多次派学员外出学艺，培养行当拔尖角色，提高整体表演水平。每年有四五个月在县内巡回演出，上演剧目 120 多个。传统剧《天波楼》《真假牡丹》和现代剧《一件棉衣》《针锋相对》在地区调演中获奖。1967 年受“文化大革命”影响，剧团解体。1975 年新招学员重建剧团，演出活动近十年。1989 年 5 月，蒲剧团解散。

摄影 1948 年，谢会贤在县城开设第一家私营照相馆，只能拍最基本、最简单的黑白照。1956 年照相馆实行公私合营。

新闻报道 1958 年 8 月，县委设立通讯组，配专职通讯员三五人，为《安泽小报》提供稿件，亦为省级报刊撰稿。

剧本 20 世纪 70 年代初，安泽县文化馆逯丁艺根据安泽民兵参加上党战役史实，编写出《沁河激浪》初稿，后经山西省文化局下放干部陈志昂加工改编为蒲剧剧本《针锋相对》。1972 年至 1974 年共演出 360 余场，享誉全晋南。山西省剧协、文化部戏剧组多次派员观看，予以肯定。

图书经营与发行 1952 年 7 月，文化书店迁至府城，改称新华书店安泽支店，人事、财务、业务均由山西省店统一管理，以发行课本、图书为主。1956 年，安泽县政府投资 1.19 万元，在县城东西大街修建门店 3 间，库房 3 间，办公室和宿舍 6 间。1956 年 1 月、1958 年 7 月人事、财务先后下放地方管理。

藏书　1954 年，安泽县文化馆内设立图书阅览室。1956 年在农村选拔图书员 15 人，配 15 个图书包，每包装图书 20 到 30 册，由图书员携带深入各乡（镇）村供百姓阅读，20 天左右交换图书包，10 个月 1 次大周转。1978 年安泽县正式开办图书馆，有藏书 1.2 万余册，报刊 30 多种，每周开馆 5 天，联系农村图书员 40 多人，开展城乡图书借阅活动。

报刊　《安泽小报》1953 年 5 月 15 日创刊，由中共安泽县委主办。“小报”任务有三：一是指导各个时期农村生产与中心工作；二是积极宣传党的方针政策，引导农民组织起来合作生产；三是围绕中心宣传全县各方面的工作成绩。1967 年 1 月停办，15 年共出版 769 期。

广播　1956 年 9 月安泽县成立有线广播站，1957 年建机房及播音室，专职人员 9 人，7 月 1 日正式开播，入户喇叭 665 只。1965 年入户喇叭 2687 只。1969 年改称安泽人民广播站。至 1976 年实现了广播线路网络化，覆盖全县，安装喇叭 14665 只。

电影　1952 年 10 月，山西省文卫宣传队到安泽放映电影《抗美援朝》。1972 年购进 35 毫米提包放映机，成立城镇电影放映队，1979 年增购松花江牌宽银幕电影放映设备一套。

电视　1971 年 12 月，安泽县广播站购进第一台北京牌 825 型电子管黑白电视机。

第二节　体　育

一、群众体育

安泽境内传统体育项目有中国象棋、跳绳、跳皮筋、踢毽子、跳方格、滚铁环、打弹弓、游泳、钓鱼等。70年代末兴起的体育项目有乒乓球、篮球、羽毛球、田径、军棋、跳棋、拔河，其中篮球、乒乓球、羽毛球每年五一、国庆节都会组织全县比赛。

二、职工体育

安泽县职工体育活动主要内容有：篮球、乒乓球、跑步、象棋、羽毛球等。70年代先后开展起篮球、乒乓球、象棋、拔河等比赛。2005年建起了文化体育活动中心，内设带看台400米田径场、篮球场、门球场、乒乓球室等，为职工体育活动的开展提供了场地。

篮球　50年代中期，安泽县建起首座篮球场，60年代，县委、府城中学、县中队、邮电局等球队经常组织篮球对抗赛。1972年，在县城东河建起灯光篮球场，承办了全区中学生篮球分区赛，推动了篮球运动的开展。

乒乓球　60年代安泽县医院首先兴起乒乓球活动，随之在学校、机关迅速推广。70年代，县体委把乒乓球运动列入比赛项目，1971年起多次参加全区乒乓球比赛。

三、学校体育

1949年，安泽县将体育列入教育计划，各学校每周开设一节体育课。1953 年贯彻“三好”（学习好、身体好、工作好）指示，各完全小学配备了体育教师，开展篮球、跳高、跳远、队列、跑步等活动。课外活动有推铁环、丢手绢、踢毽子、打皮球、打陀螺等。

1954 年 9 月，安泽初级中学成立，推行“准备劳动与卫国体育制度”，建起了 200 米简易田径场及篮球场。

1966 年，中小学体育课增加到每周两节，学校垒起简易乒乓球台开展活动。“文化大革命”开始后，学校体育改为军训课，以操练、刺杀和队列训练为主。

1970 年后，七年制及九年制学校相继配备专、兼职体育教师，各学校普遍坚持每周两节体育课，每天做早操、课间操。1977 年，县体委、教育局从霍县聘请两位武术教师在府城完小、北门小学开展武术训练。1978 年 9 月，县体委创办“少年儿童业余体校”。1971 年，首次参加地区中学生田径运动会，荣获 3 项冠军。1972 年 7 月，地区中学生篮球分区赛在安泽举办，安泽男、女篮球队均进入前 3 名。1971 年至 1975 年，男子田径运动员 3 人、女子篮球运动员 1 人被地区选中参加省运会，参加全国田径运动会者 1 人。

第五章　教　育

第一节　学前教育

一、幼儿园

1955年安泽县开始在府城、冀氏、李庄办起幼儿园、托儿所。

1958年成立人民公社，为大力解放妇女劳动力，全县大多数公社、大队所在地都办起了幼儿班。据统计，1959年全县设幼儿园（班）195个，入园幼儿4175人，共有幼儿教师213人（其中民办幼儿教师110人）。府城、和川、岳阳（今古县）3所幼儿园师资强，设备良，深受家长好评。

1962年后，陆续有7个集镇办起幼儿园。

二、学前班

安泽县地处山区，人口少，居住分散，集中办幼儿园生源不足，故在不少农村小学设有学前班。

1962年全县有20多所农村小学附设有学前班。

第二节　普通教育

一、小学教育

1950 年，安泽县人民政府制定三年建设计划，要求各行政村采取民办、民办公助、公办民助等办学形式，尽快改变教育落后状况。全县两年内新开办民办小学 37 所，公办民助完小 4 所，入学儿童增加到 4968 名。1952 年全县共有小学 170 所，入学儿童 6197 名。1958 年开全县增设高壁、兰村、五马等 17 处完小。到 1965 年底，全县初级小学达到 335 所，在校学生 8313 名；有高小、完小 30 所，在校学生 5114 名。

1971 年 8 月，安泽、古县分治。安泽县域内有小学 258 所（含复式小学），在校学生 10852 名，教师 413 名（公办 152 人，民办 261 人）。1985 年底，全县小学共计 318 所（含复式小学），在校学生 9842 名，入学率 99.3%。95% 以上学校实现“一无两有”。

二、初中教育

1954 年 9 月，停办安泽师范转办山西省立安泽初级中学。1958 年 8 月，增设北平、岳阳（今古县）两所初级中学，各招新生 50 名，安泽初级中学更名安泽县府城中学。1966 年暑期在冀氏、古县（今古县旧县镇）开办初级中学 2 所，各招新生 50 名，至此安泽县有完全中学 1 所（府城中学于 1960 年开设高中教育），有初级中学 4 所，年招初中新生 400 名。1971 年安泽、古县分治，安泽县有中学 21 所。1977 年再增设七年制学校 19 所，全县中学达 40 所。1978 年调整中学教育，8 所九年制学校改为七年制学校，停办 30 所七年制学校改为五年制小学。

三、高中教育

1960 年 9 月，府城中学始设高中部，当年招生 50 名，学生来源于安泽（含今古县）、洪洞、临汾、浮山等地，成为安泽县第一所完全中学。1971 年后高中教育大发展。当年冀氏、和川、唐城、石槽、杜村 5 所七年制学校扩为九年制；之后，1972 年马壁、1976 年罗云、1977 年良马 3 所七年制学校扩为九年制学校。此时，全县有 1 所完全中学、8 所九年制学校。1978 年开始逐步收缩高中布局。

第三节　职业教育

一、师范学校

1949 年 12 月，经山西省政府教育厅批准，停办师训班改招师范班，石渠师范改名安泽县初级师范学校。招收高小毕业生，学制三年。也吸收年龄在 25 岁以下、速师毕业的学员进修。1952 年 9 月安泽师范迁址府城小河南，至 1954 年 9 月共毕业两个班计 110 人，未完成学业的师 3、师 4 两个班并入临汾师范，安泽师范终止。

二、林业学校

1958 年 5 月，经中共安泽县委、安泽县人民委员会决定开办林业中学。县教育局、国营造林站共同在府城镇义唐村后沟创办了半工半读林业中学，学制 2 年，当年招生 55 名。1959 年春，林业中学迁至冀氏镇兰村。1963 年，山西省林业厅委托晋南专署教育局与安泽县人委在林业中学基础上改办职业林校，面向全晋南招生，先后招收 4 个班 142 名学生。

三、卫生学校

1958 年 8 月，为解决农村缺医少药难题，中共安泽县委、县人民委员会决定由县卫生局与县人民医院开办一所卫生学校（简称卫校），定向招收高小毕业生 55 名，学制 2 年，校址位于府城旧街中心的文化馆院内（现十字街西北角）。由于经济困难，1959 年压缩 22 人，保留 33 名。1960 年 9 月学员结业后，卫校停办。

四、农业中学

1960 年府城公社在高壁村开办一所半农半读农业中学，学制 2 年，招收完小（高小）毕业生 35 名。1965 年 8 月，县教育局抽调 27 名教师集中培训 45 天后充实到各农业中学任教。1968 年，大力发展七年制学校，农业中学均与当地完小合并改为七年制学校。

第四节　成人教育

一、农民业余教育

1949 年 10 月，贯彻落实华北人民政府要求，全县开办冬学 291 所，学员 21534 人。1952 年冬安泽县成立扫盲委员会，共开办冬学 187 所，294 个教学班，学员 8247 人，开办常年民校 29 个（班），学员 908 人。1955 年，开办冬学 391 处，学员 21017 人。1956 年按上级指示，冬学转为常年民校。1957 年全县办政治、文化、技术三结合民校 353 所，参加人数 5322 人，有 1234 人脱盲。1958 年，安泽县开展了声势浩大的扫盲运动。

二、干部、职工业余教育

1949 年 11 月在和川创办在职干部文化补习班，72 名县直机关干部参加学习。1950 年县里成立学习委员会，干部文化补习班改为干部文化补习学校。至 1959 年底，143 名在职干部领取初中或高小毕业证书。

1958 年"大跃进"，1963 年至 1965 年三年调整贯彻"工业七十条"，职工业余教育得以重视和加强。府城机械厂、和川酒厂、古阳煤矿、唐城羊场、宝丰铁厂、府城林场 6 家企业共开办红专学校 8 所，有专兼职教师 17 名，参加学员 681 人。

第六章　医疗卫生

第一节　防　疫

一、传染病防治

预防接种（计划免疫）　1949 年 6 月，翼城专员公署分配安泽县霍乱、伤寒防疫针各 30 支，要求县政府有计划分配接种。之后，预防接种工作普遍开展。1950 年 3 月，免费为全县 7 周岁以下婴幼儿 4000 余人接种牛痘。1955 年，县人民委员会统一组织为 11979 人接种牛痘，为 4214 人注射四联疫苗，为 276 人注射百日咳疫苗。1965 年，全县 4822 名幼儿服用小儿麻痹糖丸，有效控制了儿童残疾的发生。

二、地方病防治

历史上，安泽百姓深受大骨节病、甲状腺肿大、克山病等危害。

1959 年至 1960 年，安泽县在山西省卫生厅指导下，开展了全县大骨节病普查，全县共有大骨节病患者 15100 人，占总人口的 17.17%。行动不便，丧失劳动力的患者 1059 人，占 7.02%。

1951 年，临汾专署决定给安泽特供海盐、海带。1958 年 9 月，山西省卫生厅地方病防治研究组以 10 多种中药材研制出双乌丸、和平丸、愈骨丸，痊愈和减轻疼痛者达91%。郭都公社创制出骨节灵1—3号和草木灰溶液治病，省钱有效，在全县予以推广。

1970年，中国人民解放军派出4支医疗队56人，省、地卫生部门也派人协助安泽县防治大骨节病。经深入调查研究，推广使用卤碱（又名 618），辅之以石膏、草木灰浸出液，同时改良水井，改善环境卫生，多措并举，取得了一定效果。据对1054名患者观测，连续120天日服卤碱6到9克，有65.7%的患者可减轻疼痛。在利用药物治疗现有患者的基础上，1971 年安泽在全县开展了一场防病改水的群众运动，两年共完成改良水井410处（分县后数字），占应改良水源的85%，病区4962户20734口人吃上新水。据1972年2月普查统计，全县13000余名患者，有9100余名治愈和好转，5400余人恢复了劳动能力。

第二节　保　健

一、妇女保健

中华人民共和国成立后，妇女地位得到提高，妇女权益受国家法律法规保护。1950年3月，安泽县培训助产员41人，推广新法接生。1954年新法接生率达48.5%。

1959年12月，县人民委员会决定，发展农村妇幼保健事业，集训农村保健员、助产员、幼托保育员，每个管理区选派保健员、助产员各1名，每个公社选派幼托保育员5名共396人，由人民医院妇科大夫传授相关卫生知识。

二、儿童保健

1950 年起，县卫生部门每年组织医务人员下乡检查儿童健康状况。1960 年困难时期，检查农村幼婴儿 6844 人，卫生、粮食部门与人民公社协同下发药品 6 种，保健粮 3800 公斤。

1979 年 5 月，7 周岁以下有 2898 名儿童纳入体检，9 月对 9796 人实施药物驱蛔。当年还开始发放每人每月 5 元的独生子女保健费，发至 14 周岁。“七五”期间，幼儿保健更趋规范化。1993 年 12 月 5 至 6 日，1994 年 1 月 5 至 6 日，全县 0 至 4 岁儿童 4204 人两轮服用小儿麻痹糖丸，强化免疫接种。

三、学生保健

1951 年，全县各级学校相继成立了爱国卫生委员会，制定卫生公约，开展以预防为主的爱国卫生运动。1952 年，全县高小及部分初小实行课间操制度。1954 年，全县各级学校都配备了卫生保健箱，为学生建立健康卡。1955 年，安泽中学建起校医室，配备了校医，专门负责教职工与学生的体检、健康检查和疾病预防。之后，其他中学和高小、完小亦先后配备了保健教师。1962 年，《山西省学校卫生工作试行方案》颁布实施后，全县各中学、小学普查了蛔虫、沙眼、近视、肺结核等。1963 年，全县推广眼保健操，12 所学校配备了保健教师。1975 年，全县中学的生理卫生常识课恢复。

四、职工保健

1954 年，和川酒厂、宝丰煤矿等部分企业与当地诊疗所签订合同，定期为职工检查身体。1971 年，唐城羊场、岭底煤矿、府城林场、县农机厂等 8 家企业相继设立诊疗所，配备专职医务人员负责职工医疗保健。1979 年，县卫生防疫站对全县 15 个工矿企业的工业粉尘、气体污染、有毒物处置、噪音、震荡等逐项监测，要求对接触有害气体、物质的工人定期检查，并形成制度；建议企业配备防护设备，并给予工人一定的补助。

五、农民保健

1956 年农业合作化后，全县有 15 个诊疗所与合作社订立合同，社员每人每年交 0.06 元保健费，即可免费检查身体。同年，县卫生院为农村培训保健员 695 名，四分之三的农业合作社设立保健站。1960 年困难时期，民政局出资 16000 元，粮食局拨出成粮 24000 斤，食用油 1600 斤，以辅助治疗浮肿病。20 世纪 70 年代初，全县普遍推广农村合作医疗制度，由生产大队的公益金和群众均摊保健费解决卫生所经费。

第三节　医　疗

一、医疗机构

安泽县人民医院　1949 年 10 月，县人民医疗所改称安泽县卫生院。1954 年分设医疗、防疫、妇产、总务 4

个股室，在职员工 25 人，病床 12 张。1956 年在县城南滩新址建院，病房 33 间；开设中医、内科、外科、检验、药房等门诊，病床增加为 20 张。1958 年安泽县卫生院更名为安泽县人民医院。1963 年增设地方病防治组。1971 年安泽、古县分治，部分人员及医疗器材归古县，改称安泽县卫生防治院。1975 年建行政办公楼，复称安泽县人民医院。1980 年新征地 19847 平方米，先后建门诊楼、住院楼共 4955 平方米，病床增至 100 张。

安泽县妇幼保健站（简称妇幼站）　1954 年 2 月，安泽县卫生院设妇幼保健股，人员 3 名。1976 年 5 月，安泽县妇幼保健站正式成立，员工 3 名。

地方病防治站　1963 年安泽县人民医院设地方病防治组，员工 10 人。1978 年县防疫站设地方病防治科。

中心卫生院　20 世纪 50 年代初，在和川、冀氏、唐城分设中心卫生院。

和川中心卫生院　1951 年，安泽县武装医疗所（1947 年设立）移交地方政府，改称和川卫生所。1958 年改称和川地区医院，病房 7 间，职工 11 人。1972 年迁现址。1980 年改称安泽县和川中心卫生院。

冀氏中心卫生院　1954 年 8 月，县政府拨款新建冀氏卫生所，职工 3 人，房屋 6 间，以中医中药治病为主。1957、1958 年冀氏、李庄、兰村、北孔滩供销社药房并入，改称冀氏地区卫生院。1961 年改称冀氏公社卫生所。1967 年新建院址，病房 18 间。有卫生人员 7 名，护士 1 名，设病床 15 张。1969 年设手术室，开展剖宫产、阑尾摘除、疝修补等手术。1974 年改称安泽县冀氏中心卫生院。

唐城中心卫生院　1953年11月，成立唐城联合诊所，人员5名。1956年改为乡保健站。1961年改称公社卫生所。1965年购置房屋8间。1972年迁现址，建房11间，人员增至9名。1973年建房11间，设放射室、检验室、手术室，病床10张。1984年改称唐城中心卫生院。

二、乡（镇）卫生院

城关卫生院　1954年3月，在私营“洪泰成”药铺基础上成立府城联合诊所，房5间，卫生人员5名，以中药治疗为主。1958年改称中心保健站。1961年改称公社卫生所。1971年迁入现址，建房7间。1984年改称城关镇卫生院。

良马乡卫生院　1971年因区划调整，由长治市屯留县随乡政府整体划归安泽县。1973年购置院址1处，房屋21间。

杜村乡卫生院　1954年设杜村联合诊所，租房3间，人员4名。1961年改称杜村公社卫生院。1968年以来，先后建房28间。1974年设内科、外科及放射室，病床10张。1983年改称杜村乡卫生院。

马壁乡卫生院　1955年12月设马壁联合诊所，人员4名，房屋3间。1956年改称乡保健站。1961年改称公社医院。1973年迁址建房9间。1976年建新房10间，设放射室、检验室、外科、处置室，病床10张。1984年改称马壁乡卫生院。

罗云卫生院 1954年10月，中医高嘉玉、司药张月忠成立罗云联合诊所，在府君庙。1956年改称乡保健站。1961年改称公社中心保健站。1972年迁入现址，建房16间。1976年配置生物显微镜及外科常用器械，设检验室、外科处置室，病床8张。1984年改称罗云乡卫生院。

三交乡卫生院 1961年10月建三交公社卫生所，人员2名，租房4间。1968年至1972年新建房屋14间。1977年设外科、处置室、放射室、检验室，病床6张。1984年改称三交乡卫生院。

英寨乡卫生院 1961年10月设郭都公社卫生所。租房3间，人员3名。1965年建房5间，后被洪水冲毁。1972年迁新址，建房12间。1975年设放射室、手术室，病床6张。1984年改称英寨乡卫生院。

石槽乡卫生院 1952年8月设石槽供销社药房，1954年12月转为联合诊所，人员4名，租房2间。1956年改称乡保健站。1961年改称公社卫生所，人员6名。1966年建房12间，之后增建房16间。1975年配置X光机、光影手术灯、显微镜，病床10张。1984年改称乡卫生院。

三、村卫生所

1953年，全县12个较大村镇群众集资兴建村联合诊所，1956年联合诊所改称乡联合保健站，1958年实行人民公社化后改称大队保健站，当年全县共有大队保健站37家。1965年，全县大队保健站发展到56个。1970年大办合作医疗，全县178个大队普遍建立卫生所，实行合作医疗制度。1971年安泽、古县分治后，安泽县有大队卫生所98个。1984年实行撤社改乡（镇）、撤队改村后，改称村卫生所。

四、社会办医

1955年安泽中学设立校医室。1960年宝丰铁厂设卫生所，人员3名。1970年唐城羊场设卫生所。1975年岭底煤矿、陶瓷厂、磷肥厂、府城林场、兰村林场、良马林场相继开设卫生所。1979年县农机厂、化肥厂设卫生所。

五、医疗队伍

中华人民共和国成立后，党和国家对山区医疗卫生工作非常重视，采取多种措施增加医疗卫生专业人才。一是有计划地分配大中专医疗卫生专业毕业生到山区工作，二是接收军队转业和复员的卫生技术人才，三是地方政府开办医疗卫生学校，培养本地人才。

1951年至1956年，共分配安泽县卫校中专毕业生7名，军转卫生人员18名。1960年至1965年全县共接收医疗卫生专业大专生11人，中专生10人。1965年，全县有医疗卫生人员292人，其中中医145人，西医46人。1965年9月至1968年1月，经安泽卫校学习结业者165人，其中少数优秀者进入县医院或公社卫生院工作，大部分到乡村卫生所从医。1971年安泽、古县分治后，安泽县、公社、大队三级卫生机构共有医务人员338名。

1977年恢复高考后，一大批安泽籍医卫学生回乡服务，壮大了卫生力量。

六、医疗设施与设备

建筑设施　20世纪70年代之前，安泽县、乡医疗卫生机构用房均为土木结构房屋，条件比较简陋。

设备器械　20世纪50年代，县医院仅有几张木制病床，器械只有注射器、血压计等。1958年6月，县医院购置50mA X光机1台。1963年购进显微镜，后陆续购进无影灯、手术床、输氧器具、高压消毒器及X光透视机。1967年购置救护车1辆。1972年购置200mA X光机1台。1975年增添心电仪。

第四节　公共卫生

一、安泽县爱国卫生运动委员会

1950年5月成立安泽县卫生工作委员会，1953年1月改称安泽县爱国卫生运动委员会，县政府主要领导人兼主任委员，有关部门负责人任委员，办公室设在卫生部门。1979年，县政府专设爱卫会办公室。

二、安泽县疾病预防控制中心

1948年安泽县人民医疗所初建时，设卫生防疫员1人。1954年安泽县卫生院设防疫股。1963年县人民医院防疫股与地方病防治组合并，组建安泽县卫生防疫站，人员18名。1971年8月安泽、古县分治，县人民医院改称安泽县卫生防治院，县防疫站并入安泽县卫生防治院。

1975年复设安泽县卫生防疫站，人员17名。1978年在原安泽一中南新建办公楼及宿舍、车库、厨房等，占地面积2640平方米，建筑面积共计804平方米，内设办公室、防疫科、地病科、卫生科、检验科。

三、爱国卫生

1953年安泽县组织上万人次开展除害防病运动，清除垃圾28.39万担，改良厕所278个，挖蛹162公斤，灭鼠7818只。县人民政府印发了卫生部门制定的有关食品、饮水、粪便等方面的管理办法。1957年，全县开展大规模的除四害群众运动。1959年春节前后，安泽县发动群众开展了15次卫生大突击行动。1964年整顿爱国卫生组织，结合实际开展“三清除、五改良”。县城设立了卫生清扫队，每周3次清扫街道。全县评选出16个改良水井、厕所、畜圈、炉灶、环境卫生模范村。1965年“学稷山，赶太阳村”，以五结合法改进环境卫生，全县21个村达稷山化标准。1970年至1977年，爱国卫生运动以“两管五改”为主要内容，结合防治地方病，8年共打深井、旱井30眼；修加药渗水井410眼，建优质饮用水引水工程12处，铺设输水管道3.7公里，全县3万余人的饮水条件得到改善。

四、食品卫生

安泽县食品卫生管理始于1954年，县卫生院防疫站人员每逢城乡赶集、庙会期间，深入现场监管食品卫生安全。1962年，全县推行“卫生五个四”制度，食品卫生管理逐步趋于规范化。1963 年，对全县 128 名饮食行业从业人员开展卫生知识培训。1975 年，安泽县卫生防疫站成立后，加强了对全县食品卫生的监督管理。不定期地对全县饮食业、食品加工、零售业、瓜果蔬菜市场开展卫生监督检查。

第三编　改革开放和社会主义现代化建设

（1978—2012）

1978 年，党的十一届三中全会决定党和国家的工作重点转移到经济建设上来，中华大地上全面拉开了改革开放的大幕。

从 1978 年到 2012 年的 30 多年间，安泽县的改革开放经历了解放思想开始起步、整顿提高全面探索、重点突破纵深推进、完善协调快速推进四个阶段。

中共安泽县委、县政府解放思想，坚定不移坚持改革开放，根据安泽实际，积极探索，与时俱进，敢于创新，勇于开拓，使各项事业蓬勃发展，全县面貌发生了翻天覆地的巨变，创造了人间奇迹。

第一章　快速发展的农业经济

第一节　解放思想　破冰前行

1978 年党的十一届三中全会召开，安泽全县上下联系实际，学习讨论，讲政治、摆问题、谈感想，把全县干部群众的思想统一到三中全会精神上来，为把全县工作重点转移到现代化建设扫清了障碍。

1978 年底至 1984 年 6 年间，改革以农村为先导，农业生产迅速恢复，快速发展，农民温饱问题基本解决。1985 年至 1992 年，全县改革整顿提高，全面探索，取得显著成绩。1993 年到 2002 年，全县各项改革取得重大突破，社会主义市场经济体制建设迈出决定性步伐，经济增长速度持续加快，10 年保持两位数增长。乡（镇）企业发展潜力加快释放，城乡居民收入进入快速增长期。2003 年至 2012 年，全县改革开放快速推进。各领域完善社会主义市场经济体制，经济增长速度在几个阶段中最快，国民经济和社会发展进入好中求快的健康发展时期。

第二节　农业体制改革

一、推广普及联产承包责任制

家庭联产承包责任制，是 80 年代初期农村土地制度改革的重要转折，也是当时农村的一项基本经济制度。联产承包责任制指在土地国有与集体所有的前提下，实行村、户联产承包，由此，新时期生产关系的改革开始起步。

1978 年春天，安泽县有些生产队摒弃“大寨记工法”，恢复劳动定额管理，还有的生产队将土地、劳力、牲口固定到作业组，实行以组包产、超产奖励的办法。对此，县上由农业局牵头，召集相关部门、全县 10 多名劳模和老农，制定了全县 400 多项农活的“农活定额”。在广泛征求意见后修订成册，印发到各个公社、大队、生产队，为全县实行联产到组提供了依据。1979 年 3 月，县委、县政府利用召开四级干部大会的机会，选印了全国思想解放最早、发展最快的第一批农村先进典型材料，加上按语发给与会干部学习。会后大家深入到农村实地调查，旗帜鲜明地支持群众的首创精神。同时，认真总结大力宣传联产承包特别是包产到劳、到户的经验，在全县大力推行联产计酬生产责任制，县上与公社、公社与大队、大队与生产队、生产队与作业组，普遍订立包工、包产、包投资奖励的合同书。当年有 273 个生产队以队包产，有 215 个生产队将土地、劳力、牲畜、农具、产量固定到作业组，以组包产。当年全县有 98%的生产队增产增收，创历史最好成绩。

二、家庭专业承包责任制

1980 年 8 月，县委制订了《关于搞活农村经济的十条规定》，进一步放宽政策。“规定”提出，联产计酬责任制不仅适合生产队、作业组，而且可以承包到户。允许社员以个人名义承包荒山荒庄，承包牛马骡驴羊及农机、林牧场，从事工副业生产，自由销售农副产品。此举一出，当年就有 230 户申请专业承包。1981 年 12 月，县委出台《关于稳定完善农业生产责任制几个问题的意见》，并抽调 168 名干部深入基层，协助生产队发动社员搞专业承包。1982 年 6 月，承包农、林、牧、工、副专业生产的专业户达到 2623 户，12 月上升到 5700 户。1982 年全县粮食总产达 9424.71 万斤，人均产粮 1467.6 斤，给国家售粮万斤以上的就有 1460 户。家庭专业承包责任制实行后，涌现出一批致富能手。

通过实践检验，责任制在全县普遍推广。1983 年 488 个生产队全部实行了大包干的生产责任制。1983 年 10 月，中共中央、国务院发文《关于实行政社分开建立乡政府的通知》，人民公社体制终结。乡（镇）设立后的 1990 年，安泽全县粮食总产量 7 万余公斤，农村人均收入 494 元。1990 年至 1996 年全县联产承包责任制逐年加以完善。1997 年党中央发出《关于进一步稳定和完善农村土地承包关系的通知》，明确土地承包政策 30 年到 50 年不变，给农民吃上了“定心丸”。1997 年至 1999 年，全县 17842 户农户签订了 30 年不变为核心的承包经营合同书，涉及耕地面积 143855 亩。2000 年全县粮食总产量 7149.8 万公斤，农民人均纯收入 1884 元。2005 年全县粮食总产量 73474 万公斤，农民人均纯收入 2602 元。随着各种责任制在全县的深入落实，2012 年，全县粮食总产量达 10 万余吨，农林牧副渔业总产值达 6 亿余元。

三、农村税费改革

2003 年 6 月，农村税费改革在全县范围内展开。按照中央、省、市有关政策规定，全县 104 个村 106 个计税单位,共落实计税面积 97112 公顷,落实农业税 228 万元。其中正税 190.2 万元，农业税附加 37.8 万元，人均减免 38.5 元，比 1997 年减免 51.2%。2004 年农业税税率降低 1 个百分点，减免农业税 39 万元。到 2005 年，农业税全部减免。

第三节　调整优化农业产业结构

安泽是典型的农业县，经过多年的努力，成为全省农业先进县。1992 年以来，粮食油料单产连续两年名列全省十强。1992 年邓小平南行讲话和党的十四大提出了建立社会主义市场经济体制后，安泽县委、县政府进一步解放思想，开动脑筋，调整优化产业结构，依据市场前景、产业产品、资源优势“三要素”确定主导产业。过去曾经确定“粮、林、牧、烟、果”5 个主导产业，但主导多了等于没主导，产业没重点，产业形不成规模，产品形不成批量，市场站不稳脚跟。按“三个要素”要求，重新确立的县域主导产业为“二黄一绿”：玉米、黄牛、林果。烤烟、中药材、蚕桑、土豆、制种、山货为特色经济产品，是主导产业的相关产业。1992 年，坚持粮食生产突出抓玉米，畜牧业发展突出抓养牛，林果生产突出发展经济林，产业化步伐步步扎实。在玉米主攻单产上效益的同时，依托粮油批发市场，建立冀氏、城关、和川等六大玉米生产基地，十个经济开发区。畜牧业发展突出抓规模养殖、重点突破、青贮氨化、冷配育肥等，提高黄牛生产的商品量，还带动了其他养殖业。在突出发展经济林的同时，由生态林业生产向生态经济型转变，形成多林种、多产业、多形式、多成分并存的经济林生产体系，促进了林业的发展，2012 年造林面积达 1595 公顷。

安泽县全力支持专业村走区域化布局、专业化生产之路，鼓励每个村从自身资源、技术、名优特产优势出发，唱自己的拿手戏，念当地的致富经，发挥现有专业大户的辐射带动功能，推进专业户向专业村的跨越。全县发展 22 个各种类型的重点专业村，形成了一乡一业、一村一品、业精品特规模发展的农村开发新格局。为打开市场，促进流通，恢复了 4 镇 2 乡传统集贸市场和古庙会，建立了一批专业市场，组建产业化生产经营集团，建设一条龙的经济体系，即组织农工贸一体化、产供销一条龙的产业集团。全县建立玉米生产、药材开发及以黄牛为主的畜牧生产销售、林木经销等集团，并分类型加工增值。建立一批与支柱产业配套的农副产品初加工、深加工企业。一方面建立青贮氨化饲料加工厂、种猪繁育场等产前服务企业，另一方面建立玉米系列加工厂、黄牛生猪屠宰加工厂、醋厂、酒厂、山楂系列加工厂等加工增值企业。通过发展这些相关企业，促进了贸工农联动、一体化经营。同时，县、乡两级领导全部实行产业分项负责制，改变过去单纯包乡（镇）、包村、包组的做法，实行包产业、包基地、包具体项目、包效益的产业分工负责考核制，建立灵活高效、协调运转的专业化、产业化生产运行机制。经过持续调整优化产业结构，到 2012 年，农林牧渔业总产值达 6.2 亿元。其中，农业产值 4.4 亿元，林业产值 0.4 亿元，牧业产值 1.2 亿元，农林牧渔服务业 0.18 亿元，安泽县的农业经济插上了腾飞的翅膀。

第二章　突飞猛进的工业经济

第一节　工业经济体制改革

中华人民共和国成立前，安泽工业基础薄弱，只有和川联营酒店一家小作坊。中华人民共和国成立后，安泽工业从手工业逐步发展起来，改革开放到 1985 年发展成 26 个独立核算工业企业。随着经济的多元化，安泽工业如雨后春笋蓬勃发展。水泥厂、化肥厂、府城酒厂、纤维板厂、糠醛厂、自来水公司 6 家企业通过对原有企业实施技改，扩大生产能力，工业总产值由解放初的 9.3 万元，增至 1985 年的 1146.6 万元，安泽工业初具规模。

全县的工业体制改革，20 世纪 80 年代初为企业第一轮承包，90 年代初为企业第二轮承包，2000 年后为企业破产和职工安置阶段。1986 年，根据中央文件和山西省委、省政府颁发的《山西省以增强企业活力为中心的经济体制改革实施方案》（简称“三十五条”），结合临汾行署“二十二条意见”与本地实际，安泽县制定了“十八条”及“十五条”补充规定，在全县范围内迅速开展以“转变观念，坚持改革，自主经营，自负盈亏”为主要内容的改革，企业增强活力，政企分开，为企业改制奠定了基础。

一、实行承包责任制

1987 年，全县工交财贸 48 个企业推行厂长（经理）负责制；同年 9 月，县委、县政府批准县经济委员会《关于工交企业推行承包经济责任制的可行性报告》，确定化肥厂、和川酒厂、纤维板厂、建材厂、印刷厂、农机厂、糠醛厂、运输公司 8 个工交企业实行承包制。

承包经营合同有 5 种形式：一是上缴利润，基数包干，超收分成；二是上缴利税，递增包干；三是亏损企业扭亏转盈，奖惩兑现；四是微利企业上缴利润，定额包干；五是租赁经营、利润分成。有 16 家企业引进了风险机制，实行全员现金抵押分层承包。

承包合同经县长办公会议研究确定后，于 1988 年 10 月 10 日举行了千人企业承包经营签字仪式。首批承包的和川酒厂、纤维板厂、农机修造厂、化肥厂、建材厂、糠醛厂、印刷厂、运输公司分别与经济委员会及所属局签订《承包经营责任制合同书》，岭底煤矿、府城酒厂、水泥厂等11家企业相继签订承包经营合同，合同书定期3年。

首批8家企业承包经营签字后，由分管经委的副县长带队，经委、财委、体改办及有关部门负责同志一行15人赴雁北考察，学习企业承包经验，随后县里又组织各部、委、局、办负责人及企业厂长（经理）在县化肥厂召开“全员抵押，层层承包”现场会，推广化肥厂承包工作经验。

二、企业产权制度改革

1997年8月，为确保全县工商企业改制顺利实施，成立了安泽县工商企业改制领导组，下设工业企业改制领导组和商贸企业改制领导组。2001年根据《中共中央关于国有企业改革和发展若干重大问题的决定》精神，为进一步深化工商企业产权制度改革，逐步建立现代企业制度，激发企业活力，保障职工生活，推动经济发展，切实加强对全县企业改制工作的领导，调整充实了企业改制领导组成员。

实行“双退”企业重组 2001年11月，县委出台文件，推进产权制度改革，以明晰产权、政企分开、搞活企业、安置职工为目标，以产权制度创新为中心，彻底放开，一步到位，盘活存量，优势重组，把国有集体资本全部最大限度推向市场。在改制中，实行一企一策，因企制宜，使企业真正成为自主经营、自负盈亏、自我发展、自我约束的法人实体和市场主体。对产权制度改革后仍经营不善、资不抵债的企业，根据《破产法》规定依法进入破产程序，如县建材厂、洗煤厂、晋安板业有限公司、制鞋厂等就依法实行破产处置，对职工进行一次性经济补偿，解除职工与企业间的劳动合同。

第二节　煤炭工业

1971 年之前，安泽县的煤炭开采点为现古县境内北平、宝丰、古阳、多沟几处。安泽、古县分县后，安泽县在境内唯一已停采的上庄小煤矿基础上筹建安泽县国营岭底煤矿，1971 年始建，1972 年投产。1980 年，新建年产 9 万吨矿井两座，同时增添炼焦设备。全矿固定资产 350 万元，职工 230 人。1995 年，先后建设了上庄、红星、县社、联办、羊场、运销、西南沟 7 家乡村煤矿，1995 年产原煤 43.6 万吨，炼焦 34.5 万吨。1996 年在原有 8 个煤矿基础上新增了三交煤矿、红星接替井煤矿、上庄接替井煤矿，年底全县煤矿为 11 个。1997 年新增了桦林圪台煤矿。2000 年新增了永安煤矿、永兴煤矿、永泰煤矿，煤矿总数达 15 个。从 2003 年开始，按照政策规定，关闭了资源枯竭的唐城二矿、上庄二矿。2004 年按照资源整合政策，关闭了新兴煤矿、上庄煤矿。除了永泰煤矿一直停建外，其他的 10 个煤矿全部领取了《安全生产许可证》。2005 年原煤产量达 136.1 万吨，2008 年达 191.3 万吨，2011 年达 361 万吨。到 2012 年，原煤产量跃升至 471 万吨。

第三节　焦化工业

20 世纪 60、70 年代，国营煤矿在坑口土法炼焦，主要供应机关、企业、学校及家庭取暖。80年代末90年代初，随着焦炭市场需求增大，岭底煤矿区域1993年有炼焦户150多家，炼焦窑500多座，年产土焦约10万吨，随之而来的是环境严重污染。1996年清除土焦炉420个，2000年后采用洗煤与封闭炉炼焦，2003年再次取缔小焦厂80家。至2010年，全县有洗煤场8个，年生产精煤150万吨，两家炼焦厂生产机焦135万吨。至2012年，生产精煤227万吨，生产机焦150万吨。

太岳焦化有限公司 1996年安泽县化肥厂改制为安泽县焦化厂,2003年2月改建更名为太岳焦化有限公司。改建后年产机焦（冶金焦）50万吨。2010年生产机焦58万吨，焦油107万吨，粗苯0.4万吨，煤气发电1703万度，完成产值9.6亿元，上缴税金2306万元。

山西永鑫煤焦化有限责任公司 2003年1月在唐城镇唐城村西建成，总投资3.8亿元，全部按环保标准生产建设。设计规模年产冶金机焦60万吨，洗煤60万吨及煤气发电等。2004年10月生产一级冶金焦25.43万吨，焦油7258吨，实现产值（收入）1.784亿元，上缴税金1294万元。2006年4月14日更名为山西永鑫煤焦化有限责任公司。2010年扩建后，占地面积1500余亩，当年实现产值14亿元，上缴税金9190万元。2010年7月，公司与山西西山煤电公司合作成立山西安泽永鑫西山煤化工有限责任公司、山西安泽西山永鑫煤业有限责任公司，共同开发唐城、冀氏煤田。2010年12月，公司铁路专用线（唐城至府城）可研报告通过评审。公司先后修建职工住宅楼16517平方米，广场5842平方米。公司还积极投入社会公益事业，累计出资2500万元。

第四节　乡（镇）企业

改革开放30多年来，安泽乡（镇）企业历经了起步扩张、高速发展、整顿提高、超常规发展、二次创业、巩固转型发展多个阶段。民营经济工作紧紧围绕县委、县政府提出的“三县”发展战略，建设3个工业园区，建好4大企业集团，抓好24个龙头企业的乡（镇）企业。采取改造传统产业，新上优势企业，培育农副产品加工龙头，发展商贸、储运、服务等第三产业，太岳焦化公司、润祥农副产品加工企业实现规模扩张，标准提升。新上了永鑫煤焦化公司、煤矿等大型企业，启动了冀氏煤电等项目建设，乡（镇）企业整体素质和水平全面提高。“十一五”期间，全县民营企业累计完成总产值5.2亿元，2001年完成总产值4.5亿元。

进入21世纪后，乡（镇）企业以结构调整为重点，优化升级，科技兴企，各企业保持健康平稳发展。同时，全县乡（镇）企业加强与大专院校、科研院所、国有大中型企业的联合，走“学、研、产”联合发展之路，广泛引进和采用新技术、新设备、新工艺、新材料，加快技术创新和新产品开发。切实加强质量管理，进行国际质量体系认证。狠抓营销管理，研究营销策略，不断推动企业健康发展，2008年乡（镇）企业总产值44.3亿元，2011年达77.4亿元，2012年达到89.2亿元。

30多年的改革开放，安泽县民营经济实现了跨越式发展，全县民营企业逐步实现了由资源型工业向技术密集型推进，由资源浪费型向节约型过渡转移，由粗放经营向集约型经营过渡，走上了良性循环发展轨道。代表性企业有太岳焦化、永鑫煤焦化、玉和泰煤业有限公司、宏昌洗煤厂、润祥农贸公司、冀州生物科技有限公司、时珍有机中药材开发有限公司、和川蔺泉中药酒有限公司、世丰园林有限公司等80余家。民营经济在县财政收入中占到90%以上，成为县域经济的重要支撑。

第三章　持续增长的财税商贸

第一节　财政税收

30 多年来，安泽县财政持续稳定快速增长，其间也经历了几次突破性的跳跃。从最早记载的 1953 年财政收入 51.67 万元到 1983 年改革开放初期 175.48 万元，共用了 30 年时间。改革开放以来，财政收入 1000 万元到突破近 1 亿元，用了 19 年时间。进入 21 世纪以来，财政收入从 1 亿元到超过 8 亿元仅用了 5 年时间。2011 年财政总收入提前 70 天突破 10 亿元大关，2012 年再次实现历史性跨越，达 12 亿元。

财政体制改革促进了财政经济的壮大。1979 年先行开始农村改革，从实行生产责任制到大包干，农、林、牧、渔全面快速发展。主要农产品产量强劲增长大形势下，随着工业、商贸流通、工商企业改革，安泽财政放权让利，推动了产业结构的调整，产业结构进一步优化。第一、二、三产业比例由 1978 年的农业为主（57：14：19）调整为 2008 年的工业为主（7.4：79.8：12.8），再到“十一五”末 2010 年三产比例（7.4：81.2：11.4）。与 1978 年相比，第一产业比重下降，农业为主转变为以工业为主，工业成为财政收入的主导。县级财政改革随国家系列改革不断调整，极大地调动了各方面的积极性，为经济快速增长提供了稳定支撑，安泽财政步入高位运行轨道。

第二节　商贸体改和商贸流通

1987 年以前，安泽县的商贸流通基本上是以计划经济为主。1987 年，商贸企业实行第一次改革，具体办法是实行经理（厂长）责任制。县商业局、粮食局、物资局、供销联合社、烟草公司、石油公司、药材公司实行了经理（厂长）责任制，所属站、车间、门店实行不同形式的责任制和民营承包或租赁。

1997 年实行股份制改革，商业企业下属除百货、食品公司外，五交化公司、饮食服务公司、糖酒副食公司、蔬菜公司、农副产品公司、食品厂、醋厂均组建了股份有限公司。2003 年开始，商业企业开展以产权明晰、退出国有资产、职工“双退”为主要内容的企业改制。2004 年 10 月，商业、物资、外贸公司撤并组建商务局。2005 年，开始对饮食服务公司、食品公司、木材公司、醋厂、物资经营部 5 家企业实行改制，2007 年底醋厂依法实行了破产。

城乡商业体制改革后，城乡商贸流通呈现出勃勃生机，全县商贸市场空前繁荣活跃。2008 年社会消费品零售总额达 3.7 亿余元，2010 年零售总额达 5.2 亿元，2012 年达到 6.1 亿余元。

第四章　再上新台阶的林业生产

安泽林业发展始于 20 世纪 50 年代初，在半个多世纪的历程中，安泽县委、县政府历任领导带领全县人民年年造林，岁岁植树，造林绿化工作取得辉煌成就。1958 年受到国务院的嘉奖。1978 年底，全县有林面积从解放初期的 9.3 万亩增加到 43.17 万亩，森林覆盖率由 3%提高到 14.65%。

改革开放 30 多年来，安泽县林业发展一步一个脚印，受到国家及省、市的多次表彰，先后荣获全国绿化委员会、国家林业局“全国林业生态建设先进县”“全国造林绿化百佳”“太行山绿化先进单位”“森林病虫害防治先进单位”奖牌；另获山西省“林业生态建设红旗县”“林业建设标兵单位”“全省造林绿化先进县”荣誉及临汾市“荒山造林先进单位”“模范单位”等 60 余项殊荣。安泽县被专家学者誉为“太行山上的一颗绿色明珠”，被中央及省市媒体誉为“华北的小江南”“临汾的后花园”，是风景如画的“原生态旅游胜境”。

“十一五”时期，全县有林面积已达198万亩，林木覆盖率67.2%，一直保持全省第一。林木蓄积量340万立方米，全县人均42.5立方米，相当于在绿色银行人均存款2.5万元。全县林业总产值6400万元，每年农民靠采集中药材和林下菌类植物，人均收入可达900元。2011年完成造林3.16万亩。2012年全年完成造林2.39万亩，全县有林面积达到198万亩。

第一节　林业体制改革

党的十一届三中全会后，随着农村经济体制改革，联产承包绿化荒山成为必然趋势。1984年，安泽县为12264家农户划分荒山2.23万公顷，确定造林专业户和重点户2293户，当年责任造林2700公顷，占全县总造林面积的47.4%。1985年林业“两户”增至3069户，完成责任林2302公顷，占全县造林面积的50.3%。两年专业户合计造林（保留）面积4264.3公顷。

2005年实施荒山拍卖，共有314户购买荒山。据2005年全国“森林资源二类调查”数据显示，安泽全县有林地面积79287公顷，其中，纯林面积77933公顷，混交林面积987公顷，经济林面积367公顷。全县活立木总蓄积量达330万立方米，其中，森林蓄积3009万立方米，疏林地蓄积7.7万立方米，四旁及散生木蓄积21.4万立方米。

2007年，安泽获山西“全省造林绿化先进县”荣誉。2010年后，为进一步提高造林质量，优化造林绿化工程，严格按照工程招投标管理要求和程序，选择有资质、信誉好、水平高的专业队和绿化企业签订合同书，严格按照绿化设计要求和技术标准开展绿化工程，做到一次绿化成景，确保了高质量、高标准完成计划。2010年先后获“全国绿化模范县”“全国生态文明建设先进县”等荣誉。

第二节　退耕还林

安泽县退耕还林工作于2002年2月27日正式启动，财政对退耕土地给予补贴。至2005年，全县完成退耕还林工程6467公顷，2005年9月28日，山西省退耕还林工作现场会在安泽召开，全省推广安泽经验。2007年，在冀氏镇、杜村乡、马壁乡配套荒山造林，总投资270.8万元，栽植树种为刺槐，间植连翘，成活率达90%以上。2008年，退耕还林1万亩，封山育林区实行6年全封，在边缘设置封禁标志、简介碑，全面落实管护责任人制度。

在此基础上，安泽县持续开展退耕还林，2009年，退耕还林工程1.582万亩，总投资233.6万元。全部为人工植苗造林。

2010年，总投资164万元，退耕还林配套荒山造林0.9万亩；总投资70万元，完成巩固退耕还林成果造林0.2万亩；总投资32.1万元完成巩固退耕还林成果补植补造0.642万亩。退耕还林取得了决定性成果。

第三节　实施五大绿化工程

通道绿化　2006 年，通道绿化工作启动。2007 年，县境内的 309 国道、326 省道过境段和县级马唐公路总长 165 公里通道全部绿化。

2009 年，启动了 309 国道土门岭、326 省道郭庄和马唐公路冯子节 3 个出市口绿化工程。在规划设计上，坚持因地制宜、组团造景，突出临汾地域标志；在栽植模式上，坚持乔灌结合、针阔混交；在建设布局上，点面结合、层次分明、结构合理；在苗木选择上采取大树、常绿树搭配方式，90%以上绿化树使用优质苗木。经过连年努力，到 2012 年，3 个出市口精品绿化工程层次分明、高低错落、造型新颖、美观实用，达到美化绿化效果。

交通沿线荒山绿化　2006年绿化交通沿线荒山 0.8 万亩，2007 年绿化总面积 210 亩。其中 309 国道两侧第一山脊线或范围内的荒山绿化完成 8500 亩，326 省道两侧第一山脊线杜村段栽植侧柏、连翘完成 1.18 万亩，马唐公路两侧第一山脊线内的荒山绿化完成 700 亩，对草峪岭至土门岭两侧已绿化荒山也加以补植、修坑、锄草、涂白。

2008 年，对 309 国道、326 省道第一层可见山系全部绿化，栽植了连翘、刺槐、侧柏等。2009 年完成 309 省道良马段荒山绿化 0.1 万亩，在良马乡劳井村完成科技示范林建设 0.1 万亩，总投资 50 万元。

城市和环城绿化　从 2006 年开始，城市和环城绿化从未间断。对城市和环城林带绿化确定树种，下达任务。

对309国道、五里庙、四通小区、北外环绿地、滨河绿地、宾馆西绿地的绿化带和街心游园加以净化、绿化、亮化、硬化，对新建泽明路两侧地段进行绿化，注重绿化层次，提升绿化品位。

环城荒山以县城周围的风池村南山、神南村、宾馆对面、第五村北山和高壁村西山的新造林地为重点，选用绿化大苗栽植，针阔混交、灌木填充，以栽植连翘、黄栌、火炬等风景树种为主，根据地形特征实施多色彩绿化，形成特色鲜明、景色雅致的绿色生态景观，环城公园绿化主要栽植了玉兰、连翘、华山松等绿化树种。

2008年至2012年，以创建山水园林城市为龙头全方位开展城市绿化建设，建设环城林带、网络林带和景观片林。重点完成了县城周围大油松精品景观林建设，完善了外围绿色屏障。

村镇绿化 以“山村园林化、道路林荫化、庭院花果化”为目标，因地制宜、突出特色，以环村林带、农田林网、片林、经济园林包裹村庄，种植常绿乔木和观赏乔木，配置花草灌木填充绿化。2006年，村镇绿化0.19万亩。2007年，结合新农村建设，在全县7个乡（镇）重点对交通沿线的22个村庄进行了园林式绿化。对309国道1公里范围内的神南、第五、风池、石桥沟、边寨、良马、劳井、文上、郭都全面绿化。2008年至2012年，按照“一环二路三院”的绿化要求，各村庄营造宽度20米以上的环村林带，房前屋后、庭院空地栽植经济果树和观赏树。

厂矿区绿化 2006年，厂矿区绿化0.058万亩。2007年，以太岳、永鑫两个焦化公司为重点，建设10排环厂防护林带，以改善企业周边、厂区、生活区环境，创建花园式企业。累计完成绿化面积 580 亩，栽植各类绿化树木 6.12 万株。2008 年，以环企绿化为主，完成绿化面积 0.18 万亩。2009 年，完成矿区绿化 0.02 万亩，总投资 20 万元。2010 年至 2012 年巩固绿化成果，实施补栽、维护。

第四节　生态公益林和森林公园

生态　截至 2017 年，安泽县有国家级公益林 42.31 万亩，全部划定为永久性生态公益林，涉及 3 个国有林场（其中良马林场 10.99 万亩、府城林场 18.74 万亩、兰村林场 12.57 万亩）和 7 个乡镇、14 个责任管护区。按权属分：国有重点公益林为 30.27 万亩，集体和个人重点公益林 12.04 万亩。

森林公园　省政府 2004 年 7 月 26 日批复同意建立山西省安泽森林公园，设计景点有安泰山、麻衣寺、黄花岭、大豁子（青松岭）、红叶岭和荀子公园。黄花岭、红叶岭、青松岭森林景区相继投入 40 万元，修通环山公路。麻衣寺投资 70 万元，用于寺庙古塔修复和水池窑洞道路等项目改造。

第五章　形成崭新格局的畜牧业

第一节　区域化布局　规模化养殖

安泽全县有牧坡157万亩，其中优良牧坡67万亩，年产饲草5000万公斤，青草期200余天。党的十一届三中全会后，随着社会主义市场经济的兴起，安泽县委、县政府立足安泽实际，提出了区域化布局、规模化养殖的思路。同时出台扶持优惠政策，鼓励支持普通养殖、特种养殖，着力培育养殖大户，全县畜牧业自主发展能力增强，畜牧业发展势头强劲，各项指标逐年增长。

1993年，县委提出“走产业化道路，建商品牛基地”，头年打基础，二年上台阶，三年见成效。1995年出栏黄牛13569头，生猪31261头，菜羊1.4万只，肉鸡13.9万只，出售禽蛋1169吨，肉类3953吨，合计收入3008万元，占农业总收入的41.6%。农业人口人均养殖业收入457元，为1985年的5.5倍。1996年初步形成区域化布局、规模化养殖、专业化发展、商品化经营的格局，黄牛饲养量达到6.2万头。省委、省政府授予安泽县“养牛生产先进县”荣誉称号并奖励了县畜牧局。县委、县政府发文，确定每年10月8日为“黄牛节”。

“十五”期间，县委提出“建设以黄牛为主的草食畜基地”，同时引进优种羊。2005年末黄牛存栏4.7万头，羊8万只，生猪6万头，鸡存栏29.5万只。2007年畜牧兽医工作“强产业、严防检、重服务、提素质”，以小区域建设为抓手发展养殖，至 2007 年年底，全县肉类总产量 5720 吨，禽蛋产量 1314 吨，牛奶产量 452 吨。

第二节　科技调产　健康养殖

2008 年，按照“奶牛抓点上档次、黄牛抓面上规模、稳步推进猪羊鸡鸭规模养殖、实验推广特色养殖”的产业发展思路，狠抓科技调产，科技兴畜，力推规模健康养殖。在引进优良品种的同时，采取请进来、走出去的办法，聘请科研院所畜牧专家讲课培训，安泽畜牧技术人员包村包户跟踪服务指导，向科技畜牧业迈进的步伐加快。2009 年，实施“2642”重点工程建设，规范了两个标准化奶牛养殖小区，完成牛羊棚圈建设 600 平方米，建成了 4 个肉牛规模健康养殖示范小区，完成两千亩引草入田工程。年底，全县肉类总产量 486 吨，蛋产量 1412 吨，牛奶产量 780 吨。

科技调产和规模化健康养殖推进了畜牧产业化进程，取得了明显成效，畜禽存栏和肉蛋产量稳中有升。2010 年全年肉类总产量 4928 吨，蛋产量 145 吨。全年全县各类规模养殖户达 457 家，有各类养殖合作社 43 个。

第三节　产业化发展

安泽县努力适应市场经济发展需求，积极稳妥地实施产业化发展畜牧业战略，坚持自繁自养与强化育肥相结合、群体养殖与规模经营相结合原则，大力兴建大牲畜和猪、羊、兔基地，大力开展加工增值，切实强化畜牧流通。

1995年10月，省政府在安泽县召开秸秆养牛现场会。1996年，实行“定点屠宰、集中检疫、分散经营”。2004年，与蒙牛集团签订牛奶销售协议，焦作奶源部在安泽投资120万元建起高壁、和川村两个双排式挤奶站。2005年，安泽天一农产品加工厂在府城镇风池村建起年产3.2万吨的混合饲料厂，安泽县亿家康乳业发展有限公司在府城镇高壁食品工业园区建起年加工鲜奶1万吨、玉米5000吨、中药材500吨、生产系列保健奶片400万瓶的保健奶片厂。

2011年畜牧业总产值1.6亿元，增加值0.9亿元；2012年畜牧业总产值1.2亿元，增加值0.7亿元。

第六章　不断提升的农业机械化

“农业的根本出路在于机械化”。党的十一届三中全会后，安泽县明确了农机化发展目标和战略，制定了农机科技进步、农机工业、农机化服务规划和实施方案，制定相关法规、政策，指导农业机械化健康发展。在30多年的农业机械化过程中，安泽县农机发展由小到大、由慢到快、由弱到强，取得了多方面的成就和历史性进步，构建起符合安泽实际的农业机械化发展体系，农业机械化程度不断提升，农机事业快速发展。

第一节　农机装备发展

20 世纪 80 年代初实行家庭联产承包责任制，土地经营规模较小，大型拖拉机因之减少，小型拖拉机增多，农业机械化速度放缓。20 世纪 90 年代后，农用运输车、三轮车快速增长。1999 年，农机总动力 4.5 万千瓦，有各型号拖拉机 59 台，其中大中型的 27 台，小型的 572 台，配套农机具 864 台，农用运输车达 2172 辆。与此同时，牧业机械、排灌机械、农产品加工机械大量引进推广，全县农机经营总收入达到 736 万元，其中农机作业收入 668 万元，农机纯收入 377 万元，农机综合效益显著提高。

21 世纪前 10 年，安泽县狠抓重点农机项目，围绕机械化保护性耕作、玉米机械化收获和秸秆还田优化农机产业结构，装备总量持续增长，装备结构明显改善。2009 年，全县农机总动力达 1201 万千瓦，小麦收割机和玉米收获机实现零的突破。

2010 年共争取农机项目 7 个，项目资金 81.5 万元。

2011 年以农机专业合作社为龙头，创新服务体系。年内创建合作社 3 个，新增农机大户 6 个，核发维修合格证 37 个，职业技能证 22 个。示范建设农机大户 1 户，和川村王建国、唐城村卫红安创建的具有代表性的农机合作社开辟“保姆式”服务，发挥农业机械的最大优势，实现从购买种子、肥料到耕、播、收全权代理。

2012 年全县农业机械总动力达 14 万千瓦，机耕面积达22万亩，机播面积达17.2万亩。全县农机化经营总收入达到1604万元。

第二节 农机补贴

2004年起，每年不断加大农机补贴力度，累计安排补贴资金1697万元，带动农民投入购机资金3959万元。多年补贴政策的实施，促使农机数量大幅提升。2006年，安泽县拖拉机拥有量4125台,其中大中型拖拉机675台，玉米联合收割机73台。可完成春夏秋三季机耕面积24万亩，机播面积24万亩，机收面积5万亩，累计完成保护性耕作面积9万亩。

2008年，开展以购置补贴为重点的惠民工程。全年投入农机购置补贴资金52万元,其中国家补贴资金40万元，市补贴资金7万元，县补贴资金5万元。2009年，全县共落实国家农机补贴资金141.693万元，市补贴资金6万元，县补贴资金10万元，为历年最高。共补贴各类农业机械及配套机具488台,拉动农民自筹资金333万元，受益农户424户。

2010年至2012年以农机具补贴为契机，全县的农机化装备水平进一步提高，机械化生产能力明显增强。

第七章　滋润万民的水利建设

第一节　农田水利基本建设

安泽县有较大河流 12 条，有大小水源 145 处，水资源总量 3.19 亿立方米。全省第二大河流沁河贯穿安泽县南北长达 109 公里，年平均流量 9.45 立方米／秒，为发展工农业生产提供了优越的条件。但是，受传统观念的影响，水利建设步伐缓慢，丰富的资源没有得到有效利用。1985 年至 1986 年，全县因干旱粮食减产 36.6%，水利建设滞后已成为安泽农业稳产高效的重要制约。

1987 年底，县政府下发通知，要求每个男全劳力每年至少投 30 个义务工用于农田水利建设。1990 年，全县有清水渠 66 条，可灌溉面积 640 公顷，浇地 15 公顷以上的有 11 条，机电灌站 56 处，装机 550 千瓦，可灌溉面积 750 公顷，浇地 20 公顷以上的有 7 处。1992 年购置水泵 101 台，可流动灌溉 40 公顷。1994 年在 4 条小河建人字坝 6 座，引溪水浇田。全县小型工程 402 处，可灌溉面积约 340 公顷。

1996 年至 1999 年，先后建设了和川千亩管灌及郎寨、东里、西里 4 处管灌工程，并推广了流动机灌和喷灌工程，沁河沿线实现了滩地水利化，台地园田化，完成投资 200 余万元，发展节水灌溉面积 3220 亩。

1997 年至 2000 年，充分利用小泉小水资源优势，在第五河、李垣河、石槽河、泗河、桃寨河上建成人字闸

50 座，引水浇地 3000 亩。2002 年投资 100 万元，发展冀氏节水园区 3000 亩。

2003 年至 2004 年，投资 505 万元，建设李垣河坝 436 米，县城北护堤坝加高 1 米，保护了沁河、李垣河两岸耕地。2005 年投资 75 万元，发展高壁节水园区 100 公顷。2005 年全县发展水平梯田 411 公顷，河坝地 667 公顷，旱地丰产田 109 公顷。

2008 年，围绕新农村建设这个中心，坚持“改善农业基本生产条件”和“改变农民基本生存条件”两个基本原则，以“行政推动，投入驱动，机制调动”为手段，突出造地、筑河坝护地坝工程、水保综合治理、生态建设 4 大重点工程，推进农田水利基本建设的开展。当年完成投资 1000 余万元，新造地面积 2000 余亩。

2009 年至 2012 年，以造地工程为重点，全县总动员，部门全力配合，集中整合资金，持续高标准、高质量造地，被评为全省农田水利基本建设红旗县，水利局被评为全省农田水利基本建设先进单位。

第二节　水利工程

引沁入汾和川引水枢纽工程　引沁入汾和川引水枢纽工程，是山西省 35 项应急水源重点工程之一，2008 年 3 月 27 日开工。批复设计概算 1 亿余元，建设工期 2 年。工程总库容 989 万立方米，大坝为砌石重力坝，设计洪水标准 50 年一遇，是一座以城市及工业供水、农业灌溉为主，兼有防洪等综合效用的水利枢纽工程。2010 年 6 月 5

日，引沁入汾和川引水枢纽工程正式通水，沁河水自流进入临汾盆地，保证了汾河下游15处泵站、60余万亩土地的灌溉用水，改善了汾河下游的水生态环境。

张峰水库　位于山西省晋城市沁水县张峰村，与安泽县马壁乡马壁村毗邻，是沁河干流上第一座大型水利枢纽工程，库容3.94亿立方米，以城市生活和工业供水、农村饮水为主，兼顾防洪、发电等综合利用。工程总投资17.48亿。因张峰水库库区形状似一条神龙，又名“青龙湖”。

西里水电站　2007年4月10日，西里水电站工程由临汾市水利机械工程局中标。2008年2月20日，西里水电站开工建设，首期投资8615万元，装机容量为3×800千瓦时。

荀子文化园引水工程　工程投资360.76万元，2010年8月20日开工建设，9月底完成了杨家沟至荀子公园引水管道12公里的铺设安装，新建水源工程300立方米蓄水池1座，满足了荀子文化园的景观和生态用水需求。

农村饮水工程　全县缺水自然村计338个，涉及人口2.28万人，大牲畜8500多头。1971年以来，大力改善偏僻村庄居民的供水条件。20多年间共建大口井、提水工程108处，蓄水池67处，引清水自流工程33处，解决了269个自然村20800人、8100头大牲畜的用水困难。

2000年至2005年，全省实施农村饮水解困工程，全县投资1381.5万元（国补633万元，市、县配套186.4万元，乡村自筹562.1万元）建成饮水解困工程74处（集中供水工程6处，单村提、引水工程68处），解决了全县

91个行政村42693人、15708头大牲畜的吃水困难。2007年经多方争取资金，全县农村饮水安全工程解决了11个自然村4149口人、860头大牲畜的饮水安全问题。

2008年，农村饮水安全工程，全县共完成投资307.8万元，解决了9218口人、549头大牲畜的饮水安全问题，超额完成了省市下达指标。2009年，农村饮水安全工程完成投资308万元，又使全县33个自然村7851口人吃上了安全水。

2010年，为确保实现饮水安全覆盖目标，年内完成投资542.1万元，解决了60个自然村上万人口及4所农村小学千名师生的饮水安全问题，超额完成目标任务。

第三节　防汛与河道整治

防汛　党的十一届三中全会后、安泽县委、县政府加强领导，落实了行政首长责任制，县、乡（镇）、村层层签订防汛目标责任书，明确防汛责任，树立防大汛抗大灾思想。结合实际编制完成了防汛预案：开展汛前检查，及时清除隐患；对全县大小河流、水利工程，城镇防洪排水、道路桥梁、农村土坯房、土窑洞、学校、边山峪口、山洪易发区进行汛前大检查，确保安全检查认真细致，发现问题逐一登记造册，及时解决；定额储备防汛物资，落实抢险队伍；汛期实行24小时值班和日报告制度。

1993年“8·4”洪灾　8月4日凌晨2时，百年不遇的沁河水泛滥成灾，洪水冲垮了县城东北的防洪堤坝，县城最深积水3.3米，倒塌房屋400余间，1000余间房屋成危房，直接经济损失 5000 万元。痛定思痛，县委、县政府召开专题会议讨论研究防汛工作，提出了具体的标本兼治方案。2010 年以来，进一步落实防汛责任制，与各防汛成员单位签订了《防汛目标责任书》，细化责任，分工把守，各尽其职。

河道治理　2007 年，河道治理工程按照“谁开采、谁经营、谁恢复”的原则，治理整顿沁河、蔺河违规开采行为，确保河道安全，水流通畅。2008 年投资 195 万元完成沁河清淤疏通工程，投资 28 万元在义唐河新建滚水坝 1 座、顺河坝 3 条，投资 765 万元完成石槽河坝、杜村防洪坝、良马河坝、李垣河牛场河坝 5 条。

2010 年，县委、县政府将沁河县城河道综合治理工程确定为重点工程之一，预算总投资 1 亿元，实施分期治理。2012 年 9 月底竣工。工程完成后，县城防洪标准提高，明显改善了水生态环境，提高了城市品位。

第八章　城乡建设面貌一新

第一节　城市建设规划

从 1982 年到 2012 年，安泽县城市建设步入快速发展轨道，县委、县政府多次对全县城乡建设编制总体规划。

第一次规划期限为 1982 年至 2000 年，由临汾地区城乡建设规划组和县城乡建设委员会共同编制。

第二次规划对原规划进行了调整。第三次规划期限为2001年至2020年，由山西省城乡规划设计研究院编制完成，2002年5月20日通过专家评审，2002年7月安泽县第十二届人民代表大会常务委员会第二十七次会议通过，2004年4月由临汾市人民政府批复实施。第四次规划期限为2006年至2020年。

2007年，根据县委、县政府5大板块发展指导方针，对城市建设实行规模扩张。规划中的城市规划区范围为东至第五村，西至五里庙村，南至南庄村，北至下桃曲村，总面积35平方公里。

规划的道路网为方格网与环路相结合。县城内道路按功能分为主干道、次干道、支路，红线宽度分别为40米、24米、20米，18米和15米。县城以南北向城市干路为主要骨架，形成“两纵两横”的城市道路结构系统，服务于5个城市功能组团。

城市道路 21世纪伊始，就对县城道路加以拓展改造，2000年至2005年县财政总投资1.25亿元用于街道建设。其中，2000年投资2000万元，将309国道县城过境段2200米拓宽为40米新建绿化隔离带；2001年，投资400万元，修建111米长宽16米的北外环路和1500米长的沁河护坝；2004年投资1400余万元，修建了长3512米宽10米的326省道县城西环过境公路，缓解了县城交通压力。随即又投资54万元，拓宽了长215米、宽27米的新建路，建成了建材市场一条街；投资100万元，拓宽了长650米、宽10米的城墙岭路；2005年投资2100万元修建了长 3270 米、宽 40 米的南外环路（滨河南路），集休闲、娱乐、健身、观赏于一体。同时配套修建了直径 1 米、长 702 米的排水涵洞；投资 57 万元，拓宽改造了长 355 米、宽 10 米的二中路，缓解了学校周边的交通拥堵；投资 307 万元用于 30 余条城市巷道硬化，投资 99 万元用于人行道硬化。2006 年投资 3700 万元修建了“一纵两横”（泽明路延伸段和风河路、风北路），工程全长 2693 米；投资 1500 万元修建了神南大桥，拓展城市空间；投资 2900 万元修建了西北外环隧道，对缓解城区南北交通压力，拉大城市框架，方便县城居民生活起到了重要作用。2009 年拓宽改造了粮局路（后改名安兴路）。到 2010 年底，县城街道 24 条共长 19.52 公里。

城市园林　1985 年至 1986 年，结合拓宽街道，建设文明卫生城，栽植红果树 1.8 万株，建花池 40 个。2000 年投资 50 万元，在泽明桥西的义唐河建起安泽县第一处集休闲、观赏、健身功能于一体的绿地 500 平方米。2004 年投资 12 万元，在府西街西口建造了县城第二处休闲绿地 2300 平方米。2005 年投资 130 万元，在沁河大桥西至义唐河小桥之间，修建 1900 平方米的绿地广场，场内设置程控音乐喷泉、舞池、健身器材，成为集娱乐、观赏、健身、休闲于一体的活动中心；同年在文体广场建设绿地 6000 平方米，县城街面、机关庭院累计绿地 2.5 万平方米。到 2010 年，县城总绿化面积 151.65 万平方米。

月光湾湿地公园和带状公园　是山西省林业厅 2009 年 12 月 30 日批复的第一批省级湿地公园，县委、县政府确定其为城市建设重点工程之一。月亮湾公园 2011 年 2

月 15 日开工，建有 6 个广场和茶舍、长廊、六角亭、羽毛球场、管理房等，步道纵横交错，各式灯带特色凸显，乔灌花草点缀其中，可供 2000 人同时娱乐、健身，既是一个综合性现代化公园，又是集生态、科研、科普、观光、休闲、垂钓、旅游于一体的综合植物园。

城市供水 1993 年在县自来水厂基础上成立自来水公司，投资 210 万元钻深井两口，每日可供水 3000 吨。2001 年至 2005 年投资 300 万元实施水网改造。2006 年至 2010 年投资 500 余万元在高壁水源规划保护区新打水源深井两眼，并配套管网设施。到 2012 年，有供水管网 45 公里，年供水量 62 万吨，服务人口 2.6 万人，供水覆盖率达 95%。

城市排水 安泽县城西有山岳，东有沁河，沁河为北南向。依自然之势，1985 年前县城皆为地面自然排水，自西向东流入沁河。1985 年建成砖拱 1 米 × 1.5 米排水道 2956 米；2000 年修建了 309 国道县城过境段直径 1 米砼排水管网 3450 米；2001 年修建了北外环路直径 1 米砼排水管网 2230 米；2004 年修建了 326 省道县城西环过境公路排水管网 5620 米；修建了建材街直径 1 米砖拱排水管网 430 米；修建了城墙岭路直径 0.8 米砼排水管网 650 米；2005 年修建排水渠 3000 米；2006 年修建了泽明路延伸段、风河路、风北路直径 1 米砼排水管网 5380 米；2009 年修建了粮局路直径 1 米砼排水管网 800 米。

县城亮化 2005 年后，沁河县城段完成了亮化。县城 16 条、15.25 公里的大小主次街道、巷道共有路灯 840 盏，县城亮化率 95%。2010 年县城城区公共照明全部更换为钠灯，共计 1391 盏。

污水处理厂　安泽县污水处理厂 2010 年开工建设，占地 0.7 公顷。工程总投资 3981 万元，配套管网 6.33 公里，污水处理率 89.2%。

第二节　乡（镇）及新农村建设

一、乡（镇）建设

安泽县各乡（镇）机关大都是 20 世纪五六十年代修建的砖木结构房屋，普遍老旧。2006 年启动村镇建设和新农村建设，编制了安泽城乡一体化发展规划和县域新农村建设总体规划。2007 年开始，各乡（镇）政府机关相继开工建成办公楼，同时对乡（镇）所在地供销社、粮站、食品站、学校、卫生院等予以重建、扩建和改造。

二、新农村建设

新农村建设是全面建成小康社会的重中之重，基础设施建设要求达到“四化”“四改”“六通”和“六个一”。即：街道硬化、村庄绿化、环境净化、路灯亮化；改水、改厨、改厕、改圈；通自来水、通油路、通电、通客车、通水泥路、通广播电视；1 个便民连锁店、1 个科技活动中心、1 个休闲健身场所、1 个标准化卫生所、1 所学校、1 个农村文化活动室。

安泽县 2006 年启动新农村建设，2007 年完成了府城镇府城村、高壁村，唐城镇三交村、唐城村，冀氏镇半道村、关庄村，和川镇东洪驿村、和川村，良马乡宋店村、英寨村，杜村乡杜村，马壁乡马壁村、石槽村 13 个省定新农村建设项目。2008 年，县委、县政府决定用 3 年时间对 90 个自然村实施“四化”“四改”“六通”和“六个一”，县财政向每个行政村投入 50 万元。至 2010 年，完成了全县 103 个行政村的首轮新农村建设，实现了 15 个“全覆盖”：

街道硬化 267.57 公里，61.4 万平方米，实现了农村街巷硬化全覆盖；

村庄绿化 48.6 万平方米；104 个村改水，确保饮水安全；改厕、改圈 19 万户，明显改善了村庄环境卫生；投资 3.6 亿元，建沼气池 6000 余户，天然气入户 4600 余户；村村通油路、水泥路 170 余公里；村庄绿化 48.6 万平方米，实现绿化全覆盖；

投资 1060 万元，建成标准化便民连锁店 105 个；首家在全省高质量、高标准实现了农村便民连锁店全覆盖；

分别建设了 104 个村级文化活动室、休闲健身体育场、农家书屋；为 7 个乡（镇）文化站配备了 7 万元的办公设备和器乐，为每个村配备了 1800 册图书、2 个书柜、100 盘光盘和相应的体育健身器材，实现了农村文化体育场所全覆盖；

对中职在校生实行免学费政策，每人每学期免学费 600 元，所需资金由国家、省和县财政按 6 比 4 承担，实现了中等职业教育免费全覆盖；

投资 350 余万元，为村庄安装街巷路灯 2300 盏，实现了 104 个行政村太阳能路灯全覆盖；

投资 850 万元，安装 2.4 万个能收看 120 套节目的机顶盒，实现了全县数字化电视全覆盖；

每年投资100余万元，解决各村卫生保洁员的工资待遇和必要的设备费用，实现了全县卫生保洁全覆盖；

对全县800余名80岁以上的老人每人每月给予90元至200元不等的生活补助，实现了全县80岁以上老人生活补助全覆盖；

投入208.3万元实现了对“五类贫困家庭”2700多名学生的资助全覆盖；

投入34.6万元，实现了全县2913名住校住宿补贴全覆盖；

投资86万元，安装了103个无线调频广播，实现了全县无线调频广播全覆盖；

投资22万元，实现了全县村级退休正职干部87人的生活补贴全覆盖；

投资65万元，建设全县104个行政村的农民远程科普网点和科普惠农宣传栏，实现了远程科普教育和科普惠农全覆盖；

积极贯彻新农保，农村居民适合参保人数32500人，实现了全县新型城乡居民养老保险全覆盖。

安泽县在建设新农村工作中，认真贯彻“生产发展、生活富裕、乡风文明、村容整洁、管理民主”的20字方针，围绕新产业、新村镇、新农民、新风尚、新机制“五新”目标，突出产业发展重点，大力推行“一元帮扶、多元对接、县乡村企、四级联动”工作机制，科学规划、连片推进、注重实效、惠及民生，新农村建设取得了明显成效。安泽顺利完成第一轮新农村建设全覆盖。连续 5 年被省委、省政府授予“新农村建设先进县”，2008 年荣获临汾市委、市政府环境卫生整治流动红旗，安泽县的新农村建设典型经验在全市推广。

安泽县委、县政府从 2011 年开始对乡（镇）政府所在地的村，每村投入 130 万元，其他村每村投入 80 万元，助力以城镇化建设和壮大集体经济为重点的第二轮新农村建设。

第九章　四通八达的交通运输

第一节　公路建设

随着国民经济和社会快速发展，国家对公路建设投入不断加大，筑路机械化程度不断提高，公路建设快速发展。2012 年，安泽境内国道、省道、县、乡道交织成网，路面全部为沥青、水泥混凝土铺筑，总长度 633 公里。

一、309 国道

山东省荣成市至甘肃省兰州市的国道（荣兰线，309 国道）全长 1961 公里，在安泽过境 45 公里。1995 年前这段路面是土路或沙石路，1996 年投资 160 万元改造了安泽良马至屯留县交界（花岩沟）路段 4 公里，土路铺油；

1997年投资900万元，对安泽县城至屯留交界铺筑了沥青碎石路面34公里，建成山区二级油路；2000年投资100万元，改造了安泽县城至草峪岭路段11公里，扩建为山区二级油路；从1996年到2000年三次总投资2460万元，安泽境内的309国道45公里全部改造完成；2006年按照省、市公路局“二级路基、高等级路面”的优化设计，对309国道45公里铺筑沥青混凝土路面，并对309线姚家沟桥、小关道桥和坡底桥三座危桥进行了加固；2009年总投资287.2万元对国道309线、省道326线安泽境内部分路段加以绿化，并增建了防撞护栏、边沟、隔离墙等。

二、326省道

长治市西郊侯西庄村五一桥至安泽县城为326省道（长安线），安泽境内全长52.983公里，1996年由县道划为省道，同年投资234万元，将安泽县城至冀氏村路段18公里土路铺设镇通二级柏油路；1998年至1999年投资3500万元，将安泽冀氏村至安泽郭庄与长子交界处35公里土路铺筑为沥青碎石路面。安泽率先在临汾地区山区县实现了国道、省道干线公路油路化。2005年投资981万元新建县城西环路3.52公里，解决了326省道车辆途经县城街道的交通安全和污染问题；2006年投资1580万元，对县城至冀氏镇11公里路面铺筑沥青混凝土，新建长安线兰村桥一座；2007年完成了长安线桑曲桥、风池桥、城关桥改造工程，冀氏镇至长子交界35公里路面铺筑了沥青混凝土，又一次在临汾山区县率先实现了国省干线公路路面高级化；2008年至2012年，安泽县所辖国省干线全部实施了公路标准化建设。

三、县级公路

府东路　府城至唐城镇东湾村，途经高壁、小黄、飞岭、石渠、岭南、和川、上县、固县、议宁、唐城、南湾、亢驿等村，全长44公里，三级公路标准。

高交路　高壁至交口河（花车村），途经桃曲、上梯、李恒、上掌、三交等村，全长34公里，三级公路标准建设。

罗云至和川线　全长1736公里，途经西洪驿、沁河庄、法井、北崖底等村，三级公路标准建设。

冀氏至沁水界线　全长43.322公里，途经南孔滩、卫寨、郎寨、东里等村，三级公路标准建设。

专用公路　岭底至东湾线，长8.894公里，三级公路标准建设。

乡村公路　从1995年开始发动群众义务修路，加上国家投资、县里投入，至2010年，全县建成乡村公路481公里，103个行政村都通了水泥路。

第二节　客货运输

1971年安泽与古县分县时，全县共有货运汽车14辆，客车2辆。1980年后，行政机关、企事业单位、个体户购车逐年增多，1995年全县有货运汽车260辆，客运车9辆，出租小客车20辆，特种用车14辆，吉普车150辆，救护及消防车4辆。

2000 年，全县有客车 77 辆 628 个座位，货运车 207 辆 1290 吨位。2005 年全县有客车 105 辆 911 个座位，货运车 320 辆 4020 吨位。2010 年全县有大中型客车 18 辆 374 个座位，小型客运车 11 辆，货运车 647 辆 10812 吨位。从事运输业的拖拉机 38 辆，农用三轮车 86 辆。客运通达周边县市、省会太原及河南、河北，有省内线 10 条，省外县 7 条。

2005 年至 2008 年，先后成立了忠山公交有限责任公司、惠民出租汽车有限责任公司、城乡公交公司。到 2010 年，出租车发展到 65 辆，全县行政村通车率 100%。

第三节　铁　路

山西省吕梁市兴县瓦塘镇至山东省日照市铁路线（瓦日线）项目于 2010 年 6 月开工建设，是我国“十一五”铁路建设重点工程，是世界第一条按照 30 吨轴重建设的重载铁路。

瓦日线安泽站建于安泽县城西北 5 公里处（府城镇下桃曲村），安泽站为三等站，设计共 5 股道（两条正线、三条到发线），为中间站。

瓦日线在安泽县境内总长 36.685 公里，途经 3 个乡（镇）7 个行政村 10 个自然庄，涉及人口 4130，2014 年 12 月底竣工运营。

第十章 谱写新篇章的教育科技

第一节 教 育

党的十一届三中全会以来，安泽县积极实施科教兴县战略，始终把教育事业放在优先发展的重要位置，连年加大教育投入，办学条件不断改善，学校布局优化调整，结构日趋合理完善，教育改革不断深入，教育质量稳步提高。

一、幼儿教育

1978 年后，幼儿教育逐年加强。1980 年县教育局连续举办两期幼儿教师培训班，培训幼儿教师 71 名，9 名幼儿教师参加了临汾行署教育局组织的培训。1985 年全县幼儿园发展到 21 所，其中县城 2 所，乡（镇）农村 19 所，入园幼儿 890 名，幼儿教师 46 名，其中公办 6 人，民办 40 人。各幼儿园购置了大型活动器械，并设置大幅壁画，班班配备录音机、风琴或电子琴、流水洗手器、图书柜、保温桶等。2000 年后，依照《山西省幼儿园（班）登记备案规定》和《临汾市幼儿园（班）分类标准》多次对全县幼儿园进行登记注册备案，严格把关，逐园验收。针对县城幼儿入园难问题，新建扩建幼儿园，增加幼儿班，2012 年全县有幼儿园 17 所，在校幼儿 2293 人，幼教职工 139 名。

二、小学教育

1971 年 8 月，安泽县有小学 258 所（含复式小学），在校学生 10852 名，教师 413 名（公办 152 人，民办 261 人）。1985 年底，全县小学共计 318 所（含复式小学），在校学生 9842 名，入学率 99.3%。1995 年全县有小学 267 所。1997 年 9 月，经省、地联合检查验收，基本达到国家规定的普及初等教育标准，获山西省人民政府颁发的“普及初等教育合格证书”。2002 年开始，全县小学由五年制向六年制过渡。

2003 年全面推行“一费制”。2005 年，国家实行“两免一补”政策，共计免书杂费 73.22 万元，补助生活费 1186 万元，惠及学生 8944 人次。2010 年末，全县共有小学 40 所，在校生 6963 人。2012 年小学稳定在 33 所，教职工 597 名，专职教师 519 名，在校学生 5650 名。

三、初中教育

从 1978 年开始调整中学教育，先后停办 8 所九年制学校，恢复为七年制学校。1981 年取消七年制学校设置，小学、初中（中学）分设，至 1985 年底全县有完全中学 1 所（安泽中学，1981 年 8 月更名），初级中学 9 所（城关、唐城、和川、冀氏、罗云、良马、杜村、马壁、石槽），在校初中学生 2756 人。1995 年全县有初中 10 所（含完全中学 1 所），73 个初中教学班，在校初中学生 3165 人，专职教师 145 名，布局基本合理，可满足小学毕业就近升入初中。2002 年撤并乡（镇），全县由 11 个乡（镇）撤并为 7 个乡（镇），初中布局因之调整：罗云中学并入和川中学，石槽中学并入马壁中学。2004 年安泽中学实行初、高中分离，初中部 10 个教学班和 35 名初中教师并入城关中学，更名为安泽县第二中学，安泽中学更名为安泽县第一中学。2005 年，安泽县有安泽二中、唐城、和川、冀氏、杜村、马壁 6 所初级中学，教学班 82 个，教职工 2368 人，在校生 4432 人。至 2010 年底，全县有初级中学 4 所（杜村、马壁中学并入冀氏中学），教学班 71 个，在校学生 4059 人。

四、高中教育

20 世纪 60 年代初，府城中学始设高中部。1972 年马壁、1976 年罗云、1977 年良马 3 所七年制学校扩为九年制。此阶段全县有 1 所完全中学、8 所九年制学校。1980 年冀氏、和川、唐城、石槽、杜村 5 所七年制学校扩为九年制，增设高中班。1979 年停办了石槽、马壁、良马 3 所九年制学校，1981 年停办了冀氏、唐城、和川 3 所九年制学校。2004 年初、高中分离，安泽中学 10 个初中教学班和 35 名初中部教师并入安泽县第二中学，安泽中学更名为安泽县第一中学。高中由四轨制扩至六轨制，2005 年扩至八轨制。2002 年至 2008 年，共有 110 人考入大学。

2008 年 9 月县委公开选拔的安泽一中新领导班子任职后，在提高教育教学质量上下苦功夫，多措并举，创新管理，学校面貌焕然一新，获临汾市教育局“2008—2009 学年度教学工作先进学校”。2010 年 9 月，安泽一中迁入新址。新一中投资 1.7 亿元，建筑面积 4.2 万平方米。2010 年后，全县仅安泽第一中学开设高中班。

五、职业教育

安泽县农业技术中学创建于 1984 年，校址在府城镇高壁村，占地 1380 平方米，建房 28 间，专职教师 7 名。首期开设乡村医士班，招收初中毕业生 72 名，学制三年。1986 年更名为安泽县职业中学，开设幼儿师范专业班，招生 65 名，学制三年。1991 年职业中学迁址县城，占用教师进修校部分校舍。1992 年恢复招生，开设林果专业班，招生 50 名，学制三年。1993 年至 1994 年投资 110 万元，在原进修校址上新建职业中学教学楼 4 层，建筑面积 4500 平方米。2004 年职业中学 26 人参加对口升学考试，达本科分数线 1 人，达专科分数线 25 人。2005 年招生首次突破百人。2007 年与安泽永鑫焦化有限公司签订校企合作协议，开设化学工艺专业班。2008 年招收计算机应用、机电、化工 3 个专业共计 316 人（与企业联办班 48 人）。2010 年投资 1120 万元新建职业中学综合教学楼，建筑面积 6230 平方米，教职工人数也增加到 48 名。

六、成人教育

1993 年县委党校举办山西省委党校函授大专班，至 2010 年共招收 13 期 826 人。2001 年开始招收中央党校函授本科班，至 2010 年共招收 5 期 340 人。2007 年县委党校经多方努力，设立山西广播电视大学临汾分校安泽工作站，当年招生 50 人，2008 年春、秋两季招生 93 人，2009 年春、秋两季招生 69 名，2010 年春、秋两季共招生 141 名。至 2010 年，共毕业学员 143 人。

第二节 科 技

一、机构

1991年7月至1995年3月，11个乡（镇）先后配备了科技副乡（镇）长。乡（镇）机关配备了农业、农机、林业技术员，各生产大队配备了村科技副主任。1992年，县政府配备了科技副县长，初步形成“县、乡（镇）、村”三级科技网。同时安泽县先后与厦门大学生物系、省高级兽医研究所、省农科院、北京天地绿园农业科学院、北京欣绿业科技有限公司、省林科院、省科协健康科普委员会等科研机构、技术市场建立了合作关系。

安泽县委、县政府历来重视科学，尊重人才。1979年全县30多人参评专业技术职称，报省、地科技领导机构审核批准。此后，专业技术职称评审纳入干部职工管理序列。

二、科普

安泽县科学技术普及工作以引进和推广农业新品种、新技术为主。20世纪80年代初，11个人民公社设立农业技术推广站。1982年，县科委分7批21期专门培训玉米、小麦、谷子栽培技术，参加学习者4600人次。1985年，县畜牧局在黄牛身上试种人工牛黄，1987年收获鲜牛黄82克。1981年至1985年，定点试验农作物新品种208个，推广增产技术23项。

1987年，县委、县政府确定玉米、黄牛、红果为农、牧、林三大主导产业，农委与科委举办培训班 6 期，集中培训乡（镇）党委正、副书记、正、副乡（镇）长、县直机关副局长以上干部 566 人次，请科技人员传授玉米增产、黄牛育肥、红果树嫁接修剪知识和技能。

1990 年，冀氏镇组建科普协会，吸收镇干部 7 人，村干部 15 人，骨干 35 人，联系 680 个农户，推广立体种植、模式栽培、规模经营等实用技术。

2001 年 2 月，推广科学养兔，成立了兔业协会，县农委与河北临漳兔业协会签订联合开发兔业协议，由临漳协会提供技术指导，在风池建立獭兔示范区。当年底，养殖户扩展到全县 7 个乡（镇）75 个行政村 500 余户，养殖獭兔 5 万余只，净产值 10 万元左右。2003 年，引进梅花鹿养殖，在府城高壁建起 6000 平方米的安山鹿业新技术养殖园区，至 2010 年，17 户农民养殖梅花鹿 231 只，年收入 218 万元。2006 年 2 月，在府城镇平坡村建起天乙饲料公司，占地 2 万平方米，生产蛋鸡系列饲料 8 种、猪系列饲料 8 种、猪浓缩饲料 6 种，产品销往县内外。

2007 年，与北京天地绿园农业科学研究院共同合作一系列项目：

研制生物营养有机肥，在府城镇神南、高壁建立试验田，获得成功；3 月，引进茶叶种植新品种，在府城镇孔村建高山绿茶种植基地，种植茶树 100 亩；先后建起以高壁、和川等 10 村为重点的生态高效养殖示范园区；建成以关圣岭、横岭为重点的 6000 亩优质核桃栽植示范园区，以关道沟、斜沟、文洲为重点的 5000 亩中药材种植示范园区，以郭庄、飞岭、上县为重点的 5000 亩优质烟叶示范园区，以孔村、半道、桑曲为重点的万亩绿色蔬菜示范园区，以沁河沿线为主的优质专用玉米示范园区。

2009年至2010年，在良马乡投资105万元建成占地75亩的土鸡养殖园区，在唐城镇亢驿村占地16.5亩建起万头微生物发酵床生猪养殖基地，在府城镇飞岭村投资70余万元建成62亩葡萄示范园区，在杜村郭庄村推广漂浮育苗技术和密集烘烤技术，全村110户农民种植烟叶620亩，户均收入1.4万元。另外，还在马壁乡郎赛村投资80余万元建成鸿兴肉牛养殖园区，在良马乡英寨村发展蔬菜种植610亩。培育中药材、烟叶、核桃、玉米、茶叶种植示范户8户，鸡、猪、牛等养殖示范户7户，培训科技领头人15人，科技特派员180人。培育高新技术企业永鑫煤焦化有限公司（甲醇）1个。2010年，重点推广核桃良种集约化丰产栽培技术。截至2010年，安泽全县有科技示范乡（镇）7个，示范园（基地）6个，示范村60个，示范户120个。

三、成果

1977年至1980年，安泽县兽医院畜牧师申泽明与厦门大学生物系、呼伦贝尔市畜牧兽医研究所、山西省畜牧兽医研究所科技人员合作开展生物学调查研究，研究成果《牛羊肝脏管中华双腔吸虫的生物学调查研究与防治》发表于《厦门大学学报》1979年第3期，获山西省科研创新二等奖。

安泽县“密植优种加化肥”栽培作法使全县玉米连续三年大面积增产。1984年5月，山西省人民政府授予安泽县科委“玉米综合栽培技术三等奖”。

安泽县农机修造厂生产的新型沁河牌 2B-3 畜力播种机 1990 年获中华人民共和国农业部优秀科研成果三等奖。

1994 年 3 月，冀氏镇与省农科院联系，争取到联合国开发计划署驻华马铃薯作业组和大同马铃薯研究所合作开发的“山西省中南部地区种薯繁育基地”科研项目，繁育试验获得完全成功。

县人民医院主治医师卢泽民多年潜心研究脑血管及神经系统疾病的诊断与治疗，治愈 400 多例患者，在《陕西医学杂志》《中风与神经疾病杂志》《山西临床医药》与《中国实用内科杂志》发表论文多篇。

第十一章　欣欣向荣的文体广电旅游

第一节　群众文化体育事业

一、文化机构与设施不断完善

1979 年，在文化活动搞得好的府城、和川、石槽 3 个公社建立文化站。20 世纪 80 年代，全县 11 个公社都建立了文化站，配备有专职文化辅导员，各大队设文化室。1995 年，县乡（镇）影剧院和舞台发展到 24 座。县城开设了 7 家舞厅歌厅，丰富了群众业余文化生活，形成了多层次、多结构、多形式的文化活动网络。

2008 年结合新农村建设提升乡（镇）村文化站，建设 10 个省级重点、20 个县级重点农村基层文化站和农村文化活动室。为全县 7 个乡（镇）文化站配备了办公设备和乐器，为 104 个农家书屋配备了图书、光碟。此外，各乡（镇）文化站、农家书屋及数字电视也在全市乃至全省率先实现了全覆盖。特别是“文化兴县”这一宏伟战略提出以来，经过全县上下积极努力，安泽文化事业显著发展。

二、文体活动日趋活跃

随着国民经济和社会的不断发展，20 世纪 90 年代安泽县文化事业进入快速发展新时期，先后成立了篮球、羽毛球、乒乓球、象棋、棋牌、健美操、垂钓、文艺、舞蹈 9 个协会，免费开放了文化馆、图书馆、体育健身场馆、文化资源共享活动室、文艺多功能活动室。县老年艺术团、荀乡文工团坚持开展各项活动，2006 年到 2012 年共下基层为群众演出 260 多场。县各大工委、企业每年暑期组织 10 多场消夏月文艺晚会，春节前到正月十五举办大型群众文化活动。每年 4 月至 10 月底全域旅游期间，会举办民间歌舞、各种球类、各种棋牌及垂钓活动。

三、传统民间艺术

在安泽，春节至元宵节期间有闹“红火”的习俗，正月十五之前各村自行活动，元宵节时各村“红火”队伍集中到乡（镇）所在地竞相献艺。20 世纪 80 年代后，元宵节当天各乡（镇）“红火”代表队会云集县城街道巡游表演，整个县城张灯结彩，鼓乐喧天。20 世纪八九十年代，

“文化兴县”战略实施，民间艺术队伍不断壮大，威风锣鼓发展最快。1993 年 1 月，府城村组建了一支百人威风锣鼓队。之后，农业系统、工业系统、唐城镇、太岳焦化总公司、风池村亦相继成立了威风锣鼓队。

四、文物资源

安泽有文物佐证的历史可以追溯到新石器时代。据 2007 年 4 月至 2011 年 12 月全国第三次文物普查统计，安泽县共有不可移动文物 273 处：国家级重点文物保护单位 2 处（麻衣寺砖塔、郎寨砖塔）；省级重点文物保护单位 2 处（太岳行署小李村旧址、太岳军区司令部桑曲旧址）；市级重点文物保护单位 1 处（海东摩崖造像）。其余为古建筑 63 处，石窟寺及石刻 6 处，近现代重要史迹及纪念性建筑 37 处，古遗址 144 处，古墓葬 19 处，碑刻 4 处。附属于古建筑的历代壁画有 500 余平方米，碑刻 135 通。

第二节　广播电视

一、有线广播

1976 年，有线广播覆盖全县 99 个大队 473 个生产队。1981 年投资 6 万元实现了广播线路标准化，收听设备规格化。1992 年入户喇叭、高音喇叭、音响并用，覆盖率达 58%。

二、调频广播

2007 年投资 70 万元购置 300W 调频发射机，开通

FM103.8 兆赫调频广播，覆盖面积 90%。2010 年 11 月完成调频广播电台二期工程，调频广播信号覆盖到所有有线电视信号到达的乡（镇）村，受益群众 6 万人。

三、无线电视

1980 年全县拥有电视机 51 台，彩色电视机仅县广播事业局有 1 台。1982 年在城墙岭建差转台接收中央电视台节目，其覆盖面仅县城。1986 年 9 月县财政拨款 3.3 万元，县直机关集资 3.76 万元建起卫星地面接收站，信号覆盖面 10 平方公里，可同时转两套节目。1993 年，全县拥有电视机 6000 余台，彩色电视机约占 13%。2008 年投资 180 余万元实现全县转播中央一套、七套节目，2009 年向省、市争取资金、设备 112 万元，为偏远山庄村民加装卫星地面接收设施 2230 套。

四、有线电视

1993 年，县广播局退休职工安启武牵头投入 136 万元，架设线路 65 公里，于 5 月 1 日开通了安泽县城有线电视，首期开通用户 2115 个，可全天收看中央台与省台 8 套节目。1997 年县政府出资收回安启武个人开办的有线电视，成立了安泽县有线电视台，电视节目增至 12 套，有线电视用户达 2800 余户。

2000 年又收回由李彦章个人经营的县城南石桥沟村有线电视，实现了县城有线电视全覆盖，电视节目播出增加到 20 套，有线电视用户增至 3260 户。同时，县电视台购置非线性编辑机 1 台，数码摄像机 1 台，装修了演播室，自办电视节目质量有所提高。2001 年 6 月，投资 46 万元安装了有线电视机顶盒收费管理系统。2003 年至 2005 年投资 198 万元，电视节目增加到 40 套，播出信号指标达一级。

2006 年 7 月总投资 387 万元完成了有线电视全县联网，7 个乡（镇）及沿线 57 个村庄 6000 余户群众可清晰收看到县电视台传输的 41 套电视节目，受到山西省人民政府表彰奖励。2007 年投资 40 余万元，完成 5 个乡（镇）53 个自然村 1885 户有线电视“村村通”工程。

2010 年投资 120 余万元，完成城网有线电视信号由模拟向数字整体转换平移工程，县城 6600 余数字电视用户可以收看到 120 套电视节目。全县广播电视“村村通”工程顺利通过省、市验收，荣获省、市“村村通”广播电视先进单位称号。

第三节　文化旅游

安泽是荀子故里。为了弘扬荀子文化，深度开展文化旅游，2004 年安泽县成立了荀子文化研究会，集中力量打造以荀子文化为核心的历史文化品牌，大力发展荀子文化产业。同年 3 月开始兴建荀子文化园，到 2006 年，投资 0.9 亿元，共完成六期工程。

安泽县委、县政府依托荀子文化，编制《安泽县历史文化资源整合暨文化产业发展规划》，深入挖掘历史人文资源，致力打造荀子文化品牌，提出了发展循环经济的思路，依托生态促发展，大力推进生态工业、生态农业、生态旅游和生态城镇建设。

2006年9月15日，首届荀子文化节在首都北京人民大会堂举行发布会，“合作、发展、幸福”为文化节主题。通过荀子文化节，举办了合作发展论坛，深化了节庆内涵，创新了节庆形式，推进了产、学、研的对接，把文化节办成了弘扬国学精髓、传承优秀文化、推动文化产业发展、促进经贸洽谈合作、扩大对外影响的盛会。

依托生态人文资源优势，在后两届荀子文化节期间，实施文化搭台，经贸唱戏，招商引资签订合作项目38个，投资总额达378.3亿元。

安泽是全国生态示范区，中国绿色名县，省级森林公园和全省清洁水源地，也在全国首家以县为单位通过了ISO14001环境管理体系认证，在全省首家被联合国地名专家组授予中华“千年古县”称号。

第十二章　蒸蒸日上的医疗卫生事业

第一节　医疗卫生

一、城镇医疗卫生

截至2012年，全县共有医疗卫生机构125个，卫生专业技术人员313人。拥有执业医师和其他执业资格证书的234人，占全县卫技人员总数的75.2%。

1980 年安泽县人民医院投资 15 万元新建了住院楼，2 层 56 间。1982 年和川、冀氏中心卫生院各自新建门诊楼 1 座，均为 2 层 26 间。1991 年至 1994 年投资 85 万元新建县医院门诊楼和手术楼。1995 年投资 415 万元新建和川中心卫生院住院用房 26 间，投资 20 万元新建城关卫生院 470 平方米住院楼。1998 年至 1999 年投资 60 万元新建了妇幼保健业务楼，2004 年 8 月投资 78 万元新建了县医院传染病楼。2006 年至 2007 年，投资 900 万元重新修建县医院 5 层框架结构住院楼，计 4635 平方米；投资 50 万元，新建中医院业务用房 378.4 平方米；投资 50 余万元，对府城、唐城、石槽 3 个卫生院加以改造。

2003 年至 2005 年投资 90 万元建成疾控中心业务楼，主体 5 层，附属 2 层，建筑面积 1000 平方米。2006 年投资 102 万元（其中国债资金 65 万元）新建、改造和川、冀氏、良马、杜村 4 个乡（镇）卫生院。

2000 年，改造了马壁、府城、唐城 3 个乡（镇）卫生院，投资 41 万元新建罗云卫生服务站门诊用房 250 平方米。2009 年至 2010 年，投资 3080 万元新建安泽县中医院集门诊、住院于一体的标准化综合楼，建筑面积 7800 平方米。投资 200 万元，异地新建马壁卫生院，投资 220 万元，对唐城、冀氏中心卫生院业务用房加以改建。

自 20 世纪 80 年代起，陆续购置了自动呼吸机、紫外线治疗仪、空气麻醉机、红外治疗仪、病理切片机、B 型超声波诊断仪、激光治疗仪、胃镜、心脏起搏器、高血压治疗机等。2007 年，县医院购进美国柯达 CR。2008 年县人民医院和县中医院购进彩超、胃镜等 10 余台（件）检测设备。2009 年投资 215 万元为县人民医院购置了双排螺旋 CT。

二、农村医疗卫生

安泽县委、县政府把初级卫生保健纳入全县国民经济和社会发展总体规划，大力开展农村基础卫生设施建设。至 1997 年，全县行政村卫生所覆盖率达到 100%，其中甲级卫生所达到 60%。2004 年，全县 104 名乡村医生纳入全员培训和从业资格考试。2005 年全县有村卫生所 115 个，乡村医生 152 人。2007 年结合新农村建设，大力实施村卫生所规范化建设。2009 年全县 92 个村卫生所均分别新建或改造房屋，达到四室（保健室、诊察室、治疗室、药房）分离要求，基本医疗设备达标率 88.5%。新建空白村卫生所 13 个，发放乡村医生补助金 194 万元。2011 年全县共有村卫生所 103 个，88 个村卫生所达到“五化”（业务用房建设标准化、乡村医生执业资质合法化、乡村一体化管理、考核制度化、服务规范化）标准，达标率 85%。2012 年，全县 103 个村卫生所“五化”全部达标。

三、个体民营医疗

在办医方向上，坚持公办与民办相结合。1998 年，全县有 10 家个体诊所经审核获颁《医疗机构执业许可证》。2005 年全县个体诊所有 25 家。2010 年，全县核准开办个体诊所 29 家。2012 年核准为 18 家。

第二节　卫生防疫与妇幼保健

一、卫生防疫

1978年在原安泽一中南新建了占地面积2640平方米、建筑面积804平方米的卫生防疫站，内设办公室、防疫科、地病科、卫生科、检验科。1979年地病科划出，组建为安泽县地方病防治研究站，1981年县地病站上划临汾地区地病所管辖。2003年县防疫站更名为县疾病预防控制中心（简称疾控中心），获评省疾控中心“法定传染病报告管理先进集体”。2004年至2005年投资90万元（国债资金70万元）新建建筑面积1000平方米的业务楼。2010年安泽县疾控中心内设办公室、计划免疫科、检验科、结核病防治科、地方病体检科、应急科、生物制品科、传染病科等，中心拥有固定资产200余万元，在职职工24人，其中副主任医师1人，主治医师6人、医师6人。

改革开放以来，安泽县的卫生防疫工作贯彻执行“预防为主”方针，坚持宣传、预防和治理相结合，大力宣传卫生法规制度，提高全民卫生意识，不间断地对公共场所卫生、学校卫生、工业卫生、工业“三废”、食品卫生进行检测检查。同时，加强农村卫生预防，防止了水源性疾病的发生和流行。全面开展了性病、艾滋病的宣传防治工作，落实了计划免疫各项目标责任制。

2001年以来，提升重大疾病防控水平，加强了疾病预防控制体系建设，全面开展了疾病预防控制绩效考核，提高疾病预防控制能力，2003年非典疫情全县没有发生一例。加强县人民医院感染性疾病科建设，提高救治能力和水平。以防控甲型H1N1流感、人感染高致病性禽流感等重大传染病和突发性公共卫生事件为重点，加大日常监测、报告和防控工作力度，实现预防关口前移、重心下移，把防控各种传染病、慢性非传染性疾病、地方病和职业病工作落到了实处。

二、妇幼保健

1990年共检查已婚妇女8826人，1993年检查已婚妇女9210人，为560名孕妇建立保健卡。

1996年至1999年，先后5次普查普治妇女常见病，共体检36612人，查出妇科常见病15217人，随查随治，有效率达78%。做绝育手术521人，为2724名孕产妇建立保健卡。住院分娩1005人，占36.89%。婚前检查2781对，对查出疾病者给予医学建议

2000年至2005年，先后6次对全县妇女5733人次开展健康检查，查出妇科常见病9732人次，跟踪治疗有效率达90%。住院分娩2510人，占57.21%。采取终止妊娠等治疗手段，有效降低了出生缺陷和残疾率。

2006年，开展妇女健康检查9464人，查出常见病1852人，治疗有效率88.29%。400名育龄妇女普服叶酸，并对孕期16至28周的544名妇女进行筛查，孕产妇系统管理率、住院分娩率均达85%以上。2007年为8974名妇女做健康体检，查出常见病2052人，治疗有效率91.13%。全面开展群体出生缺陷监测，247名育龄妇女普服叶酸，408名孕期妇女做了婴儿畸形筛查，住院分娩率达90.13%。

2008 年，为 318 名育龄妇女发放叶酸和保健手册，全年孕产妇系统管理率和孕产妇住院分娩率均达 90%以上。2009 年，为 646 名待孕妇女增补叶酸，共发放叶酸 4464 瓶，服药率达 98.9%；对 328 名住院分娩的农村产妇发放补助 9.84 万元，全年孕产妇系统管理率达 92.4%，住院分娩率达 99.32%，孕产妇无死亡。

2010 年免费发放叶酸 4079 瓶，服用叶酸者 853 人，服药率 98%；住院分娩补助 695 人，其中农村住院分娩孕产妇补助 2625 万元，住院分娩率达到 99%以上。

提高儿童健康水平，每年坚持开展新生儿重点疾病检查，组织儿童健康体检，强化免疫接种，给予健康指导和对症治疗。

全面加强妇幼卫生服务体系建设，加大母婴保健执法力度，持续做好“降消”项目，提高儿童健康管理、孕产妇健康管理水平。

第三节　爱国卫生

30 多年来，持之以恒开展爱国卫生运动。

改革开放之初，推行“两管五改”，抓农村环境卫生，组织除四害活动，降低鼠密度。在城乡大力推广卫生便器、双漏斗式厕所，整村、整条街道统一改良。

20 世纪 80 年代，县政府制订了城市卫生与农村卫生两个“暂行规定”，爱国卫生运动与开展“五讲四美”相结合，围绕城乡环境卫生脏、乱、差问题开展治理，城镇沿街门店和单位实行“门前卫生五包”责任制，农村以治

“脏”为突破口，城乡环境卫生状况有了明显改善。

随着县城基础建设的完善，街道硬化、亮化、绿化，垃圾及时清运，店铺门前“五包”，县城卫生面貌大为改观。1983年全县评选出卫生文明先进单位22个，卫生文明家庭458个。1985年爱国卫生工作重点突出治本，坚持净化，兼顾美化和香化。1986年以“美、绿、净、香、硬”五化为重点建设卫生文明县城，获山西省卫生工作先进县城、临汾地区文明卫生红旗县城光荣称号。

从1990年开始，爱国卫生纳入全县精神文明建设总体规划，把卫生达标与争创文明单位结合起来，大力开展爱国卫生运动，加强城市基础设施建设，强化市容市貌整治，清扫卫生死角，绿化美化环境。1991年，安泽县城进入山西省爱国卫生三级达标县行列。

1995年至2000年，爱国卫生运动以治理脏、乱、差和除四害为重点，以美化环境为目标，以县城带乡（镇），以乡（镇）促农村。全县卫生文明单位达到70%，卫生文明村达到60%，卫生文明户达到75%。

2001年至2010年，为加强对爱国卫生工作的领导，调整充实了县爱卫会组成人员，实行目标责任制管理，将爱卫工作任务逐项细化分解到各职能部门，2007年至2010年连续4年被评为山西省爱国卫生先进单位。

第四节　计划生育

20世纪60年代，人口大幅度增长引起了国家重视，1964年开始提倡计划生育。1975年2月成立县计划生育领导组，下设办公室。1984 年计生办改称计划生育委员会，同时设立计划生育服务站。

1975 年落实“四五”人口规划，采取组织措施，1204 对青年男女订立晚婚计划，1014 对育龄夫妇实行节育，节育率达 71.16%。1983 年落实中共中央给全体共产党员的信，大张旗鼓地宣传、落实“一对夫妇只生一个孩子”国策。

1985 年推行计划生育目标管理责任制，县与乡、乡与村均签订控制人口目标责任书，严格奖惩。1990 年贯彻《山西省计划生育条例》，实行行政、经济、法治综合管理。1993 年至 1995 年连续 3 年被评为山西省计划生育先进县，1996 年人口自然增长率为 7.32%，2000 年人口自然增长率为负 6.96%，2008 年人口自然增长率为 10.11%，2009 年至 2011 年人口自然增长数分别为 484、452、441 人。

2012 年人口变动抽样调查，年末全县总人口数为 83034 人，其中男 42948 人，女 40086 人，人口出生率为 11.23%，自然增长人数 471 人，完成或超额完成省、市下达的计划生育任务，受到省、市表彰奖励。

第十三章　蓬勃发展的社会事业

第一节　养老保险

一、企业养老保险

1987 年安泽县成立社会劳动保险事业所，首先对1986年10月以后招收的劳动合同制工人实行养老保险和退休费社会统筹。1991 年 10 月起，企业养老保险范围扩大到全民企业中的固定工并实行省级统筹。1987 年至1993 年，全县 37 个全民所有制企业累计统筹退休金 162 万元。1991 年至 1993 年间，实际支付退休金 49.37 万元，全县 269 名退休工人实现了按月足额领取退休金。

2002 年，安泽县社会劳动保险事业所更名为安泽县企业养老保险管理服务中心。2005 年全县有 38 个全民所有制企业 1540 名职工、7 个集体所有制企业 323 名职工、8 个自收自支事业单位 369 名职工、289 名个体经济组织从业人员，合计共 2521 人参加企业养老保险。2008 年全县参保企业 56 户，参保人员 2878 人。2010 年全县参保企业 67 个，参保人员 3325 人。截至 2011 年参保 3650 人。2012 年企业参保 4656 人。

二、机关事业养老保险

1996 年安泽县成立机关事业保险所，属县人事局管理。县政府印发文件规定，全县党政机关、事业单位、群众团体、民主党派和其他执行国家机关、事业单位工资制度的工作人员全部参加保险，缴费比例按工资总额确定，个人负担3%，单位负担分为固定工（干部）24%、合同制工人 17%。个人缴纳部分由单位代扣，连同单位负担部分一并缴付机关事业保险所。

2002年，机关事业保险所划归县劳动和社会保障局，改称机关事业养老保险服务中心。2005 年 1 月，根据临政发（2004）62 号文件精神，参保人员缴费比例统一调整为个人按4%负担，单位按22%缴纳，当年全县有参保单位110个，参保人员4010人。截至2005年末，全县累计征缴保险费4801万元，发放养老金4310万元，结余养老基金 491 万元。2007 年全县参保单位 113 个，参保人员4206人，当年征缴养老保险基金2205万元，完成市下达任务的133%，领取养老金离退休人员997人共领取养老金2062万元。2010年全县参保单位114个，参保人数4470人，征缴养老保险基金4005万元，完成市下达任务的136%，全年共发放养老金3786万元，100%按时足额发放。2012年机关事业单位参保4470人，全年累计征缴养老金4005万元，全年累计发放养老金2673万元。

三、农村社会养老保险

安泽县农村社会养老保险起步于 1992 年，县里成立了农村社会养老保险工作领导组，具体工作由县民政局负责承办，各乡（镇）均设立了农村社会养老保险管理站。1994 年开始收费，全县有 700 余名农民参加投保，收取保险费22万元。1996年至1997年共收取保险费60万元。2002 年农村养老保险工作由县民政局划转县劳动和社会保障局，由新成立的农村养老保险管理服务中心承办。

第二节 医疗保险

一、城镇职工基本医疗保险

2003 年实行城镇职工基本医疗保险制度，成立了城镇职工医疗保险中心，由县劳动和社会保障局管理。当年全县 129 个机关事业单位 5010 人参加了医疗保险。2004 年，医疗保险扩大至条管单位及县直企业。2005 年 5 月建立医疗与定点药店网络管理系统，个人账户实行 IC 卡管理。2003 年至 2005 年，共征缴基金 870 万元。2006 年参保单位 148 家，参保人数 4860 人，征缴医保基金 30 万元，支付医疗保险金 294 万元。2007 年城镇职工医疗保险参保单位 170 户，参保人数 8660 人，征缴基金 474 万元，完成市下达任务的 117%，全年共支付医疗费 8080 人次 183 万元。2008 年参保单位 161 户、8784 人，征缴基金 404.92 万元，支付医疗保险 519.34 万元。2000 年参保人数 6017 人，征缴基金 472 万元，支付医保金 572 万元。2011 年参保单位 196 户，参保职工 6499 人，征缴基金 783 万元，支付医保金 530 万元。2012 年呈上升趋势。

二、城镇居民医疗保险

2009 年启动城镇居民医疗保险，参保居民 7656 人，收缴基本医疗保险费 62.9 万元。2010 年参保居民 748 人，征缴基金 80 万元，全年支付医疗保险费 91.2 万元。

三、新型农村合作医疗

新型农村合作医疗（简称“新农合”）是指由政府组织、引导、支持，农民自愿参加，个人、集体和政府多方筹资，以大病统筹为主的农民医疗互助共济制度。

安泽县 2006 年成立新型农村合作医疗管理中心，2007 年全县参加“新农合”的有 55910 人，参合率 85.7%。至 2010 年参合人数升至 58545 人，参合率 98.14%。实施新型农村合作医疗制度，有效解决了农民群众看病难、看病贵的难题。

第三节　其他保险

一、失业保险

1986 年安泽县成立待业职工管理所，先对企业劳动合同制工人实行待业保险制度，之后扩大到企业单位全体职工。1996 年全县参保企业 42 个，当年征缴失业保险基金 37864.02 元。1990 年待业职工管理所更名为职工失业保险所，根据国务院要求，参保单位扩大至全县各类事业单位。2003 年职工失业保险所更名为失业保险管理服务中心。2005 年全县参保企业 42 家，事业单位 60 家，参保人数 3810 人。2007 年全县失业保险参保单位 102 家，参保人数 3810 人。2008 年征缴基金完成市下达任务的 107%，2009 年征缴失业保险金完成市下达任务的 113%，2010 年参保单位 102 户 3800 人，2011 年参保人数 3750 人，2012 年参保者 4575 人。

二、工伤保险

2005 年 3 月，安泽县成立工伤保险管理服务中心，当年参保企业 4 家，参保者 1586 人。2006 年参保单位 12 家，参保人数 2768 人。2007 年参保单位 14 家，参保人数 3389 人。2008 年参保单位 18 家，参保人数 4800 人。2009 年参保企业 25 家，参保人数 5015 人。2010 年参保企业 23 家，参保人数 6516 人。2011 年参保企业 47 家，参保 8799 人。2012 年参保企业 210 家，参保 14430 人。

第四节　城乡居民收入消费和生活

一、农民收入

1978 年，农民人均年收入五六十元。实行家庭联产承包责任制后，农民收入明显增长，1985 年人均年纯收入达 304 元。此后逐年增长，2010 年达 4508 元，是 1957 年的 90 倍，是 1978 年的 67 倍。2012 年，农民人均年收入达到 5735 元。

二、职工收入

1985 年，职工人均年工资收入 709 元。1990 年，职工人均年收入 1371 元。2008 年，职工人均年收入 19152 元，比 1978 年增加 18698 元。2011 年职工人均年收入 31245 元，2012 年职工平均工资收入 34256 元。

三、消费

1978 年至 1981 年，国民经济发展速度较快，社会商品零售总额逐年增长。1980 年社会商品零售总额 1418 万元，人均 202 元。2000 年社会商品零售总额 1.12 亿元，2010 年社会商品零售总额 5.2 亿元，2012 年达 6.1 亿元。

2010 年，城镇居民户均摩托 1.1 辆，自行车 2 辆，近三分之一家庭有汽车，彩电、冰箱、洗衣机、抽油烟机、影碟机基本普及，四分之三家庭有电脑。在农村，80%家庭有摩托车，73%家庭有固定电话，11%家庭有冰箱、小轿车。城乡居民生活差距逐渐缩小。

四、储蓄

1986 年，全县年储蓄余额 409 万元，人均 710.7 元。2000 年储蓄余额 1863.3 万元，人均 1400 元。2010 年储蓄余额 7084 万元，人均 9349 元；2011 年全县各项存款余额 20.28 亿元。2012 年储蓄存款余额达 23.39 亿元，其中个人存款 15.3 亿元，同比增长 22.5%。

第十四章 坚如磐石的人民武装

第一节 安泽的战略位置

安泽县位于山西省中南部太岳山腹地东南麓，处于临汾和长治之间，临（汾）长（治）路 309 线横贯县域。长治古称上党，据天下肩脊，河东（临汾地区）系天下要会，安泽居其之间，居高负险，历来为兵家必争之地。全县4镇3乡104个行政村，同战事有关的村名就有20处以上。唐朝至明、清两代，域内都有驻兵记载。

抗战时期，安泽域内有共产党、八路军开辟建立的广大农村抗日根据地，有国民党中央军、阎锡山第二战区的驻军，有日军、伪军设立据点盘踞县城及交通线，斗争极其惨烈。抗战时期，安泽处于反击日军斗争的前沿，是中共太岳区的前哨门户。解放战争时期，安泽是解放晋南地区和支援全国大反攻的后方，全县设战时粮库14座。

第二节　军事组织

安泽县人民武装部是安泽县辖区内的军事领导机关，既是中国共产党安泽县委的军事指挥部门，也是安泽县人民政府的兵役机关。县人武部接受临汾军分区和中共安泽县委、县政府军地双重领导，负责辖区内的民兵预备役、兵役及国防动员等工作，下辖7个乡（镇）基层武装部。

1985年中央决定百万大裁军，人武部改归地方建制。1986年5月，原“中国人民解放军山西省安泽县人民武装部”改称“山西省安泽县人民武装部”，仍为军地双重领导，但以地方为主。1996年4月，人武部收归军队建制，恢复原名，直接受命于临汾军分区，军地双重领导。安泽县人武部为团级军事建制，设政委、部长、副部长，下设军事科、政工科、后勤科。

县人武部第一书记由历任县委书记兼任。1978年安泽县委根据上级指示精神，重新恢复了一度中断的人民武装委员会工作（简称武委会），县武委会主任由历届政府县长兼任。

第三节　军事工作

党的十一届三中全会以来，安泽县人武部贯彻中央军委、省军区、临汾军分区指示，落实各项条例条令，切实加强正规化建设。1980 年，原总参谋部下达《关于调整改革民兵军事训练的试行意见》，对民兵军事训练加以调整。1998 年 8 月，原总参谋部下发《民兵军事训练大纲》，进一步明确民兵军事训练指导原则“训用一致”。安泽县人武部以专武干部、基干民兵连（排）长、民兵专业技术分队和民兵应急分队为重点，加强基础，注重应用，组建了应急独立连 2 个，对口专业技术分队 4 个，完善了高技术人才和装备的储备，提高了民兵兵员的技术含量。每年民兵军事训练时间为 15 天，训练科目有射击、投弹、爆破、单兵战术、队列、擒拿格斗、警棍盾牌术、战场救护和野战等。

进入 21 世纪后，民兵训练立足维稳需要，提高应急防暴能力。地方政府先后筹款 5 万余元为民兵应急分队购置了服装 92 套，警棍、钢盔、盾牌各 80 个，配备了必要的交通、通信工具。同时，经由严格军事训练，提高专武干部、民兵应急分队的整体作战和应付突发事件能力。

安泽县森林覆盖率高，易发生森林火灾，结合现实，民兵在军事训练中增加了森林防火扑救项目。2002 年 3 月，县政府拨专款成立以民兵为主体的 800 人森林防火扑救大队，县人武部部长担任大队长，下设 18 个中队，每个乡（镇）、焦化总公司、林场各 1 个中队，县直属单位成立两个应急中队。2010 年，安泽县人武部会同县委组织部、人社局、林业局，经体检、政审、体能考核招收 13 人，扩建了民兵常备应急分队。这支队伍以森林技术人员为骨干，退伍军人为主体，工作以森林防护为主兼顾反恐维稳、抢险救灾、交通协管、维护治安等。政府投资 300 万元购置灭火、防暴、通信等器材与交通工具，财政支出 500 余万元解决队员工资和各种保险等。

第四节　营房建设

20 世纪 90 年代以前，安泽县人武部的营房驻地和机关办公场所一直在解放初修建的 40 间老土坯平房内。1991 年 10 月在县城府北西街修建了预制板结构单面三层楼房，建筑面积 900 平方米。根据山西省军区人武部正规化建设要求，2004 年筹资 50 万元拆旧建新，硬化绿化了营院，购置了全新的办公设备，建起作战室、值班室、战备资料室、战备物资库等。同年，在地方政府全力支持下，解决了人武干部的居住难题。2012 年，县人武部在县城南规划新建了 4845.85 平方米的营房和 5 层机关办公楼，成为安泽县机关环境绿化、美化、亮化形象单位。

第五节　民兵组织

1986 年，根据上级精神，安泽县调整了各乡（镇）基干民兵数量，在编民兵 3980 人，基干民兵 1351 人。

1994 年，根据临汾军分区指示，基干民兵压缩至 950 人。1999 年，全县基干民兵数量再次压缩至 700 人。

2005 年，安泽县编组民兵应急独立连 2 个，对口专业技术分队 4 个，森林防火扑救大队 1 个。森林防火扑救大队 60 人为常备应急分队，统一管理，统一训练，巡逻防火，应急抢险。

2012 年，在全县范围内选拔人员，补充更新 120 人的市属民兵森林灭火救援队。6 月，出动 80 人、5 台车及各种灭火器材 100 多件支援浮山森林灭火，因表现突出，效果明显受到称赞。森防民兵全年战备，已成为山西森林防火的专业力量。

积极参与治安联防。安泽县地广人稀，村民居住分散，外来流动人口较多，社情复杂，针对这种情况，安泽县民兵组织在县人武部的指挥下参与社会治安综合治理工作，成立治安联防小分队 32 个共 540 人，在重大节日和重要活动期间配合公安部门站岗执勤，维护治安秩序。安泽县是重要木材蓄积区，秋冬季是犯罪分子盗伐山林案件高发期，民兵把护林防盗作为维护社会秩序重点，组成乡（镇）联防网络，扼制了乱砍滥伐案件的发生。

劳井村民兵连 2002 年 8 月 15 日凌晨 1 时，配合公安机关在 309 国道劳井段抓捕 4 名拦路抢劫嫌疑人。该连被临汾市劳动竞赛委员会授予集体三等功。县委、县政府、县人武部举行了隆重的庆功表彰大会，颁发奖金 3000 元。县人武部被省委、省政府、省军区授予“民兵基层建设先进单位”荣誉称号。

长期以来，安泽民兵担负着森林防火扑救、防汛抢险救灾的任务，防汛、防火各种应急预案齐全。1993 年 8 月 4 日凌晨 1 点，安泽县沁河沿岸 5 个乡（镇）遭逢特大洪灾，安泽县人武部组织全体官兵和 3000 名民兵奔赴抗洪救灾第一线，历经 20 多天拼搏，做出特殊贡献，县人武部受到临汾地委、行署和军分区的表彰。2000 年 4 月，东方红林场发生森林大火，县人武部组织 2000 余民兵经三天两夜奋战，扑灭了大火，为国家挽回经济损失数千万元，安泽县人武部被授予“抢险救灾先进单位”。

2006 年 6 月 17 日，在特大森林火灾扑救中，人武部部长、政委亲自带队在一线指挥，军事科及时开设野战指挥所，后勤科积极配合展开野战饮食保障，交通局民兵连动用铲车两台开通山间道路，民兵医疗救护分队开设医疗点，信息分队拉设电缆 5 公里……艰苦奋战 5 昼夜，终于在 6 月 21 日 8 时 40 分扑灭了大火。

第六节 国防教育

改革开放 30 多年来，安泽县始终把国防教育的重点确定为各级领导干部，把教育的基础确定为在校中小学生，把教育的主体确定为民兵预备役人员。

进入 21 世纪后，教育面逐年扩大，结合电视、广播、干部大学堂、全县三级干部大会开展国防教育。

安泽县国防教育注重阵地建设。安泽是革命老区，具有光荣的革命传统和浓郁的国防教育氛围。安泽境内革命遗址丰富，既是红色旅游资源，也是国防教育的主阵地。

安泽县国防教育形式灵活多样。首先是加强国防和军队文化宣传阵地的建设。其次，安泽县国防教育委员会还根据不同形势和任务需要，适时开展专题国防教育，坚持国防教育进党校、进课堂，推动全民国防教育长久持续开展。

2006年至2010年，县人武部在县城国防宣传一条街上展示国防内容的宣传画，张贴国防宣传标语，并营造了国防林，多种方式深入开展国防教育工作。利用学生开学军训时机，在县一中、二中开展国防知识讲座，激发广大青年学生的爱国热情。在征兵宣传工作中，就人民群众普遍关心的征兵法规、优抚安置政策、廉洁征兵有关规定发表电视讲话，在安泽主要街道、交通要道、乡（镇），以灯箱、大型宣传版面、墙体标语等方式立体化开展宣传。

第四编　全面建成小康社会

（2012—2018）

全面建设小康社会，是2002年11月党的十六大确立的我国在21世纪头20年的奋斗目标。

2012年11月党中央提出了“五位一体”的总体布局。党的十八大对“全面建成小康社会”提出了新的要求。

2017年10月，党的十九大报告指出，从现在到2020年，是全面建成小康社会的决胜期。全面小康，贵在全面。

安泽县委、县政府审时度势，认真学习习近平总书记全面建成小康社会的一系列讲话精神、深刻领会其精神实质和重大意义，深入基层调研，广泛征求意见和建议，统一思想，凝心聚力，采取符合安泽实际的策略：从弱处攻坚，向短处发力，精准施策，补齐全面建成小康社会的短板，着力从“一处美”到“一片美”，从“环境美”到“生活美”，从“外在美”到“内涵美”，循序渐进，久久为功，奋力书写决胜全面建成安泽老区小康社会的宏图大业。

第一章 脱贫攻坚取得决定性成果

第一节 早期的扶贫开发工作

安泽属太岳山区，地广人稀，土地肥沃，气候条件较好，“十年九不旱，见苗三分收”。近代战争或者灾荒年间，河南、山东、河北等省百姓携家带口，辗转千里，落脚于安泽交通不便的偏僻山庄，形成许多规模小、生存易、发展难的“山庄窝铺”。

安泽县 1992 年被山西省确定为扶贫开发县，扶贫开发涉及 24 个贫困村 29606 人。2005 年国家对脱贫标准加以调整，安泽县变更为 59 个贫困村 5623 户 18230 人。2006 年再次调整为 58 个村 5801 户 19040 人。2010 年确定为 53 个村 4512 户 15030 人。每次调整后，采取针对性的扶贫手段，扶持贫困人口的生产，百姓生活得到了更多实惠。

自开展扶贫工作以来，安泽历届县委、县政府把它作为一把手责任工程，全县上下认真贯彻落实党中央和省、市关于扶贫开发的一系列重要部署，层层签订责任状，并在政策、资金、物资等方面制定了各项优惠政策。同时，依托项目支撑，强力整合资金，从基础设施建设和社会事业建设角度切入，率先解决偏远山区群众行路难、饮水难、用电难、通信难、读书难、看病难等重大民生问题，再着力培育能带动农民长远增收致富的产业。思路明确，一以贯之，坚持多年，终于在扶贫开发方面走出了一条适合县情的路子，取得显著成效。

一、发展“三大产业”扶贫

20世纪90年代，县委、县政府大力发展农、林、牧三大产业，形成了“大林场”“大牧场”“大粮仓”的格局，用产业化覆盖贫困户，使贫困户立足当地资源，发展农田、经济林、种植养殖等基础产业，在项目建设中增加收入，促进了全县经济的发展。

一是提高人均收入。1992年底，全县农民的人均纯收入只有594元，1995年底达到931元，增长了57%。确定的3个贫困乡24个贫困村人均纯收入显著增长：和川镇人均收入由369元增加到807元，马壁乡人均收入由446元达到1167元，杜村乡人均收入由461元达到1017元。1995年底，贫困人口减少了13774人。

二是发展了基础产业。贫困乡（镇）、村的基本农田由1992年底的人均1亩达到1995年1.5亩，经济林由1992年的人均0.5亩达到1995年1亩，经济作物由1992年的人均0.4亩达到1995年的1亩。畜牧业也有了很大的发展，仅黄牛饲养一项，就由1992年的户均1.2头发展到1995年的3.6头，畜牧业收入由1992年的人均100余元增至近300元。基础产业的发展，为贫困乡（镇）、村脱贫致富奠定了基础，增强了后劲。

三是基础设施建设。1994年至1995年，安泽县新铺油路79公里，新拓宽县乡公路98公里，新修乡村路180

公里，交通条件有了很大的改变，促进了贫困乡（镇）、村经济的发展。1995 年底，24 个贫困村有 12 个通了自来水，解决了人畜吃水困难，24 个贫困村的村办小学和 3 个贫困乡（镇）办中学的校舍得到维护、扩建，解决了就近入学的问题。

二、开发式扶贫

1998 年至 2002 年全力实施开发式扶贫，选准项目，突出重点，在巩固温饱成果、增加农民收入的前提下，以提高贫困人口的生活质量为目标，狠抓基础设施建设。全年共新修乡（镇）、村两级公路 168 公里，新铺设油路 110 公里，实现了乡乡通油路、村村通公路的目标，并有 60% 的行政村通了油路，80% 的行政村通了班车，90% 以上的自然村通了机动车。新架用电线路 2 万多米，实现了村村通电。程控电话、移动通信、数字化闭路电视也全部开通。全县新建校舍 1 万平方米。新建机、电灌站及灌溉工程 30 余处，新增水浇地 1 万多亩。

5 年里，投入扶贫资金 1000 余万元，狠抓了 5 大扶贫增收工程建设。在种植业方面，新发展高效农田 8000 亩，人均 1 亩；新栽植经济林 12.5 万亩，人均 1.6 亩。在生态建设和实施退耕还林还草方面，新种植优质牧草 1.2 万亩。畜牧业新增黄牛 4 万多头，出售商品牛 3 万多头，户均饲养量在 4 头以上；生猪年饲养量 8 万多头，人均 1 头；羊饲养量 79586 只，户均 4 只以上。在基本农田建设方面，新建基本农田 1 万亩，人均基本农田 2 亩以上；新建高效农田 6000 亩，新增节水面积 500 亩。在饮水解困方面，新解决饮水困难人口 1.2 万人，大牲畜 1.5 万头。在沼气扶贫上，24 个行政村完成沼气工程 300 处，用气人口 1400 人。到 2002 年底，全县农民人均纯收入 2100 元，全县 1.35 万人解决了温饱问题。

2002 年，根据省委、省政府《山西省农村扶贫开发十年规划》精神，实施“四大增收”工程：旱作节水增收工程，种草养畜增收工程，农产品加工增收工程，移民开发增收工程。安泽县积极申报项目，争取资金，2003 年至 2006 年从省里争取回种草养畜、旱作节水项目款 233 万元，2009 年争取回种草养畜、平田整地、小流域治理项目款 100 万元，从根本上为产业扶贫打下了基础。同时，争取到农产品加工工程贴息贷款 1200 多万元，扶持了安泽县润祥农贸有限公司、安泽县时珍有机中药材有限公司和义唐有机食品生产加工厂等农产品加工企业，努力为贫困农民增加收入创造条件。

2004 年至 2010 年共从省里争取回整村推进项目款 775 万元。先后扶持了马壁乡的郎寨、刘村、马壁村，杜村乡的苏村、河阳、小李村、桑曲村，和川镇的和川、上县、罗云、安上村，良马乡的良马村，冀氏镇的关庄村。各村抓住整村推进扶贫的机遇，大力实施种植、养殖、打坝造护土地、沼气建设等项目，奠定了脱贫致富的基础。

2010 年，山西省全面启动以产业开发为核心的片区扶贫工程，原则是“以片规划、分县实施、突出产业、集中投入、整体推进”。安泽县经过调研规划，确定了 10 万亩有机玉米产业化项目，在和川镇岭南村建成有机玉米产业化示范园区，山西瑞生园农业有限公司为该项目实施的龙头企业，规划为10万亩有机玉米种植，10万吨有机饲料加工和10万只有机黑山羊养殖，是种、养、加一条龙的有机农业链条，总投资5066万元，提供就业岗位100个，带动当地1万多户农民致富。2013年至2014年，争取回片区开发扶贫资金2000万元。

第二节　精准识别　落实责任体系

一、总体目标

深入贯彻习近平总书记系列讲话重要精神，认真落实全省脱贫攻坚大会精神，围绕中央“四个全面”战略布局和“五大发展”理念，以中共山西省委关于坚决打赢全省脱贫攻坚战的实施意见为依据，按照“六个精准”和“五个一批”的总体要求，根据安泽实际制定了脱贫攻坚时间表和路线图。按照“前二后三”的总体思路，到2017年，全县8514口贫困人口提前完成脱贫，40个贫困村全部摘掉贫困帽子。2018至2020年按照扶持政策不减、工作力度不减、资金投入不减“三不减”政策，实施巩固提升工程，防止出现边脱贫、边返贫现象。

二、精准识别建档立卡

2014年，根据国务院扶贫办的统一部署，按照规模控制、群众自愿、程序公开、群众公议及动态管理等原则，安泽对全县40个贫困村18957名贫困人口全部进行了精准识别、建档立卡。对建档立卡数据和信息再核实、再完善，全面摸清贫困人口底数，并将录入的单机数据与全国联网，确保政策帮扶到户和实施精准扶贫。

2015 年，全县建档立卡的贫困村为 40 个，建档立卡的贫困农户 3470 户、贫困人口 8514 人，分别占全县农户总数的 10%、农业人口的 13%。其中，40 个贫困村有贫困农户 2323 户、贫困人口 6010 人。

三、落实责任体系

脱贫攻坚是一项硬性政治任务，是最大的民生工程。安泽县委、县政府加强全县脱贫攻坚领导，实行书记、县长“双组长”制，四大班子领导带头抓脱贫，严格落实县领导包联贫困村，所有县级领导包联村均调整到贫困村。全县 124 个单位和企业 116 支扶贫队落实“一对一”结对帮扶，选派 57 名年轻干部赴乡（镇）挂职工作。成立了金融、易地扶贫搬迁、水利等 7 个专项攻坚小组，逐个突破，补齐短板，提标升级。县乡村三级层层签订《脱贫攻坚目标责任书》，形成三级书记抓脱贫攻坚的责任体系，将压力层层传导到基层。严格实行“5 天 4 夜”驻村帮扶责任制，为扶贫工作队长配备了定位智能手机，实行常态化检查督查，确保精准帮扶“全覆盖”。通过大数据应用，实时更新基础档案数据，做到扶贫全程记录，扶贫工作全程留痕。

在脱贫攻坚工作中，安泽县坚持党建资源下沉，强化“三基”建设，优先选配政治素质高、工作能力强、熟悉“三农”工作的干部担任贫困乡（镇）党政主要领导，精准选派熟悉农村工作、责任心强、能担当干事的干部到贫困村任“第一书记”。同时，在充分发挥原有包村领导、驻村工作队和第一书记“三支队伍”作用的基础上，组建脱贫攻坚“3+X”帮扶工作队，动员全社会力量参与脱贫攻坚。

建立严格的督查检查机制和奖惩制度，为脱贫攻坚保驾护航。纪检部门全面强化纪律保障，“百名纪检监察干部下基层”，对扶贫领域不正之风和腐败问题专项治理；组织部对三支队伍的驻村、结对帮扶全程跟踪督查。

第三节　全方位精准扶贫

一、产业扶贫

党的十八大以来，安泽县委、县政府立足绿色生态优势，用活资源禀赋，把旅游、光伏、连翘作为脱贫“三件宝”，充分发挥基层党组织的政治功能、发展功能和服务功能，强化“村委会+公司+贫困户”的链条保障，村村成立公司，积极探索“党建+产业+扶贫”模式，全力推进“输血式”扶贫向“造血式”脱贫转变。2018 年，三大产业格局清晰，成效明显。

“旅游”发展带出“新门路”　打出“荀子、黄花、红叶”优势牌，以绿色生态游、人文红色游、乡村休闲游为主攻方向，制定“旅游扶贫菜单”，既把贫困人口“带起来”，又让贫困户“动起来”。2016 年策划了和川镇岭南村、马壁乡马壁村旅游节和府城镇红叶岭、飞岭村、小黄村乡村休闲游，良马乡“黄花节”，杜村乡红色主题旅游等活动。2017 年 30 余村举办了有地方特色的乡村休闲旅游活动，仅在国庆黄金周期间，就接待游客 32 万余人次，旅游总收入 4800 余万元，带动村集体经济和贫困户增收 70 余万元。2017 年全年共接待游客 176 万人次，旅游综合收入 4.3 亿元，带动村集体收入 215 万元，带动贫困户技能化收入 60.75 万元，老百姓坐在家门口卖风景、卖生态，就能从绿色发展中获得真金白银。

最具典型和代表性的是府城镇飞岭村，它是安泽县乡村振兴、全面发展的一张靓丽名片。近年来，飞岭村按照“建设山水田园城，打造精品旅游县”的目标，依托本村“依山傍水、沁水环绕、自然环境优美、生态环境宜居”的自然资源优势，以乡村良好的生态环境、优越的人文和自然资源、厚重的特色乡村文化等为载体，以“纵情河畔人家，相约生态飞岭”为主题，兴建了飞龙老庄乡村休闲旅游开发区。项目总投资 1000 余万元，集休闲、观光、文化娱乐、特色农业、农家乐、水上乐园、采摘观赏等系列项目于一体，另建有花灯观赏群若干。飞龙老庄旅游景区与和川镇麻衣寺景区连通，各旅游项目农旅结合，可为游客提供田园生活的深度体验。2018 年 9 月 23 日至 10 月 7 日在府城镇飞岭村举办了“2018 天安地泽 · 安泽国际河灯艺术丰收季”活动，景区共接待游客 3 万余人，贫困户增收 9 万元，村集体经济增收 10 万余元。飞岭村被评为山西省 AAA 级旅游示范村，荣获“2018 年中国农村丰收节 100 个特色村庄”称号。

“光伏”发电点亮“新希望” 安泽县海拔在 750 米至 1500 米之间，年平均日照 2457.7 小时，日照率 57%，光资源充足。2016 年，首批分布式光伏扶贫项目在安泽县落户，成为脱贫攻坚的支撑性产业。2017 年全县 102

个行政村实现了光伏扶贫全覆盖，每个贫困户年收入稳定在5000元左右。全县光伏扶贫工程共投入2800余万元，启动了装机容量3800千瓦地面集中式光伏发电站项目，实现当日建成、当日并网、当日发电、当日受益。推广建设村级和户用光伏电站，帮助贫困村和贫困户建立长久增收渠道，加快了扶贫对象脱贫致富步伐。

“连翘”产业结出“幸福果”　安泽县是中国连翘生产第一县，连翘产量占全国的四分之一，“自古连翘出安泽”“安泽连翘甲天下”。安泽有野生连翘总面积150万亩，年产量400万公斤，向来是老百姓主要的副业收入来源，每年可带来超过4000万元的收入，人均1500元左右。2016年安泽县将连翘产业确立为全县脱贫攻坚的第一支撑产业，并采取了有力措施：强化管护保资源，建设野生抚育基地。打击“抢青”保品质。采用“村委+公司+合作社+农户”模式规范运作保效益。全县104个行政村形成规范化种植、精深化加工、标准化仓储、品牌化营销的产业格局。规划“基地”促脱贫。全县每个行政村建设一处200亩以上的脱贫攻坚连翘基地。深度开发连翘的观赏价值和药用价值。每年都举办一次“安泽黄花旅游节”，积极推进森林康养、森林旅游。2017年，在北京人民大会堂成功举办了“安泽连翘产业助力精准扶贫推介会”，“安泽地道连翘”通过国家地理标志产品认证，确定为“中国森林生态药材连翘种植基地”。同中国林业产业联合会、山西国新晋药集团等多家单位、企业签署战略合作协议，对连翘进行全方位开发。2018年央视《乡约》栏目在黄花岭成功录制并播出节目，“连翘黄花”作为“养眼美花、扶贫富花、幸福之花”的美名传遍天下。

在确定主导产业的基础上，按照“一村一品一主体”要求，推行“五有”产业精准扶贫模式，确保贫困群众通过产业发展稳定增收。措施如下。

1. 因地育龙头，村村有主体。根据各村发展需求和产业基础，采取“村委会+公司+贫困户”模式，全部注册成立公司，带动发展以连翘、乡村旅游、光伏为主的村级特色产业。2017年成立91个村集体公司，培育和引进扶贫龙头企业5家，有带动能力的合作社156个，40个贫困村实现经营主体全覆盖，带动建档立卡贫困户稳定增收。

2. 因产重投入，业业有支撑。2017年，直接投入资金4700余万元，整合涉农资金1.68亿元，发放小额扶贫贷款2758万元，全部用于发展特色产业扶贫项目，为产业发展提供了强大的资金支撑。

3. 因户抓培训，人人有技能。以乡（镇）为单位，分类梳理各村贫困户兴趣特长、就业需求等信息，通过现场指导、试验示范等形式，分组进行针对性技能培训。2016年和2017年组织各类技能培训110余期，覆盖全县2228名有劳动能力的贫困人口，进一步促进贫困人口掌握实用技能，增强贫困人口的自我发展能力。

4. 层层领导抓，事事有人帮。安泽县委、县政府主要领导主动扛起脱贫攻坚第一责任，强化“抓产业才是抓根本，抓产业才能有远利”的产业扶贫理念，县、乡（镇）、村三级层层建立脱贫攻坚指挥部，坚持例会制度、实行统一指挥、统一调度、统一协调，常态化研究推进特色产业发展方向，一项一项盘点推动，一件一件协调解决。特别是组建“3+X”帮扶队伍，将本村在外工作的中层干部和副科以上领导干部、本村优秀青年、入党积极分子、能人大户等全部纳入帮扶队伍，凝聚各方力量抓特色产业发展，因村施策，因户施策，大力推动脱贫项目实施。

5. 各方都优惠，保障有政策。先后出台《安泽县一村一品一主体行动方案》《特色产业精准扶贫规划》《安泽县关于规范青翘市场秩序的实施方案》等文件，用一系列优惠政策为特色产业开通绿色通道，为产业发展提供政策保障和优质服务，促使特色扶贫产业蓬勃发展。

二、资金扶贫

20 世纪 90 年代，安泽县委、县政府结合实际科学规划，筛选项目，筹集资金，奋力推进脱贫攻坚。尤其是 2016 年以来，从资助生产入手，变“输血”为“造血”，把每笔资金都用到“刀刃”上。金融部门积极落实省金融扶贫富民工程要求，开发了系列金融扶贫贷款产品。信用联社开设了金融扶贫风险补偿金专户，贫困户与信用联社签订了合作协议，300 万元扶贫风险补偿金全部转入专户，信用联社以风险金 8 倍计 2400 万元对全县贫困户发放低利率支农项目贷款。设互助资金试点 14 个，每个试点贫困村安排专项资金 15 万元，共计 210 万元。2016 年，金融机构累计支持建档立卡户 171 户，发放金融扶贫资金 652.67 万元；运用人行扶贫再贷款资金支持能人大户 149 户、光伏企业 1 户，共发放扶贫再贷款资金 2730.58 万元，脱贫攻坚工作获得强有力的金融保障。

2014 年至 2017 年，全县累计整合资金 3.4 亿元全部用于实施扶贫项目。一是对全县符合条件的6类56项资金实施了应整尽整，整合资金1.9亿元，全部用于“五个一批、基础设施、金融扶贫”3大类7项203个扶贫项目，为纵深推进脱贫攻坚工作提供了强大的资金支撑。二是全力加快扶贫资金整合力度,累计整合扶贫资金1.2亿余元，支出进度100%。三是全面加强基础设施建设，投资360万改造和川镇、杜村乡、马壁乡3个贫困乡（镇）道路。四是投资600万元，全面启动农村安全饮水提质工程。在易地搬迁中,共为70%的移民搬迁户配备了水冲式厕所。

在资金使用管理上，实行项目公示制度，严格财政扶贫资金报账制管理。县扶贫局成立了质量监督组和验收组，保证扶贫资金的正确使用和工程项目的质量。

三、教育扶贫

资助贫困学生，是解决贫困户燃眉之急的有效措施。1997年县直机关捐资资助了12名特困户儿童上学。2009年对考入大学一、二本科的贫困生给予一次性每人5000元资助；考入安泽县一中的贫困生，每人每年800元共资助三年；考入中等技校、中等职业高中的贫困生，每人每年200元共资助三年。2015年以来，大力实施精准扶贫“雨露计划”，截至2017年底，共资助大学生279名，中职中技生346名，高中生678名，教育扶贫共投资256.82万元。同时每年投资1000多万元，持续资助五类困难家庭学生，开创了山西省山区县“十二年教育全免费”的先河。同时开展教职工与贫困生一对一结对帮扶活动,有效、直接减轻了全县贫困家庭的经济负担。

四、物资扶贫

关怀贫困人员，关注生活情况，从日常生活中传递党和政府的温暖。安泽县委、县政府及各部门、企业、团体坚持赠送生产物资，节日入户慰问。据不完全统计，1991年至2017年，共赠送化肥150吨、衣被153684件、米面9896袋、食用油18695壶。2017年投资103050元，一次性为151余户免费配备手机，方便了相互联系和信息交流。

五、健康扶贫

安泽县采用“组团式、菜单式”帮扶方式，由县卫生部门联合乡（镇）卫生院组建紧密型医联体，提升基层医疗机构服务水平；组建医疗队定期对贫困村开展巡回义诊，为贫困人员提供每月一次上门免费体检，让贫困户不出门就能享受到优质的医疗服务，持续扩大重特大疾病医疗救助病种和救助对象范围，全面解决因病致贫、因病返贫的问题。

贫困人员住院实行“先诊疗后付费”制度，住院治疗费用个人支付15%。2016年，为2133人建立了“因病致贫、因病返贫”档案。为农村贫困患者202人发放救助资金62.2万元，发放困难群众临时救助金31.92万元。为190余名贫困人口安排体检。2017年，全县城乡救助累计470人次，发放救助金173.8万元，贫困户享受健康扶贫政策373人次，为贫困户支付费用253万元。一站式医疗救助120人次，发放救助金53.4万元。

六、移民扶贫

撤并山庄小村，实施移民扶贫，从根本上改变生产和生活条件，是国家扶贫工作的重要举措。1991 年至 2017 年，安泽县涉及易地扶贫搬迁的乡（镇）共 7 个，有 102 个自然村和 3306 户、9848 人移民搬迁。党的十八大以来，安泽县坚决贯彻习近平总书记精准脱贫重要战略思想，全面落实中央、省、市工作部署，始终坚持把易地扶贫搬迁项目建设作为全县脱贫攻坚的一项最有效、最根本的重要举措，制定了《安泽县“十三五”时期易地搬迁规划》和《安泽县 2016—2017 年易地扶贫搬迁实施计划》。在精准识别搬迁对象、确定搬迁项目、选择搬迁方式方法后，县发改、财政、国土、住建等单位和各乡（镇）政府共同参与，相互配合，形成合力，层层签责任状，按照工程进度，定下时间节点，倒排工期表。县扶贫办、发改局会同县财政、国土、人行负责全县规划编制、政策衔接、任务下达、考核评估等工作，统筹解决易地扶贫搬迁实施过程中的重大问题。对五保户和无生活来源、无劳动能力、无法定抚养义务的三无人员集中安置供养；对无发展动力的自然村采取整村搬迁；对确实有需要搬迁的民众采取投亲、外出就业、就近搬迁的分散搬迁方式。

各乡（镇）村包村领导、驻村干部、第一书记“三支队伍”和村级干部，结合县易地扶贫移民搬迁方案和当地群众搬迁需求，制定本乡（镇）、村易地扶贫移民搬迁实施细则，做好做细群众工作，做到易地扶贫搬迁政策家喻户晓，贫困户充分了解国家政策，确保搬迁对象落实到村到户到人；调动群众广泛参与的积极性，合理确定安置方式，签订双签协议，严卡人均 25 平方米的建房标准，将搬迁任务分解落实到每村每户每个项目点；同步规划旧宅基地拆迁、旧村复垦、生态修复等工作，将任务落实到村、到户、到人。通过图片、影像文字资料等形式建立档案，造册登记，及时录入建档立卡信息库，做到线上与线下数据一致。

在搬迁过程中，各乡（镇）、村委、驻村工作队根据移民户的实际需求，开展了“买家具、添新被、帮搬家”社会大帮扶活动，帮扶单位、公司、企业、个人等社会各界力量踊跃参与，各搬迁户在基本“零”自筹的基础上，实现“零费用入住”。2016、2017 年累计投入 5800 余万元，实施易地扶贫搬迁工程。2016 年实施易地扶贫搬迁 5 个乡（镇）25 个自然村 99 户 185 人。涉及资金 666 余万元，资金拨付率为 100%。2017 年易地扶贫搬迁共涉及 23 个集中安置点，涉及 400 户 880 人，已全部入住，分散安置 103 户 295 人。同时，2017 年完成了 281 户农村危房改造，28 户农村危险土窑洞改造，32 户地质灾害搬迁，切实改善了贫困群众的生产和生活条件。2017 年底安泽县“十三五”规划和年度计划全部完成，在临汾市易地扶贫搬迁工作中成绩名列前茅。

七、劳务扶贫

随着农业机械化的发展，先进农业种植技术及管理方式的引入，农村闲余劳力逐渐增多，组织他们经过技能培训外出打工，参加企业生产，可稳定增加收入。2006 年至 2013 年先后争取省劳动力转移培训费 159.6 万元，用于技能培训。县扶贫局、人社局、职业中学、县妇联、县工会根据社会及企业用工需求，举办多次技工职业培训，并向社会和企业推荐就业。2004 年至 2017 年，共转移就业人数 8692 人次。

发挥龙头企业带动作用，引进山西瑞生园农业有限公司，实行“示范园区+基地+合作社+农户”经营模式，带动发展有机玉米 1 万亩，每亩保底效益 1000 元，安排固定岗位就业 120 人、季节工 1500 人，全县有 1364 人外出务工，人均收入 2567 元，有 750 人到安泽焦化、煤矿等企业就业，收入稳定，成为新时期的“亦农亦工”族。

八、兜底扶贫

社会保障兜底，对贫困人口中完全或部分丧失劳动能力的人，由社会保障兜底，统筹协调农村扶贫标准和农村低保标准，加大其他形式的社会救助力度。切实加强医疗保险和医疗救助，新型农村合作医疗和大病保险政策向贫困人口倾斜。2017 年实行低保线和扶贫线“两线合一”，将农村低保标准提高至每人每年 3440 元。另一方面不断提高社会救助整体水平，加大综合救助力度，每年举办“慈善情暖万家”活动，向困难家庭发放救助金。

九、多种形式扶贫

安泽县在扶助贫困群众发展生产、促进脱贫增收的同时，坚持扶贫先扶心，注重群众精神文化生活，持续推进文化惠民工程，深入开展“送戏下乡”等文体活动。结合安泽实际和百姓身边的故事，精心编撰群众喜闻乐见的多种文艺节目，送节目下乡。

每逢贫困户过生日，党员干部都要深入贫困户家中为其送蛋糕过生日，除在外打工的贫困人口外，为全县3614户贫困户和60岁以上的贫困老人祝寿过生日，实现生日祝福全覆盖。

2017年至2018年10月开展了“手牵手 帮秋收”扶贫主题活动，县委书记李强带领县四大班子成员，组织全县5000余名党员干部深入贫困户田地中帮秋收，确保500余户贫困户秋粮颗粒归仓，增进了干群感情，提高了贫困户的满意度。

第四节　脱贫成效及后续保障

根据《山西省脱贫工作成效考核办法》和山西省委办公厅、省人民政府办公厅《关于山西省贫困退出实施办法》有关规定，经县申请，市级初审，省级部门评价，省级第三方评估检查、整改专项检查和社会公示，2018年9月7日，山西省人民政府公告安泽县退出贫困县。

继续做好脱贫后的保障工作　脱贫只是开始，小康才是目的。安泽县摘掉贫困帽后，坚持摘帽不摘责任，继续落实精准扶贫，确保群众脱贫致富奔小康。

锁定“一个目标”确保稳定脱贫　一是帮扶力度不减，继续推行“四级联动”帮扶制度。二是帮扶措施不变，总结推广产业扶贫、健康扶贫、易地扶贫搬迁、基金+低保双兜底、共扶共助等经验，从产业扶持、政策延续、技能培训、“志智”双扶等各个方面，集中力量和资源向贫困人口倾斜。

坚持“两个为主”巩固脱贫成效　一是激发内生动力。全面推广扶贫理事会管理模式，突出群众主体地位，确保乡村自治、法治、德治更加有效。二是建立长效机制。完善《安泽县贫困县退出后继续巩固提升实施方案》，重点在产业扶贫、健康扶贫、易地搬迁、兜底保障等方面持续用力。

突出“三个结合”拓宽脱贫思路　一是与基层党建相结合。充分发挥各乡（镇）脱贫攻坚联合党委和产业发展密切相关的党建联合体作用，统筹各方资源，以强有力的“党建链”引领带动“产业链”提档升级。二是与重点项目相结合，推进现代农业产业园区建设，大力发展农畜产品加工业，以产业发展引领脱贫致富。三是与乡村振兴相结合，将脱贫攻坚纳入乡村振兴规划统筹推进。

第二章　十八大以来取得的辉煌成就

安泽县委、县政府以习近平新时代中国特色社会主义思想为指导，全面贯彻党的十八大、十九大和十九届二中、三中全会精神，深入贯彻习近平总书记视察山西重要讲话精神，持续加强党的建设，持续开展精神文明建设，坚持新发展理念，坚持高质量发展，不断深化改革，扩大改革成果，产业结构更加优化，经济实力显著增强，群众收入大大提高，社会各项事业全面进步，为全面建成小康社会打下了坚实的基础。

第一节　党的建设和精神文明建设新篇章

一、党的建设

党的十八大以来，安泽县委聚焦党建，坚定不移地推进全面从严管党治党。党的十九大后，进一步开展党建升级，始终把维护习近平总书记的核心地位、维护党中央权威作为最大的政治，自觉把“两个维护”落实到工作中，体现在行动上，习近平新时代中国特色社会主义思想在安泽落地生根，结出硕果。

主体责任　牵住主体责任这个“牛鼻子”，制定县直党工委书记、乡（镇）党委书记抓党建“4+2”和“5+3”项目清单，层层签订目标责任书，层层召开书记面对面述职会议，不折不扣将责任落到实处。

政治建设　每年组织 15 次以上县委中心组学习。第一时间传达贯彻中央、省、市各项部署。严格推行“4 + N”主题党日活动，把从严党内政治生活融入日常、抓在经常，全县党员干部“四个意识”显著增强，忠诚老实、清正廉洁等价值观深入人心。

思想建设　持续强化党性教育，深入开展党的群众路线教育实践活动、学习讨论落实活动、“三严三实”专题教育、“两学一做”学习教育等一系列活动，使学习教育常态化、制度化、规范化。2011 年在全市率先举办“干部大学堂”， 邀请专家、学者、教授前来讲学，一月一次专题培训，一季一次高端讲座。统筹培训资源进党校，常态化开展各类专题培训。开展了四届“感动安泽”人物和“安泽好人”评选活动，连续三届保持省级文明县城称号，取得“全国文明县城”申报资格。

“三基建设” 持续发展壮大村级集体经济，2018年52%的行政村集体收入突破10万元。合力打造党群之家，党员群众活动有了新场所，服务发展有了新阵地。利用太岳革命根据地、刘少奇路居地、党群之家等阵地，开展红色教育、党性锤炼、全域旅游、乡村振兴培训，累计培训干部3.2万余人次，全面提升了干部素质。

干部队伍建设 紧紧围绕“一提高五加强”工作思路，从严干部选任程序纪律，狠抓各级领导班子建设，突出政治标准，选出过得硬、靠得住的干部；突出担当作为，选出靠担当立身、凭作为说话、拿实绩交卷的干部，提拔调整了一批敢于担当、勇于作为的科级干部，推荐了一批干部上挂锻炼；实行干部成长档案记录和干部工作实绩纪实制度，从严贯穿于干部监督管理全过程。2018年表彰了46个先进基层党组织和82名优秀个人，在全县上下营造出激励先进、推动工作的良好氛围

组织建设 全面增强基层党组织的政治功能和服务功能，全面提升基层党组织引领和服务发展的能力，形成职责清、责任明、法治化、透明化、规范化的工作机制。

党风廉政建设 县委常委会每年定期不定期研究党风廉政建设工作，听取案件查办情况汇报，出台了《关于进一步贯彻落实中央八项规定精神的实施细则》，开通了“荀乡四风举报”微信平台。同时，从严履行党委主体责

任和纪委监督责任，统筹推进责任落实、教育预防、作风建设等各项工作，深化监察体制改革，推动监察体制改革触角向基层延伸，乡（镇）纪检组织实现全覆盖。失责必问、问责必严成为常态，保持了安泽政治生态的绿水青山。

二、精神文明建设

党的十八大以来，县委、县政府认真贯彻执行党的精神文明建设一系列方针、政策和重要决定，提出新时期精神文明建设指导原则和工作要求，不断深化社会公德、职业道德、家庭美德、文明礼仪、诚信教育等实践活动，为全县国民经济和社会发展提供了强有力的精神动力。

创建文明县城　安泽县创建省级文明县城，是综合考虑国民经济和社会发展大局，努力改善人居环境、优化发展环境，不断提升软实力和竞争力的重大部署。2010 年，安泽县正式打响省级文明县城创建战，历时两年努力，2011 年 12 月被省文明办评为“省级文明县城先进县”。在此基础上，安泽县坚持不懈，奋力赶超，2013 年荣获“省级文明县城”荣誉称号。此后，2014 年至 2017 年连续两届保持“省级文明县城”荣誉称号。

选树道德模范　时代前进需要健康向上的道德风尚引领，社会发展需要道德楷模的力量推动。安泽县根据中央文明办精神，2012 年首届评选出 10 名“感动安泽”人物，到 2018 年，共开展了四届“感动安泽”人物评选，借此活动营造出文明健康的时代风尚。

建文明集体　经过多年的文明创建，全县产生省级文明单位 5 个，省级文明村 1 个，市级文明标兵单位 4 个，市级文明单位12个,市级文明社区1个,市级文明乡(镇)2个，市级文明村7个，县级文明单位21个，县级文明乡（镇）2个，县级文明村9个。

志愿者服务　“奉献、友爱、互助、进步”是志愿服务工作的宗旨。2012年以来，全县志愿服务工作涵盖了文明创建、环保、关爱孤寡老人、关爱留守儿童、扶残助残、爱心募捐、爱心送考等各个方面，切实解决了一些社会难题，在全县产生了良好的社会影响。2018年，全县共有中国志愿服务网注册志愿者3500余人，服务团体40余个，服务项目30余种。2018年，成立了“安泽县志愿服务联合会”，统筹协调各志愿服务组织更好地开展活动。

未成年人思想道德建设　百年大计，教育为本。未成年人思想道德建设工作不仅是国家长远发展的基石，也是文明城市创建的前置条件。2012年以来，县文明办与教科局及各学校紧密联系，以文明校园创建为载体，以社会主义核心价值观、童心向党等为主题，大力开展“担当复兴大任、培育时代新人”的主题宣传教育活动，引导青少年“扣好人生的第一粒扣子”，培育有理想、有担当的时代新人。组织广大中小学生到爱国主义教育基地接受革命传统教育，为孩子们的健康成长打好坚实基础。

第二节　经济综合实力稳定持续增强

“十二五”时期，安泽县委、县政府认真贯彻落实党的十八大、十八届三中、四中、五中全会和习近平总书记系列重要讲话精神，围绕“一创、六县、三转化、三目标”

工作思路，大力实施“六县”发展战略，以“生态安泽、富裕安泽、幸福安泽”为奋斗目标，主动适应经济发展新常态，扎实推进稳增长、促改革、调结构、惠民生各项工作，全县经济和社会发展取得了新的成就。

“十三五”头三年，安泽经济保持稳中有升。2016年，全县地区生产总值达到 42.8 亿元，财政总收入达到 6.8 亿元，规模以上工业增加值达到 21.3 亿元，固定资产投资完成 559 亿元，社会消费品零售总额完成 9 亿元，城镇居民人均可支配收入达到 25195 元，农民人均可支配收入达到 8335 元，粮食产量达 15 万吨。

2017 年，全县地区生产总值完成 46.3 亿元，规模以上工业增加值完成 29.04 亿元，固定资产投资完成 23 亿元，社会消费品零售总额完成 9.66 亿元，城镇居民人均可支配收入 27185 元，农村居民人均可支配收入 9176 元，一般公共预算收入完成 4.08 亿元。

2018 年安泽县委、县政府按照省、市经济工作会议部署，全县紧扣由“量”到“质”的发展新方向，围绕建设“示范区”“排头兵”“新高地”，奋力实施三基建设升级年、工业转型跨越年、城建品质提升年、乡村振兴驱动年活动，加快建设山水田园城和精品旅游县步伐，全力推进安泽绿色崛起，全县经济和社会发展呈现出稳中向好的态势。全年全县地区生产总值 63.2 亿元，规模以上工业增加值完成 43 亿元，公共财政收入完成 6 亿元，固定资产投资完成 11 亿元，社会消费品零售总额完成 10.4 亿元，城镇居民可支配收入 29252 元，农村居民人均可支配收入完成 9846 元，粮食总产量 16.1123 万吨。

第三节　产业结构调整迈出新的步伐

适应新时代经济发展需要，安泽县加快转变发展方式，坚持以市场需求为导向，以科技创新为手段，以质量效益为目标，加大产业结构调整力度，着力构建现代化、产业化和规模化的发展体系。

农业上，以“双千万”惠农工程为抓手，持续改造中低产田，粮食产量连年稳定在 13 万吨以上。县财政每年拿出 2000 万元资金用于发展现代农业，推动高效种植业、特色林果业和健康畜禽业三大产业。新增节水灌溉面积 2.29 万亩，规模养殖大户达到 210 户，畜禽总量 164 万头（只）。核桃挂果面积 4000 余亩，新发展蔬菜日光温室 106 座、春秋棚 372 座。“安泽连翘”国家地理标志产品完成认证。合作社总量发展到 404 个，农产品加工销售收入突破 1 亿元。

工业上，实施“工业强县”战略，加快新型工业化进程，坚持“以煤为基、多元发展”，完成了煤炭资源整合、煤矿兼并、重组和焦化整合工作，形成了集煤焦、发电、化工回收于一体的产业链条。

三产上，大力实施“旅游带动”战略，弘扬荀子文化、红色文化、生态文化，持续推进荀子文化园建设，扩大红叶岭、黄花岭的影响力，旅游综合收入稳步攀升，带动相关服务业取得明显发展。

全县三次产业结构比由 7.4：81.2：11.4 调整为 9.4：72.5：17.8。一产上升 2.4 个百分点，二产下降 8.7 个百分点，三产提高了 6.4 个百分点，产业转型项目投资占比达 65.1%，三产拉动 GDP 增长 1.56 个百分点。招商引资 102.9 亿元。2018 年 11 月，安泽省级经济技术开发区获批并挂牌运行，唐城—府城桃曲永鑫铁路专用线全面开工，五大区块煤层气勘探开发项目进展顺利。建成了野生连翘精品示范园 31 个，井泉药业成功入驻安泽，晋南（安泽）中药材物流基地成功获批。

第四节　生态环境质量得到新的提升

安泽县历任书记、县长一任接着一任植树造林，大力开展生态建设，在全省首家实施了 ISO14001 环境质量管理体系认证，先后被评为“山西省造林绿化先进县”“省级森林公园”“国家级生态示范区”“中国绿色名县”等。

与此同时，安泽持续实施大气、水、土壤污染防治。两家焦化企业完成了深度治理，5 家洗煤企业完成了料厂全封闭。县城周围实施“煤改电”“煤改气”，县城建成 4 个天然气集中供热点，严格实行三级“河长制”管理，全省第二大河流沁河水质始终保持国家三类水标准。大面积的森林和丰沛水资源，形成了具有鲜明地域特色的独特小气候，有效保护了野生动物。2018 年 9 月，安泽成功创建了“中国天然氧吧”，12 月被命名为“国家森林旅游示范县”“中国最美花海（黄花岭）”；连续 10 年二级以上天数达 264 天以上。沁河县城段污水管网改造完成，县城垃圾处理厂及污水处理厂也扩容提标。

第五节 “全域”旅游实现新的突破

党的十八大以来，安泽以建设一流全省文化强县、旅游名县为目标，实施了“一带”“一线”“五区”建设。“一带”指以荀子文化园、望岳楼、义唐河文化长廊为核心的府城沿河旅游精品带，“一线”指以太岳革命烈士陵园、太岳行署办公地、朱德、刘少奇、邓小平路居地、太岳日报旧址、王光烈士墓为主线的红色旅游线，“五区”指黄花岭、红叶岭、安泰山、青松岭、段峪河瀑布群五大旅游景区。在实施“一带”“一线”“五区”建设中，安泽县着力打造古色人文旅游、绿色生态旅游、红色传统教育旅游、乡土特色山庄农家游四大特色旅游品牌，把人文生态、绿色观光、吸氧洗肺、休闲度假、黄土风情、访古探幽、狩猎垂钓、红色追踪等项目作为调整产业结构、培育经济增长点的重头戏，优化了文化旅游市场资源。

安泽县以建设“山水田园城、精品旅游县”为目标，按“旅游+交通”的发展理念，推进以景引路、为景串线的旅游公路建设，追求从“景点旅游”到“全域旅游”的转变，谋求旅游效益最大化。红叶岭—麻衣寺公路、荀子文化园循环路、朱德路居地李垣村—红叶岭、飞岭—石渠—岭南沿河步道、朱德路居地李垣村—古县等多条绿色旅游公路全面贯通。配合国家卫生县城创建、全域旅游、乡村振兴等，总投资近亿元完善了旅游公路100余公里，新铺柏油路面4000余平方米，建成沿沁河骑行步道17公里，等等。

2016年至2017年田园文化休闲、乡土特色山庄农家乐旅游在沁河流域蓬勃兴起，相继举办了“相遇青松岭”“龙门福地”“红色之旅”“红叶传情”及太行山最早春天“黄花岭”等系列文化旅游月活动。“一乡一特色、一村一亮点”的旅游格局使沁河沿岸特色村庄人气骤升，集体经济增收，农民生意兴隆。2017年全县年接待游客176万人次，旅游综合收入达4.3亿元。

2018年安泽县为满足旅游市场需求，对小黄、飞岭、黄花岭、青松岭、红叶岭，朱德、刘少奇、邓小平路居等一批景点新建扩建，改造完善了黄花岭等一批精品旅游线路，举办了“黄花岭”“红叶岭”“青松岭”等旅游节，“山西军民抗战史实展”“邂逅林中木屋·寻梦田园小黄”等旅游活动，旅游事业方兴未艾。

第六节　乡村振兴开创新的局面

“乡村振兴战略”是党的十九大报告的亮点之一，是社会主义新农村建设的升级版，是解决三农问题的重大战略。按照“产业兴旺、生态宜居、乡风文明、治理有效、生活富裕”的总要求，安泽县委、县政府完成了乡村振兴总体规划和6个专项规划稿的编制。县委、县政府把2018年定为推动“乡村振兴驱动年”。在全县发展有机玉米、小杂粮、富硒樱桃共1万余亩，建成了良马、和川、马壁3个集中连片蔬菜示范区，完成了新大象种猪繁育基地项目，对120余公里“四好农村路”加以巩固提升，完成农村安全饮水巩固提升工程29处，新申报美丽乡村省级示范村、市级示范村各1个。

着力打造“小飞田园综合体”等一批乡村振兴示范样板。飞岭村原是远近出名的落后村。2016年，充分依托得天独厚的生态优势、资源优势和区位优势，飞岭村着力美丽乡村建设工程、发展乡村休闲旅游，初步建成为生产、生活、生态“三位一体”，农业、文旅、乡愁“三效合一”，集循环农业、创意农业、农事体验于一体的美丽乡村。

2016年，村里成立了安泽县农家乐有限公司，经营餐饮、住宿服务和土特产销售、采摘园等。同年，飞岭村积极与农业科技院所对接，初步形成了种植、养殖、休闲、观光、民宿、餐饮一条龙的循环农业产业链，打造出涵盖休闲采摘、梦幻光影、荀子游学、实训拓展、民俗文化、彩虹雪村一体化发展的综合旅游服务链。

村里聘请知名建筑师设计出8座高端精品民宿，“蒹葭乡居”投入运营，以“有机、自然、休闲”为主打，融合自然美食、乡间客房、农耕渔获、休闲度假等，充分满足游客“吃、住、行、游、购、娱”一站式乡村体验需求。

乡村振兴战略实施以来，飞岭村不断加大对乡村传统文化的保护，让乡村文化“活”起来，在“富口袋”的同时做到“富脑袋”。一方面积极宣传社会主义核心价值观，深入开展乡村“百姓讲堂”“最美家庭故事会”“美丽庭院”评选等活动，全面加强思想道德建设，让耕读传家、勤俭躬身、孝悌为本等优秀传统文化得到大力弘扬；另一方面该村还立足于文化传承与创新，以荀子为创作原型，设计出可互动体验的文创产品60余种，让博大精深的荀子思想和文化更具亲和力。

飞岭村全力推进全域旅游发展，使村民依靠家门口的风景走上增收致富道路。在具体实施中，村委会组织、公司化运营、群众（贫困户）参与“三位一体”运行机制的建立，实现了“农民入股得红金、管理得薪金、经营得酬金”。另一方面，紧紧围绕“让农民成为体面的职业”这一目标，以培育和挖掘新型职业农民为首要任务，通过实用技术、职业技能培训和创业培训，培养一批适应现代农业发展、新兴产业振兴、美丽乡村建设要求的新型职业农民。2018 年，飞岭村荣获“中国首届丰收节百强特色村庄”，为全县乡村振兴探索了路子，树立了样板。

第七节　城乡面貌发生新的变化

围绕创建国家卫生城镇、全国文明县城，安泽县委、县政府持续多年致力于“城建品质提升”。2012 年到 2018 年先后完成了县城“一纵一横”续建工程，县城集中供热工程，实施了商业步行街府西街段改造工程，城北、城南农贸市场如期投入运行，完成了垃圾处理厂、奥体中心、保障性住房、街巷道改造、县城绿化等城建工程，县城面貌焕然一新，综合承载能力进一步提升。完成了沁河修复、沁河大桥等重点工程。原林业局、种子公司、面粉厂等空地公园广场、停车场改造工程全部投入使用。改造旱厕 2382 座、街巷 20 条，县城补栽苗木花卉 23 万株。以“人人参与环境整治，共建共享美丽安泽”为主题，相继开展了环境卫生百日综合整治、城乡环境卫生集中整治、农村环境卫生整治等专项行动。以环村、环城乡接合部和沿路、沿沟、沿河为重点，扎实开展了治乱、治垃圾、治污水等行动，城乡环境焕然一新。在市容市貌上，通过拆除危旧房屋、取缔私搭乱建、整治乱停乱放、提高园林覆盖率和强化街巷保洁等措施，使群众公共活动空间逐步扩大，生活舒适度不断提升。在村容村貌上，与改善农村人居环境、建设美丽乡村相结合，完成所有行政村街道亮化工程，解决了 1.84 万人的饮水安全问题，农村生产生活条件明显改善。在创建省市级美丽乡村示范村方面，小黄村创建为省级美丽乡村示范村，马壁、沁河庄、唐城创建为市级美丽乡村示范村；持续开展环保治理，2017 年至 2018 年永鑫、太岳焦化企业脱硫脱硝升级改造工程全部完工，县城城区经营性燃煤锅炉及茶浴炉全部拆除，全县餐饮单位全部完成油烟净化设施安装，全县所有乡（镇）政府机关和乡（镇）直单位的燃煤锅炉完成了改造，建筑工地全部按照要求进行扬尘治理。严格推行“河长制”，大力开展水生野生动物保护、河道环境治理等专项整治行动，乱捕滥杀、垃圾乱倒、黑臭水体等现象得到有效治理。全县 4 座煤矿和 11 家煤焦企业全部建成废矿水和生活污水处理站，工业废水实现达标排放。完成畜禽禁养区划定，实施地膜、农药瓶等农业废弃物回收，切实强化农业面源污染防控。相关部门开展联合执法，督促各项环保要求落到实处。全县城镇化率为 39.8%，5 年间增长了 7.92 个百分点。国卫创建顺利通过了省级暗访。

第八节　交通运输构建起综合枢纽

党的十八大以来，安泽着力打造以国省县道为骨架、以乡道为支线、以村道为脉络的“一纵五横两循环”公路网络体系。以推进交通运输行业转型升级、提升交通运输质量和效益为重点，以构建综合交通枢纽、“打通主通道、畅通内循环、外通内联”为目标，以交通基础设施建设为抓手，积极谋划，重点推进，构建起安全便捷、畅通高效的城乡交通运输体系，为实现安泽“全面振兴、绿色崛起”提供了交通运输保障。截至2018年，全县公路里程达900.3公里。全县102个建制村通水泥（油）路硬化率达100%，客运班车通车率达100%。世界上第一条按万吨重载标准建设的铁路，连接中国东西部的重要煤炭资源运输通道中南铁路于2014年12月开通运营，长临高速贯通，安泽至沁水高速公路规划建设。临汾、长治、晋城1小时经济生活圈形成。全县2018年货运汽车达330辆，总吨位4714.7吨；大中型客车有13辆，客位365座。

第九节　社会事业取得新的进步

一、教育事业成绩显著

持续开展“三优”创建活动，“十二年教育全免费”惠民工程持续开展，住宿生交通补助、膳食补助等各项政策落实到位。22所中小学、幼儿园新建改建得到提升。完成了义务教育标准化设施配套，在全省率先通过“全国义务教育均衡县”验收。中高考成绩持续攀升，2018 年高考达线率 25.2%。2018 年年末，全县高中阶段毛入学率 95.9%，初中 3 年保留率 99.4%，适龄儿童入学率 100%。

二、卫计事业加快发展

全面完成基层医药卫生体制改革，新建唐城、冀氏中心卫生院，县医院、中医院分别跨入二甲、二乙行列。投资 670 万元全面加强卫生、计生基础设施建设，人口继续保持低速增长，2018 年人口出生率为 7.93%，死亡率为 3.89%，人口自然增长率 4.04%，成功创建为全国计划生育优质服务先进县。投资完成良马卫生院、县医院、中医院医疗设备配套，人均基本公共卫生服务费由 30 元提高到 45 元，“健康安泽”建设步伐加快。

2016 年完成了县医院医技门诊综合楼、中医院住院楼主体和杜村乡卫生院业务用房建设。“新农合”参合率稳定在 99%以上。2017 年县乡医疗卫生机构一体化改革基本完成，被列入全省一体化改革示范县。县医疗集团人民医院医技门诊综合楼、中医院住院楼主体工程已完工。持续加强医联体建设，分别与北京阜外心血管医院、山西省心血管医院建立心血管病远程会诊中心。持续实施“四免一降”惠民措施，进一步减轻群众就医负担。计生、疾控、妇幼等工作扎实推进，公共卫生服务均等化成效明显。县中医院有效发挥了对基层的中医指导作用，2018 年被评为“全国农村中医工作先进县”。

2018 年全县共有医疗卫生机构（含诊所）140 个，全县卫生机构共有床位 584 张。全县共有卫生技术人员 426

人，其中医生 196 人。参加农村新型合作医疗率达 99%以上，共筹资 1228.6 万元，补偿 3759.4 万元。

安泽县野生中药材丰富，为深入研究和开发利用，2014 年中药材调查队普查了全县的中药材资源，共采集标本 6000 余个，编撰了《安泽县中药材普查大全》上下册，为全县中药材事业发展做好了资料准备。

三、文化事业繁荣活跃

党的十八大以来，县委高度重视文化事业发展，充实完善了县、乡（镇）、村三级文化信息网络，广播电视覆盖率达 95%以上，数字有线电视实现全免费。开展文化惠民活动，每年举办消夏月晚会，群众性节假日文化活动更是遍及城乡。如 2012 年县文化局创办的“乐在周五”活动，影响扩大到 103 个村及厂矿、学校、家庭，成为全民参与、展示才华和娱乐的平台。

2015 年至 2018 年，对文体广场、奥体中心等公共文化场所加以改造提升，建成了标准篮球、足球、羽毛球、门球等场馆并免费对群众开放。以政府采购的形式每年开展送戏下乡、公益电影放映等文化活动。以 2018 年 10 月出版的山西省首部脱贫攻坚纪实小说《太行山最早的春天：安泽县脱贫攻坚战役记事》为代表的一批精品力作相继问世，安泽的知名度、美誉度有了进一步提升。

四、社会保障谱写新篇

“十二五”时期，基础养老金发放率 100%，城镇医疗保险实现市级统筹。城镇失业率始终控制在 4.2%以内，建立了城乡一体的社会救助体系，城乡贫困救助、大病医疗救助、灾害救助工作有序开展。

2016 至 2018 年是安泽县“十三五”规划的头三年，三年来，社会保险工作得到进一步加强，城乡低保、救灾救济等资金发放到位。2018 年新增就业岗位 1021 人，转移农村劳动力 1490 人。参加基本养老保险 49440 人，参加新型农村社会养老保险 34129 人，参加失业保险 5220 人，城镇职工医疗保险 12413 人，城镇居民医疗保险 67653 人，参加工伤险 18638 人。全县纳入城市最低生活保障的有 91 户 118 人，发放低保金 103.6 万元；纳入农村最低生活保障的有 456 户 773 人，发放低保金 322.36 万元。为全县五类困难家庭学生 342 人共发放助学金 54.64 万元，为城乡经济困难患者 1062 人发放医疗救助金 254.1 万元。

第十节　人民群众幸福指数新提升

安泽县委、县政府始终坚持执政为民、富民优先的发展理念，2012 年至 2018 年，县委、县政府根据群众需求，每年提出办“十件实事”并落到实处。“十二五”末，城镇居民人均可支配收入达 23836 元，农村居民人均可支配收入达 7811 元。

随着城乡居民收入增加，消费结构和层次从生存温饱向学习、健康、养老、休闲、安全转变，新兴消费需求迅速增加，对绿色食品、天然药物及特色旅游的需求尤为旺盛，这是安泽充分发挥生态环境、文化旅游等资源优势，大力发展文旅相关产业的新机遇。

2015年社会消费品零售总额8.49亿元，2016年社会消费品零售总额9亿多元，2018年社会消费品零售总额达10.4亿元。

2018年全年居民人均可支配收入16613元，其中城镇居民人均可支配收入29252元，农村居民人均可支配收入9846元。城镇居民家庭恩格尔系数为24.9%，农村居民家庭恩格尔系数为29.3%。

第十一节　社会治安综合治理再创佳绩

安泽县委、县政府认真贯彻中央精神，打基础、谋长远、保安全、护稳定，不断提高社会治理系统化、科学化、智能化、法治化水平，综治工作责任落实到人，与党建工作、经济工作等同部署、同督查、同考核。调解组织遍布全县乡村和各个行业，“天眼”视角延伸至全县所有出入境大小公路和铁路沿线，织牢织密社会安全稳定的网络。

“长安杯”是中央对一个城市平安建设、社会治理创新、和谐社会建设及发展软环境等综合水平的最高褒奖，也是我国综治领域时间跨度最长、涵盖内容最多的一项综合考评。经过历届县委、县政府和全县8万人民数十年不懈努力，安泽县先后被中央综治委授予“2005—2008全国社会治安综合治理先进集体”“2009—2012全国平安建设先进县”“2013—2016全国平安建设先进县”。

附　录

革命战争时期的英烈、功臣、模范

王得胜（1891—1944）　原籍河南滑县，1931 年携家到安泽谋生，居花车村虎东沟。1939 年 4 月从溃退中央军缴获两支步枪成立村自卫队。1941 年 2 月，安泽县成立游击大队，王得胜任一连副连长。王得胜作战勇敢，“赤手夺枪”“孤胆闻城”等故事颇为传奇。1944 年 9 月，日伪军 2000 余人进犯安泽，部队转移浮山境内后被三面包围，王得胜率两名战士断后掩护战友转移，中弹牺牲。

徐鸿文（1914—1943）　原名徐连喜，河北省望都县黑堡乡西阳邱村人。1937 年抗战爆发，改名鸿文，到山西参加抗敌决死队。1938 年 1 月，任县抗日自卫队副大队长，9 月出任县武装科副科长。1940 年，加入中国共产党。1941 年，奉命组建安泽县游击大队，任副大队长，1942 年 3 月，任县武委会主任。1942 年秋，徐鸿文担任西线区战时指挥部副总指挥，带领民兵配合二十五团八连于胜负岭伏击敌运输队，歼敌 21 名，缴获军火 11 驮，长短枪 16 支。1943 年 10 月，敌发动空前残酷的“铁滚扫荡”，11 月 17 日，徐鸿文与县委宣传部部长古白丁、四区农救会执委刘明顺到哲才一带安抚受害群众，遭遇敌军，三人壮烈牺牲。

古白丁（1917—1943）　江苏武进徐家村人。1937年参加山西牺盟会。1939 年任安泽牺盟会特派员，同年参加中国共产党。“晋西事变”后，古白丁随二一二旅转战太岳腹地，初任沁县牺盟中心区宣传干事，1940 年任太岳行署书报发行科长。1942 年 8 月，任安泽县委宣传部副部长。时值全党整风，他多次辅导大家学习整风文献，深入浅出宣讲革命理论，极受欢迎。1943 年 2 月，接任宣传部部长，同年 7 月到四区兼任区书记。10 月 1 日，日军发动“铁滚扫荡”，古白丁率区战时指挥部成员转战各地。11 月 17 日，在与县武委会主任徐鸿文、区农救会执委刘明下村安抚群众过程中遭遇敌人，壮烈牺牲。

商传文（1920—1947）　李庄村人，乳名正娃，生于陕西。1929 年与妹妹由养母带到安泽投靠舅父赵柏云。1941 年参加自卫队，1942 年 9 月加入中国共产党，任抗日村长兼民兵队长。1945 年 10 月 11 日，带领 30 多名民兵截击由长治向临汾逃窜的阎锡山溃兵，缴获轻机枪两挺，步枪 60 余支。1946 年 1 月，担任冀氏县第一区武委会主任。1947 年 9 月，安泽县民兵参战团第三（冀氏）营奉命随陈赓兵团远征豫西，商传文任一连连长。10 月 28 日配合主力军攻击渑池县乌头寨，消灭地主武装叶老五部。11 月 26 日，参战民兵奉命奔袭宜阳县漯河公路南昌村一股顽匪，掩护主力部队对付正面进犯的胡宗南部队。突击班由商传文带领，接敌摸哨成功，商传文登上围墙挥舞联络旗示意二、三连进攻时，身中数弹，壮烈牺牲。

冯宝贝（1912—1948）　和川镇上县村人，中共党员。1938 年参加革命，曾任四纵队十一旅三十八团三营副营长，1948 年在淮海战役中牺牲。

刘文洲（1913—1943） 原籍河南，后逃荒到安泽。1941 年秘密加入中国共产党，1938 年参加游击队，1941 年任农会主席，开展减租减息运动。1943 年 1 月，为营救张彦涛区长被日军抓捕枪杀于桥沟村。太岳区党委、太岳行署、冀氏县政府桥沟村支部、村公所为纪念刘文洲，将桥沟村改名为文洲村。

冯春祯（1915—1940） 山西古县岳阳镇大峪村人。1937 年加入中国共产党，同年赴太谷入山西国民兵军官教导团学习、受训。同年 9 月毕业后，随军官教导团编入新军决死一总队。后受党组织委派，到洪洞县万安一带训练抗日自卫队。1937 年底，受派遣回古县秘密发展党员，1938 年 5 月在南坡村发展冯春俊、张福英、张福成等人加入中国共产党，组建了县境内抗战时期第一个党支部多沟村党支部。“晋西事变”爆发前夕，领导组建了中共安泽县一区委员会和一区抗日民主政府，并组建了一区武装小分队，任区委书记，领导群众减租减息，为抗日筹粮筹款。1939 年 2 月 21 日，他与区长王波带领区小队到城关镇辛庄村派征公粮。由于地主李鸿章、李国华告密，阎军卫立功教导师一个连突然包围了古鲁巴庄。冯春祯同王波区长迅速组织突围，掩护群众转移。王波英勇牺牲，冯春祯被捕。阎军施以种种酷刑，冯春祯坚贞不屈，牺牲时年仅 25 岁。

王直夫（1917—1943） 陕西延安人。1935 年参加工农红军，1938 年随八路军开赴太岳区，任冀氏县大队教导员。1943 年春截获日军送往西乌岭据点的 4 驮子军火，王直夫率通信员在断后作战中壮烈牺牲。

张中林（1918—1941） 山东寿昌人，1930 年客居安泽县桃寨村，1939 年 6 月加入中国共产党。1937 年带领桃寨、孔村几十名青年斗争编村村长郭德海，责令郭退出贪污款 500 多元。1938 年春，揭发部分地主富农在村政权选举中作弊，被国民党兰村村公所扣押。获释后，到岳北组织地方武装。1939 年 6 月成立沁河游击队第二连并任连长。“晋西事变”后，为了粉碎顽固派进攻，保卫抗日民主政权，张中林出任安泽县独立营营长。1940 年 10 月，张中林带领两个侦察员到旧县镇（今属古县）侦察敌情时，杀死 1 名日军，缴获步枪 1 支。1941 年 6 月，与县委副书记周震到岳南开展工作时，在桃寨村磨沟被国民党军队抓捕杀害。

高海泉（1918—1943） 冀氏镇南孔滩村人，中共党员。1937 年参加革命，担任独立团一连指导员，1943 年 3 月在河南太康县北常营战斗中牺牲。

周　震（1918—1941） 原籍山西屯留袁村，本名谭秀章。1935 年加入中国共产党，在屯留、长子、安泽一带坚持党的地下工作。1939 年任中共安泽县委副书记，“晋西事变”后，公开揭露顽固派投降日军破坏国共合作的阴谋，同阎锡山反动派作坚决斗争。1941 年 6 月，与安泽县独立营营长张中林到岳南开展工作，在桃寨村磨沟被国民党军队抓捕杀害。

王　光（1920—1943） 女，原名王联鑫，山西运城大胡家巷人。1939 年 6 月经王克义介绍加入中国共产党。曾任冀氏县一区副区长、四区区长。1943 年 9 月，日军调集重兵对太岳行署所在地安泽县山区大举“扫荡”。10月7日，王光为掩护群众转移壮烈牺牲，年仅23岁。

元保录 府城镇高壁村人，1920年生。中共党员。1947年3月参加革命，任五三五团七连连长。1952年在朝鲜战场牺牲。

随 步 1921年生，冀氏王村人。中共党员。1946年参加革命，曾任第二野战军副连长。1950年在天津因公牺牲。

杨士秀 府城镇神南村人，1921年生。中共党员。1945年参加革命，曾任四纵十一旅二十五团三营九连指导员。1947年，在洛阳战场失踪。

赵英锁 良马乡东上寨村人，1922年生。1945年10月参加革命，曾任副连长。1947年解放运城时牺牲。

王安国 1922年生，山西赵城（今洪洞）明姜镇人。1944年7月14日到安泽县独立团当战士，1946年1月加入中国共产党。1946年安泽县独立团编入十三旅三十七团，10月王安国被提升为九连七班班长。在曲沃战斗中，他带领战士率先攻入曲沃城，晋冀鲁豫野战军第四纵队党委授予九连八班“王安国模范班”和“爱民模范班”称号，并授予“三好模范班”锦旗，授予王安国“特等战斗英雄”称号。1947年8月28日，在攻夺豫西宜阳县城战斗中，王安国全班从西门打到东门无一伤亡，俘敌60多人，缴获重机枪3挺，六〇炮1门，步枪200多支、电台2部。王安国班再次受到上级嘉奖。王安国班在宜阳攻坚中以少胜多，在洛阳战斗中英勇顽强再立大功，成为我军军政双全的模范典型，是第四纵队一面鲜艳夺目的旗帜。

宋福有（1923—1990）　原籍河南汲县，幼年随母逃难到山西古县石壁乡。1940 年参加革命，1942 年 8 月加入中国共产党。历任安泽县独立团班长、副排长、排长、连指导员、营副教导员、营长、团参谋长、副团长、团长、工兵团长、副师长等职，为太岳区安泽县抗日武装的发展和壮大做了大量工作。1943 年，夜袭旧县镇日伪据点时，刀劈伪军小队长。解放战争时期，先后参加了上党、晋南、吕梁、淮海、渡江、两广以及进军大西南等战役，3 次负伤。在淮海战役小张庄阻击战中，所率连队被上级称誉“攻如猛虎守如钉”。在渡江战役中，率两个连队穷追猛打，在兄弟部队配合之下，促成敌 1 个师和 1 个军直属队投降。荣立大功、特等功各 1 次，是特等模范政治指导员。五六十年代，4 次率队支援越南人民的抗美作战。1955 年 7 月被授予少校军衔，1960 年 5 月被授予中校军衔，1964 年 6 月被授予上校军衔。1981 年离休， 1990 年 6 月在云南大理病逝，享年 67 岁。

赵麦锁　良马乡东上寨村人，1923 年生。1945 年参加革命，曾任十三旅三十八团连长。1947 年在解放运城战斗中牺牲。

秦振德　府城镇桃曲村人，1923 年生，中共党员，1939 年参加工作，1945 年入四纵队三十一团，先后任连指导员、作训股长、三十七师组织科科长、云南省军区独立团政委。汾孝战役中荣立二等功，获荣誉勋章。

乔元林　安泽县人，1924 年生。中共党员。1943 年 9 月参加革命，曾任四纵队十一旅二十五团三营副营长。1944 年在洪洞县战斗中牺牲。

吴牤牛 安泽县人，1925年生，1942年参加八路军，1944年加入中国共产党，先后任连指导员、营教导员，继任四十师一一九团政委。1947年在豫西剿匪中荣立大功，进军大西南立特等功。

李林效 1926年生，又名李林群，山西安泽府城第五村人。1944年参加决死四纵队，历任班长、排长、指导员。参加过吕梁、晋南战役，解放河南西平、确山战斗和洛阳、淮海战役等。1948年加入中国共产党。1950年参加云南剿匪，并曾参加抗法援越战斗。1951年调东北补训八师参加抗美援朝战争。多次荣立大功。1953年转业，任牡丹江工人医院政治指导员，伊春市美溪区办事处副主任，伊春市森铁工会副主席。1984年离休。

孙兆麟 1928年生，安泽县人。中共党员。1947年9月参加中国人民解放军，历任副班长、班长等职。先后参加了淮海、渡江和解放南京、大西南等重大战役，荣立特等功1次、甲等功两次、三等功1次。1948年12月，在淮海战役攻打沉庄之敌战斗中，自告奋勇参加突击班，冲锋陷阵、英勇杀敌，被晋冀鲁豫野战军第四纵队授予“淮海战役十二勇士”称号。1955年3月转业回乡任民兵干部和中小学校外辅导员，1958年12月出席晋南地区民兵、荣复军人、烈军属积极分子会议。

闫贵生 府城镇小黄村人。1928年生。参军前，曾担任村青救会主席兼儿童团团长、行政村文书等职。1944年2月加入中国共产党。1945年参军后，任二十五团九连宣传员、团宣传队班长、团司令部见习员、见习作战参谋，团工兵主任、股长。解放战争中参加过吕梁、汾孝、晋南、洪灵、官雀、侯马（两次）、闻夏、强渡黄河、三打洛阳、淮河战役，渡江作战，两广追歼等战役，1950年初进军云南。中华人民共和国成立后，多次参加地方剿匪战斗，参加了中缅勘界作战，1979 年对越自卫反击战等，立功 3 次。1953 年入解放军高级工程兵学校学习深造。毕业后，历任解放军四十师工程兵集训队队长、工兵营营长、工程兵科科长、作训科科长、师司令部副参谋长、参谋长、副师长等职。在云南省宜良县支左时任县革委会副主任、主任，后任县委书记，出席云南省首次学大寨先进单位、先进个人代表大会。1983 年离休。

王来栓 安泽县人。中共党员。1944 年 6 月参军在太岳军区青年连，先后任二十五团二营五连副班长、十一旅供给处警卫员、十一旅一一八团征粮队工作员，十四军四十师军政科见习员、参谋，广州警备司令部参谋，四兵团留守处参谋，云南省军区复员支队二营参谋、指导员，曲靖军分区嵩明县警卫连指导员，曲靖军分区政工科干部干事，昆明军区干部部干事、军政干校三中队副指导员（营职），审干办公室干事，十三军三十七师一一〇团协理员、二营教导员、炮团榴炮营教导员、一一一团政治处组织股长，陆军五十九中心医院政治处副主任。1945 年参加过上党、晋南、同蒲、吕梁、淮海和 1949 年渡江等战役。1948 年 6 月加入中国共产党。1949 年入二野军大四分校学习。1956 年入云南省委党校学习。1962 年入中国人民解放军长沙政校，1964 年毕业。1956 年获解放奖章。1982年离休。

李万奇 1929 年生，安泽县人。中共党员。1947 年

9月参加革命。1949年3月加入中国共产党。1945年到1947年9月在和川镇当店员。1947年9月到1955年4月在中国人民解放军步兵四十师任宣传员、文化干事、副指导员、化学兵主任等职。主要参加过陇海、皖西、淮海、渡江、浙赣战役等，在广东、广西及西康参加剿匪战斗，荣立小功1次、大功2次。1955年5月转业，在中共临沧边疆工作委员会任边工委委员（主持工作）及财贸政治部主任。1958年1月到临沧县任县委委员、财贸部部长，后到商业局、行署外贸局任党组书记、副局长等职。1990年6月离休。

崔之德 石槽村民兵队长，1943年10月中下旬领带民兵反“扫荡”，为掩护群众和战友安全转移，独当一面作战，负伤被俘，惨遭杀害，时年25岁。

袁炳宁 三交村北岭闾长，为保护八路军的1万斤军粮，袁炳宁侄、甥4人1944年3月惨遭杀害，时年47岁。

冯登山 府城镇高壁村人。1943年9月参加革命，曾任四纵十一旅二十五团三营九连连长。1948年，在河南南阳战斗中牺牲。

张何贵 唐城镇唐城村人。1935年参加革命，曾任二纵队二支队副指导员。1940年在赵城石猛战斗中牺牲。

崔兴贵 杜村乡杜村人。1952年在抗美援朝中牺牲。

解文玉 杜村乡苏村人。1947年参加人民解放军二十三旅。1948年淮海战役加入突击队，荣立一等功。

郭福昌 冀氏镇柳树沟村人。1947年参军，参加淮海战役，进军大西南，各荣立大功1次。1950年参加志愿军抗美援朝，1951年5月在第五次战役强渡临津江时英勇杀敌，荣立二等功，获勋章一枚。

郝全珍　杜村乡东唐村人。1947 年参军，在淮海战役中立了大功。1949 年进军大西南任四十师三十二团七连排长，为全团开路先锋，全排荣记大功。1950 年参加深山剿匪，屡有斩获，荣记特等功 1 次。

龙作霖　安泽县人。中共党员。1937 年参加革命，曾任山西新军决死队第二纵队六团五连连长，1939 年“晋西事变”中在隰县范兴庄作战牺牲。

王金库　唐城镇唐城村西沟人。1939 年参加抗日自卫队。1941 年 11 月，指挥部派他到唐城侦察敌情，不幸被日军抓住。日军押他去西沟找八路军的物资，在上坡拐弯处，他猛然回头抓住日军枪口，飞脚把日军蹬落沟底，持枪跑回营地，太岳二军分区授予他斗敌英雄称号。

王来有　府城镇风池村人。1941 年 8 月 9 日，安泽县民兵在唐城比武，三区民兵王来有以 15 环的最高纪录夺取实弹射击第一名，成为大名鼎鼎的神枪手。1945 年，在士敏县召开的太岳区战斗英雄和劳动模范代表大会上，被太岳区授予民兵英雄称号。

毛二建　冀氏镇李庄村人，抗战初期参加红枪会，1939 年 3 月 11 日夜袭城关东山韩家庄日军阵地时，毛二建把 3 枚手榴弹塞进地堡，稍后从射击口拖出 1 挺机关枪，十七军军长高桂滋亲自为他披红戴花庆祝。

郝文学　府城镇高壁村人，1945 年 9 月参加人民解放军四纵队三十一团一营三连，1946 年入党，同年解放蒲县强攻东关阵地时，郝文学带尖刀班直插敌营指挥所，俘虏敌副营长以下官兵 30 多人，荣立特等功。

王正岗 安泽县人，支前模范。任安泽县支前民兵营营长。1948 年临汾战役中，带领支前民兵营用自制土地雷、石雷、炸药消灭顽固军，靠双肩双手把数千吨军用物资运往前线。庆功会上，徐向前元帅颁给安泽县人民政府“支前先锋”锦旗一面，授予王正岗“支前模范”荣誉。

尚恒初 和川镇西洪驿村人。1942 年响应抗日政府号召，积极劳动，互助生产，超额三成多上交抗日公粮，被评为太岳区劳动模范第一名，获奖大黄牛 1 头。

苏士贵 马壁乡秦壁村人，1942 年他组织 7 户贫农互助生产，获得好收成。1944 年 3 月，4 村 76 户人家组成互助生产大队，推举苏士贵为大队长。在他统筹计划下，生产、战勤、优抚三结合，按劳记工，按工发票，长得短补，提高了劳动工效，当年增产粮食 188 石，当选为冀氏县一等劳动模范。此外，还开办小学组织儿童读书，开展政治教育，动员 21 名青年参加八路军。

曹清连（女） 马壁乡马壁村人，时任马壁村妇救会主任，与秦兰英、杨树梅结为姊妹，组织马壁、秦壁、东里 3 村 192 名妇女互助生产，农忙抓田间生产，农闲纺花织布。曹清连以身作则，先人后己，扶持老弱贫困户，广受好评，1945 年出席了太岳区劳动模范大会，光荣受奖。

秦兰英（女） 马壁乡秦壁村人，曹清连的得力助手。1945 年 5 月曹清连调区妇救会任职，互助大队由秦兰英负责，她团结 20 名“贴心姐妹”奋发实干，农业生产、纺花织布都获得好成绩。1945 年出席了太岳区劳动模范大会，光荣受奖。

毛自秀（女） 冀氏镇冀氏村人，积极参加冀氏支前站工作。1947 年 4 月，她腾出房接待 4 位过境伤员，供饭供食，日夜侍候。担架队缺人时，她与男人一样抬担架，日行数十里，安全把伤员送到后方医院。1950 年 3 月，毛自秀参加全国第一次妇女代表大会，获奖章 1 枚。

建设时期模范人物

石福有　府城镇神南村人，1951 年组织 16 户农民互助生产，县政府授予他“劳动英雄”称号，1952 年春受临汾专署表彰。创办全县第一个农业生产合作社，416 亩耕地产粮 17.2 万斤，单产创全县最高纪录，山西省人民政府授予二级劳动模范奖章。1954 年再创高产新成绩，二次出席省劳模大会。担任社（大队）干部 24 年，艰苦创业，廉洁自律，表现出一个共产党员的高风亮节。1986 年去世。

高德发　良马乡边寨村人，1952 年创办农业生产合作社，领导群众治山治水，植树造林，人均造林 4.32 亩，被晋东南地区评为一等劳动模范。1954 年出席山西省农业生产劳动模范大会，获金星奖章。

刘玉棋（1925—1983）　山西古县人，中共党员。担任银行农金员期间，不怕苦，不怕累，走村串户，及时向社员发放贷款，扶持社员搞生产，秋后帮社员销售农副产品，解决了500户社员的实际困难。收贷率达95%以上，1953年获山西省劳动模范荣誉。

张凤勋（女） 1930年生，安泽县人，中共党员，经济师，1953年在府城供销社参加工作，曾任果品公司经理。在和川供销社工作时，积极扶持社队发展生产。沁河庄没有大牲畜，她从外地购回毛驴3头。送货下乡，赴外地采购，从不怕苦怕累，1964年获山西省六好职工荣誉。1988年退休。

赵玉璞 1933年生，唐城镇唐城村人，中共党员，经济师。1947年在唐城供销社参加工作。1977年任土产公司经理。1977年在土产公司亏损3万元的情况下，改善经营管理，加强经济核算，严格财经纪律，定出四统（统一领导、统一政策、统一计划、统一核算）五定（定任务、定出勤、定资金、定费用、定品种）和超奖欠罚的管理办法。1981年盈利6.7万元，总销售比1978年提高538.4%，纯购进提高两倍多，费用下降3.16%，利润提高18倍，资金周转加快49天。1982年荣获山西省劳动模范称号。

常来运 良马乡宋店村人，1956年加入中国共产党，同年担任农业生产合作社社长，在壮大集体经济、发展农牧生产方面成绩显著，1963年出席山西省劳动模范大会，光荣受奖。

宋耀宗 府城镇上掌村连家庄人，1962年困难时期主动申请返乡任连家庄生产队长，带领17户农民苦战。1971年至1983年连续13年粮食夺得高产，现金收入增加3.5倍。1979年、1982年两度出席山西省农业生产先进集体、模范个人代表大会，荣获集体、个人双项奖。

陈科举 良马乡宋店村人。任队长期间，领导二仙沟生产队改良土壤，科学种田，在高寒的窄小地块上创造出小麦亩产 256 公斤、谷子亩产 423 公斤记录。1980 年、1982 年两度出席山西省农业生产先进集体、模范个人代表大会，光荣受奖。

王守山 马壁乡东里村人，1984 年带领两个儿子承包 280 公顷荒山，大干三年，绿化 240 公顷，树木成活率 86%，1987 年被评为山西省林业劳动模范，受到山西省人民政府奖励。

贾天才 1936 年生，山西沁源人，中共党员，经济师。1952 年入安泽县邮电局当乡邮员，1961 年在邮局任经济员期间，认真钻研邮电计划、统计工作，设计了统计原始记录 32 种。总结出“占有资料，加强分析，找出矛盾，提出办法”的统计工作经验。1961 年获山西省先进工作者荣誉。

党中奎（1939.10—2009.12），山西省古县北平镇人。初中学历，中共党员。1956 年 5 月参加工作。1986 年 6 月任县司法局局长。司法局先后 42 次受到省、市、县表彰奖励。1997 年被省司法厅荣记三等功 1 次，他本人于 1995 年被省厅评为模范司法局局长，1996 年、1997 年被省厅记三等功、二等功各 1 次，1997 年被司法部授予全国优秀司法局局长。

杨心田 1941 年 1 月生，山西临汾尧都人。中共党员。中专学历。1961 年在安泽县唐城镇羊场工作。1964 年任安泽林场青松岭造林队队长。1973 年任兰村林场场长，1986 年任安泽县林业局局长。在安泽林场任青松岭造林队队长期间，带领群众造林6万余亩。在兰村林场任场长期间，兰村林场被评为山西省先进林场。任县林业局局长期间，任太行山绿化工程项目负责人，采用“封、造、飞”多种方式造林，全县造林面积141万亩，林木覆盖率达48%，居全省第一，山西省政府在安泽召开了太行山绿化现场会推广经验。先后获授林业功臣、林业劳模、林业基层工作“劲松奖”“山西省太行山绿化工程建设优秀局长”“全国飞播造林先进个人”“全国绿化奖章”等荣誉。

宋培战 1944年生，马壁乡郎寨村人，中共党员。1972年担任县工商行政管理局市场管理员，后任城关工商管理所所长。工作兢兢业业，认真负责，1981年下乡154天，行程近万里，超额完成地区下达任务。1982年被评为山西省劳动模范。

张银莲（女） 1946年生，唐城镇唐城村人，中共党员。1979年任唐城村妇代会主任。1987年被评为山西省妇女联合会“三八红旗手”。1991年任唐城村支部书记。1998年任唐城村敬老院院长。山西省第六、七、八届人大代表。

张长生 1948年生，安泽县人，中共党员。1967年在安泽县农机局和川农机站任农机员，1980年任站长后，改变经营方式，以农机机耕、修理、培训为主，开展多种经营，全公社机耕面积达90%上，培训农机人员150余人。利用冬季搞运输，把亏损企业变成赢利单位。1982年被评为山西省劳动模范。

白凤英（女） 1950年2月生，府城镇府城村人。1965年7月参加工作，1974年11月加入中国共产党。先后在安泽县百货公司、郭都公社工作。1975 年 7 月任县计生办副主任，1984 年 8 月至 2004 年 10 月任县计生委主任，1986 年被评为“全国计划生育先进工作者”，1989 年被评为山西省劳动模范。

牛玉兰（女） 1952 年生，唐城镇井上村人，中共党员。1970 年 7 月任唐城供销社副主任。1973 年 7 月任团县委副书记、良马公社革委会主任。1980 年 12 月任司法局副局长、支部书记。在司法局工作期间，加强组织建设，常抓学习教育。局党支部多次受到市委、县委的表彰。1993 年 12 月 30 日被司法部授予“全国司法行政系统优秀政治工作者”荣誉。

田淑珍（女） 1957 年生，山西古县人，中共党员，大专文化。1990 年任和川镇副书记、副镇长，1995 年任英寨乡副书记、乡长，1998 年任三交乡书记，2000 年任府城镇书记。在府城镇任职期间，团结党政一班人，多方筹资 200 万元新建了 150 座温室蔬菜大棚，引导群众发展经济林 1 万亩，种植以甜桔梗为主的中药材 5000 亩，优质谷子 5000 亩，朝天椒 3000 亩。投资 380 万元建成了飞岭、小黄两个 500 头高标准养牛园区，府城千头猪场，神南、府城两个万只鸡场，群众年收入突破 3000 元大关，年增长 30%。2004 年田淑珍被评为山西省劳动模范。

许平文 和川镇东洪驿村人。1955 年生，中共党员。1984 年许平文担任村党支部书记后，直面全村 220 户脱贫致富的重任，研究确定了开发山坡建设绿色银行、调整产业抓制种的发展思路。班子成员团结全村 380 个劳力苦干 10 年，荒山造林 1000 公顷，栽植经济林 332 公顷，成为全镇第一富村。1994年东洪驿村获全国“绿化千佳”村，1995年许平文被评为山西省劳动模范。

张国林 1981年4月生，安泽马壁刘村人。本科学历，中共党员。全省爱岗敬业好协管。2002年11月至2004年11月任安泽县公安局交警大队冀氏中队协管员、班长。2004年11月至2017年11月任安泽县公安局交警大队城市中队大十字岗班长、共青团安泽县委兼职副书记。2017年11月在安泽县和川镇上田村脱贫攻坚驻村帮扶队任工作队长。2011年1月被山西省公安厅交通管理局授予“爱岗敬业好协管”荣誉称号；2013年6月被安泽县委授予“优秀共产党员”荣誉称号；2013年12月被山西省劳动竞赛委员会荣记个人二等功；2014年12月被安泽县委、县政府授予第二届十大“感动安泽”人物、“荀乡卫士”模范；2015年5月被共青团临汾市委评为“优秀团支部书记”；2015年6月被共青团山西省委授予首届山西“最美青工”荣誉称号；2015年12月被山西省文明办评为“敬业奉献好人”，光荣入选“山西好人榜”；2016年4月被山西省劳动竞赛委员会授予“山西省五一劳动奖章”。

梁全保 1943年7月生。中共党员。山西省临汾市尧都区高堆村人，1968年山西医科大学毕业分配到安泽县人民医院从事内科临床工作。1979年任内科主任，1984年任副院长，1993年评定为副主任医师，1998年评定为主任医师，同年调任临汾市（今尧都区）第一人民医院急诊科主任。先后发表学术论文30余篇。1993年中共山西省委、省政府授予“为老干部服务先进工作者”荣誉。

许官文 1962年7月生，和川镇东洪驿村人，中共党员。中专学历。1980 年起先后在和川镇槐坡小学、杏坡小学、孔村小学、荆村小学、东洪驿小学任教。扎根山村 30 年，逐步形成了适合山村孩子的教学模式，撰写的论文多次在报纸杂志上发表。1995 年至 2002 年先后获“全国优秀教师”“山西省优秀教育工作者”“山西省劳动模范”“山西省学科带头人”荣誉。

赵兴武 唐城镇梨八沟村人，1966 年初中毕业，先在本村及冯子节任教，1981 年调唐城小学，工作积极，教学认真，育人有方。1985 年加入中国共产党，1977 年至 1985 年连续被评为地区、省级优秀教师。1983 年获全国教育系统优秀班主任金质奖，山西省人民政府为其记二等功。

邱东贵 山西晋城市人。1970 年毕业于山西师范学院，担负安中 3 个班政治课教师。1982 年至 1990 年连续被评为先进工作者，先后四次受地区教育局奖励。1989 年被评为全国优秀教师，荣获国家教委、人事部、全国教育总工会颁发的荣誉证书和奖章。

任成文 和川镇石渠村人，安泽中学一级教师，勤于钻研，教学有方，所授英语课全地区通考成绩名列前茅。1991 年被国家教委、人事部评为全国优秀教师。

革命活动旧址

中共太岳区党委旧址

中共太岳区党委旧址位于安泽县杜村乡桑曲村，建于

1927 年，原为民居，四合院布局。1942 年 10 月，中共太岳区党委、太岳军区、太岳行署由沁源移驻冀氏县，区党委和军区驻桑曲村，行署驻小李村，政治部驻郭庄。旧址东房为薄一波同志办公处，现陈列有马灯、军帽、土炕、灶台等生活用具。屋前有一石刻棋盘，棋盘上刻有“抗战到底”字样。南房是工作人员居住地。正对大门有照壁，壁上有“毛主席语录”字样。2007 年，中共太岳区党委旧址被列为县级文物保护单位，2011 年被列为省级爱国主义教育基地。

太岳军区司令部旧址

太岳军区司令部旧址在安泽县杜村乡桑曲村，建于 1927 年，原为民居。院落坐北向南，占地面积 544.17 平方米。四合院布局，正房面阔五间，东、西厢房均面阔三间。现存建筑有南房、西厢房、东厢房、正房（陈赓办公处）。1942 年，太岳军区司令员陈赓率部在此驻扎两年 8 个月，对日军展开了关圣岭战斗、小曲伏击战等。太岳军区司令部旧址现已定为省级爱国主义教育基地和省级文物保护单位。

太岳行署旧址

太岳行署旧址位于安泽县杜村乡小李村，分东、西两院，均坐北向南，四合院布局。西院建于 1831 年，占地面积 700 平方米。现存照壁、大门、二门、东厢房（裴丽生办公处），西厢房（牛佩琮办公处）。1942 年 10 月，太岳行署由沁源县移驻于此，行署主任牛佩琮，副主任裴丽生。东院现存建筑有北房（妇救会办公处），西房（青年团办公处），东面两孔窑洞为战士们住所。太岳行署旧址现已定为省级爱国主义教育基地和省级文物保护单位。

太岳军区政治部旧址

太岳军区政治部旧址位于安泽县杜村乡郭庄村，占地面积694平方米，为坐北朝南院落，有北窑2孔，西窑2孔，东窑1孔。1942年10月至1944年11月，太岳军区政治部（主任王新亭）随中共太岳区党委、军区、行署由沁源移驻此院，王新亭住北面东侧窑，窑洞后侧设暗室，直通后山。

太岳行政干校旧址

太岳行政干校旧址位于安泽县杜村乡小李村，院落为四合院布局，占地面积455平方米，现存照壁、大门、正房、厢房等。1942年10月至1944年11月，太岳行政干校进驻小李村，定期分批培训了县、区两级党员干部。中共太岳区党委在此集中整顿县团级以上领导干部的学风、文风、党风。中共中央北方局书记胡服（刘少奇）在此做过关于群众运动与根据地建设的重要报告。

太岳兵工厂旧址

位于安泽县杜村乡良种场三官庙自然村的红泥沟里，清代建筑，坐东向西，四合院布局，占地面积247.23平方米。现仅存南厢房，面阔三间，进深四椽，单檐灰板瓦悬山顶。1942年10月，太岳兵工厂移驻于此修理枪械，生产弹药，1944年11月再移转沁水县。

《新华日报》（太岳版）印刷厂旧址

1942年10月，中共太岳区党委、军区、行署由沁源转移进驻安泽县后，《新华日报》（太岳版）印刷厂设于杜村乡陈家沟村东，在碾砣岭西边，1944年11月又移驻沁水县。印刷厂旧址坐西向东，原有 10 孔窑洞（现留存 7 孔），面积 350 平方米。2007 年列为县级文物保护单位。

《新华日报》（太岳版）二道河编辑部旧址

1942 年 10 月，中共太岳区党委、军区、行署由沁源转移进驻安泽县后，《新华日报》（太岳版）二道河编辑部设在杜村乡郭庄村的二道河自然村，此处位于碾砣岭东边，兼顾了方便与安全。旧址为清代建筑，坐北向南，四合院布局，占地面积 339 平方米。现存大门、西厢房、正房等。

石槽会议旧址

位于安泽县马壁乡石槽村。旧址地势较高，坐北朝南，占地面积 372 平方米，主体建筑为两孔窑洞，右边一孔是邓小平同志居所，左边一孔是负责邓小平同志饮食起居的李克印的住所。院内有石磨盘、石碾盘，窑洞内陈列朱红色木桌和两把发黑的木椅。旧址 2007 年被列为县爱国主义教育基地。

革命烈士纪念基地

安泽县烈士陵园

安泽县烈士陵园现位于府城镇风池村西南 1 公里处。

1947 年，安泽县在城东川口村为抗战和解放战争中牺牲的烈士立碑，后移现宏安园小区西部，1979 年再移至城东现望岳楼处。

1985 年扩建的陵园整个建筑呈方形对称布局，园门左面为安泽县革命斗争史陈列室，右面为安泽县革命烈士陈列室，共占地420平方米。

2000年县烈士陵园迁至风池村南，占地面积2362.2平方米，坐南向北，有碑廊、纪念塔、通道等建筑。从园区北面拾级而上，两旁松柏列队。步入园区中道，左右两面分别安放着一块大石碑，一块为“安泽县爱国教育基地”，一块为“安泽县革命烈士陵园”。中道两旁是30余棵4米多高的松柏巍然挺立，庄严肃穆。中道尽头，耸立着粉刷一新的“安泽革命烈士纪念塔”，塔四周是白色不锈钢围栏。纪念塔为方尖塔，北面刻字为“安泽革命烈士纪念塔”，南面刻字为毛体“为人民而死，虽死犹荣”，东面为朱德题词“革命烈士永垂不朽”，西侧为陈质的题词“踏着烈士们的血奋勇前进”。

碑廊内现存纪念碑16通。有“安泽县军政民干部光荣牺牲纪念碑”，有安泽抗日战争、解放战争大事要事记碑，有晋冀鲁豫第四纵队第十三旅人民爱国自卫战争烈士英名碑，其他烈士英名碑及“府城阻击战”纪念碑等。

和川烈士陵园

和川烈士陵园现位于安泽县和川镇和川村。1947年1月，为纪念在孝义锅头战役中牺牲的高志和、赵有才、韩巨昌、马其清4位烈士，和川镇在和川村二郎山西北方向为4位烈士建墓立碑，后迁移二郎山上达40余年。1992年9月迁现址新建和川烈士陵园，占地1000多平方米，除上述4烈士外，还为和川镇在抗战、解放战争中牺牲的所有烈士一并刻碑。和川烈士陵园主体建筑为高10余米的纪念碑，正面刻着“革命烈士永垂不朽”，背面刻

“为人民而死，虽死犹荣”。

王光烈士陵园

抗日女英雄王光墓，位于县城东南 30 公里杜村乡东唐村辛庄南山 326 省道旁。王光墓地依山而建，松柏滴翠。登上路旁石头阶梯便是一池清澈见底的喷泉。沿着石阶再往上攀，是镶嵌在高耸的石头底座上面的王光汉白玉全身雕塑。塑像的后面长眠着王光烈士的忠魂。铭刻着烈士英雄事迹的纪念碑竖立在烈士墓前。

三交烈士陵园

三交烈士陵园在府城镇三交村东 100 米处。白文高，四川广安人，1934 年参加红军，后由八路军一二九师三八六旅调山西抗日决死总队四十二团任营长。1940 年春攻打霍县刘家庄日军炮楼时，白文高与战友们英勇作战，消灭日军百余名。战后，白文高和 5 位战友的遗体运回佛寨村。

1990 年中共三交乡党委、乡政府重立烈士碑。2012 年县政府对白文高烈士陵园再次维修，面积增至 460 余平方米，新建了围墙、护坝、四角亭。白文高烈士墓前有两块墓碑，一块介绍营长白文高烈士攻打霍县日军炮楼光荣牺牲的事迹，另一块记载该墓复修的简况。墓的西侧，新建一座坐西向东的小亭，亭内安放三块石碑，其中一块碑上铭刻着原三交乡为革命牺牲的 10 多位烈士英名和生平简介，一块碑上铭刻着县著名抗日英雄王得胜英勇机智战斗的事迹。

革命英烈名录

（安泽县 225 名烈士名录，县民政局提供，1981 年县人民政府制）

英　名　籍　贯　牺牲时间地点

高天保　良马村　1952 年云南龙陵剿匪牺牲

冯宝贝　和川上县村　1948 年淮海战役牺牲

乔元林　良马村　1944 年洪洞作战牺牲

冯登山　府城高壁村　1948 年河南南阳作战牺牲

赵麦锁　郭都东上寨村　1947 年运城战役牺牲

元保录　府城高壁村　1952 年朝鲜战役牺牲

崔青山　罗云双头村　1947 年洛阳作战牺牲

高海泉　冀氏南孔滩村　1943 年河南太康北常营作战牺牲

邱富祥　冀氏李庄村　1947 年临汾作战牺牲

王得胜　三交花车村　1944 年安泽井儿沟为掩护战友牺牲

赵英锁　郭都东上寨　1947 年运城作战中牺牲

随　步　冀氏王村　1950 年天津因公牺牲

侯成山　三交村　1948 年介休张兰镇作战牺牲

张何贵　唐城村　1940 年赵城石猛作战中牺牲

范保太　府城村　1940 年河南济源枣庙村牺牲

祁永禄　马壁店道沟　1945 年临汾作战中牺牲

赵全富　马壁村　1949 年湖北作战中牺牲

刘启文　唐城上庄村　1944 年霍县作战牺牲

王建云　和川西沟村　1945 年霍县作战牺牲

张海全　马壁唐村　1948 年太原作战牺牲

马续才　和川村　1948 年临汾作战牺牲
张天德　唐城梨八沟　1948 年淮海战役牺牲
王来法　府城高壁村　1948 年洛阳作战牺牲
张双喜　和川东洪驿村　1947 年霍县作战牺牲
杨青跃　马壁郎寨村　1948 年临汾作战牺牲
王秋生　杜村河阳村　1947 年运城作战牺牲
吕小来　和川石渠村　1947 年浮山关桥作战牺牲
王细荣　和川石渠村　1947 年河南确山作战牺牲
王同来　罗云北崖底　1946 年浮山关桥作战牺牲
吴忠山　和川村　1948 年洛阳作战牺牲
李传金　和川沁河庄　1948 年淮海战役牺牲
张双喜　马壁唐村　1948 年杨围子作战牺牲
曹继成　和川村　1947 年洛阳作战牺牲
常忠祥　和川石渠　1947 年洛阳西宫作战牺牲
王贵法　石槽下石村　1948 年榆次作战牺牲
程连珍　良马边寨村　1951 年云南因公牺牲
邢文喜　和川沁河庄　1948 年沁源新沟作战牺牲
王永康　马壁海东村　1949 年平遥作战牺牲
王忠寿　和川村　1949 年西康作战牺牲
李绍富　和川村　1947 年洛阳作战牺牲
王来发　和川村　1946 年中原作战牺牲
李清水　良马小寨村　1947 年四川作战牺牲
郑德恩　和川村　1949 年尖北麻城作战牺牲
程文伯　罗云青杨凹村　1950 年云南龙陵剿匪牺牲
王高成　马壁村　1945 年河南孟县冶墙村被敌杀害
王　洪　和川村　1938 年安泽冀氏作战牺牲

张德富　府城义唐村　1945 年安泽草峪岭被敌杀害

崔志得　石槽村　1944 年安泽县枣树沟被敌杀害

孟恒牛　良马花寨村　1946 年侯马作战牺牲

王秃只　良马小寨村　1945 年作战牺牲

温保山　石槽村　1948 年榆次作战牺牲

李占功　马壁村　1945 年浮山兰桥作战牺牲

邱金钟　冀氏李庄村　1943 年古县七里坡作战牺牲

任树堂　唐城村　中原作战牺牲

陈庆仁　罗云沟口村　1946 年闻喜峨眉作战牺牲

梁金寿　罗云北崖底村　1948 年淮海战役中牺牲

冯广成　良马花寨村　河南开封作战中牺牲

杨来福　罗云村　1949 年广东作战

刘志东　罗云村　1948 年河南阳柳高庄作战牺牲

王立生　冀氏马寨村　1947 年平陆县杜村作战牺牲

党颜红　唐城议宁村　1945 年灵石县南兰作战中牺牲

李秋全　杜村河阳村　1949 年广东阳江作战中牺牲

袁福珍　良马边寨村　1948 年太原作战中牺牲

冯立眼　良马村　1941 年牺牲

冯相成　和川村　1938 年太原作战中牺牲

常怀毕　良马宋店村　1938 年牺牲

吕吉太　杜村　1942 年河南林县作战牺牲

刀亮则　和川村　1939 年晋中作战牺牲

李长生　唐城庞壁村　1948 年沁源作战牺牲

王磨管　唐城固县村　1948 年淮海战役牺牲

樊忠和　唐城三交村　1944 年安泽良马村牺牲

马玉林　和川孔旺村　1946 年侯马作战牺牲

李宫云　和川村　1940 年沁源龙头作战牺牲
岳增牛　唐城议宁村　1942 年古县作战牺牲
赵水根　府城孔村　1946 年曲沃作战牺牲
杨耀林　马壁郎寨村　1947 年运城作战牺牲
孟祥成　罗云议亭村　1944 年安泽许家村作战牺牲
李兆群　良马村　1945 年赵城作战牺牲
赵景玉　唐城亢驿村　1944 年浮山高村作战牺牲
岳三牛　唐城议宁村　1943 年古县小罗山作战牺牲
申海明　和川人马沟村　1948 年太原作战牺牲
王张锁　和川花焦庄　1942 年老爷顶作战牺牲
冯王锁　马壁村　1945 年曲沃作战牺牲
王德生　马壁村　1945 年临汾作战牺牲
王旭太　马壁村　1948 年沁源作战牺牲
丁富秀　唐城固县村　1948 年河南柳高庄作战牺牲
弓玉厚　和川荆村　1948 年霍县作战牺牲
白廷有　府城高壁　1944 年蒲县作战牺牲
王小山　马壁村　1946 年中条山作战牺牲
丁常山　唐城固县村　1946 年中原作战牺牲
刘路贤　三交李垣村　1943 年临汾作战莪牺牲
郭计法　杜村东唐村　1948 年牺牲
李有发　马壁村　1948 年翼城南关作战牺牲
徐义德　府城飞岭村　1945 年闻喜峨眉岭作战牺牲
李忠殿　马壁秦壁村　1945 年临汾作战牺牲
李世昌　郭都油房湾村　1946 年夏县作战牺牲
牛科来　唐城三交村　1945 年浮山作战牺牲
赵福龙　唐城冯子节村　1949 年平遥梁德沟作战牺牲

芦高保　唐城上庄村　1945 年浮山关桥作战牺牲
任海生　唐城东湾村　1948 年安阳作战牺牲
郝二孬　罗云村　1944 年洪洞作战牺牲
侯胖则　南三交村　1944 年洪洞作战牺牲
魏来柱　和川东洪驿村　1945 年侯马作战牺牲
贾登山　和川西上县村　1947 年浮山作战牺牲
郑治国　马壁卫寨村　1947 年曲沃作战牺牲
樊保生　罗云北崖底村　1946 年闻喜柳峪岭作战牺牲
雷保云　罗云安上　1946 年闻喜峨眉岭作战牺牲
赵小群　府城高壁　闻喜小里村作战牺牲
王爱兵　府城小黄村　孝义作战牺牲
韩森林　府城小黄村　1946 年闻喜上早岭作战牺牲
刘太昌　和川五里庄村　1945 年赵城作战牺牲
陈贵华　三交李垣村　1947 年新绛王安镇作战牺牲
王美秀　唐城亢驿村　1945 年翼城北后村作战牺牲
赵莫锁　杜村文州村　1949 年运城丹堡作战牺牲
冯来锁　马壁村　1946 年中条山作战牺牲
齐留柱　府城高壁村　1946 年闻喜作战牺牲
柳来付　杜村河阳村　1948 年临汾东关作战牺牲
邓　员　和川村　1948 年临汾作战牺牲
邢天保　和川西沟村　1947 年山东平西县作战牺牲
尚怀富　罗云北崖底　1946 年闻喜柳峪岭作战牺牲
黄玉琪　唐城亢驿　1945 年阳城作战牺牲
王何保　和川村　1947 年侯马作战牺牲
雷金才　府城桃曲村　解放战争中牺牲
王贵群　杜村　1947 年运城作战牺牲

陈明山　和川石渠　1947 年闻喜小庄岭牺牲
翟书元　和川石渠　1947 年吕梁作战牺牲
刘太昌　府城小黄村　1945 年河北赵县牺牲
段长海　府城义唐村　1947 年河南灵宝县龙王庙作战牺牲
王东芝　府城李垣村　1946 年闻喜作战牺牲
王东则　府城孔村　1945 年河北赵县作战牺牲
闫玉秀　良马边寨村　1946 年曲沃牺牲
耿青春　罗云议亭村　1947 年洛阳牺牲
郑小根　府城义唐村　1945 年洪洞牺牲
吕继有　府城桃曲　1946 年闻喜上照岭作战牺牲
张明祥　罗云议亭村　1946 年曲沃牺牲
周福昌　良马边寨村　1946 年曲沃牺牲
李全贵　马壁东里村　1948 年临汾作战牺牲
展学功　府城村　1948 年贵州作战牺牲
张启才　良马边寨村　1949 年河南方城作战牺牲
黄小七　三交佛寨　霍县志家庄作战牺牲
夏二炳　良马边寨村　1947 年侯马牺牲
冯羊锁　马壁村　1948 年夏县牺牲
田二只　良马边寨村　1947 年乡宁牺牲
李根荣　府城村　1948 年淮海战役牺牲
尚怀祥　和川村　1948 年榆次牺牲
陈文云　冀氏白村　解县作战牺牲
祁延柱　罗云北崖底　1948 年淮海战役牺牲
张春喜　石槽村　1948 年太原作战牺牲
郭林海　马壁唐村　1948 年太谷小常村作战牺牲
李小四　秦壁村　1948 年芮城二郎圪塔作战牺牲

芦　龙　秦壁村　1948 年在芮城作战牺牲

李章修　冀氏兰村人　1948 年淮海战役牺牲

白廷川　府城孔村　1948 年淮海战役牺牲

尚清全　桃曲村　1948 年运城牺牲

马富旺　桃曲村　1948 年淮海战役牺牲

高徐保　杜村东唐　1952 年朝鲜牺牲

徐青山　冀氏柳树沟　1948 年淮海战役牺牲

韩玉虎　马壁卫寨　1948 年临汾牺牲

成文明　马壁郎寨　1948 年临汾牺牲

王守玉　马壁卫寨　1948 年临汾牺牲

杨才明　马壁卫寨　1948 年太谷小常镇牺牲

任来柱　马壁东里村　1948 年牺牲

王增友　冀氏马寨　1948 年安徽作战牺牲

陈虎昌　罗云村　1948 年淮海战役牺牲

张心善　罗云上田村　1948 年淮海战役牺牲

宋富年　罗云村　1948 年淮海战役牺牲

姜永胜　冀氏王村　1948 年淮海战役牺牲

李赵明　石槽王河村　1948 年淮海战役牺牲

杨才忠　马壁卫寨　1948 年榆次牺牲

常光富　马壁村　1948 年平陆作战牺牲

赵合山　杜村东唐　1948 年淮海战役牺牲

滕德全　府城村　1947 年解县作战牺牲

张三牛　冀氏南孔滩　四川康定剿匪中牺牲

郭先保　杜村　1948 年淮海战役牺牲

雷长庆　和川村　1949 年西康牺牲

杨文新　和川村　1949 年太原牺牲

王秋川　和川村　1947年洛阳牺牲
赵福山　冀氏白村　1948年湖南卫城牺牲
崔金保　冀氏村　1948的淮海战役牺牲
关起富　冀氏王村　1948年临汾牺牲
姬留根　三交佛寨村　1948年南下作战牺牲
冯小转　三交佛寨村　1948年南下作战牺牲
杨根和　石槽村　1948年太原作战牺牲
岳贵全　唐城村　1949年波口牺牲
房来喜　北三交村　1948年淮海战役牺牲
王喜成　唐城上庄村　1948年淮海战役牺牲
秦房牛　唐城固县村　1947广东观音庙作战牺牲
芦小四　唐城冯子节　1947年欠门寺作战牺牲
王喜忠　亢驿村　1948年浮山牺牲
李春喜　良马花寨村　1948年太原作战牺牲
史成全　罗云双头村　1948年淮海战役牺牲
王富荣　罗云上田村　1949年四川阳江牺牲
任长太　石槽下横岭村　1948年介休小南庄牺牲
彭章成　石槽村　1948年临汾牺牲
杨太山　马壁秦壁村　1948年太原牺牲
林学武　罗云双头村　淮海战役牺牲
华文珍　白村人　1948年阳之寨作战牺牲
魏德礼　和川村　1949年太原牺牲
杨华山　冀氏白村　1948年湖北黄山头车站作战牺牲
葛继成　高壁村　1948年洛阳作战牺牲
孙秋来　和川村　1948年四川大余县牺牲
赵同卫　和川村　1947年晋中战役牺牲

陈学林　冀氏半道村　1948 年广东阳江牺牲
曹四一　和川村　1950 年四川雅安牺牲
张进才　杜村窑上村　1971 年国防部施工中牺牲
王申守　和川村　百丈镇剿匪时牺牲
段明珠　唐城固县人　1979 年吉林参加国防施工时牺牲
冯小河　罗云车道村　1952 年云南腾冲县牺牲
李赵全　马壁村　1944 年上党战役牺牲
梁培仙　和川村　1947 年侯马作战牺牲
张雨根　郭都村　汾西作战牺牲
芦俊奇　马壁东里村　1948 年临汾东兴作战牺牲
陈满仓　罗云村　1942 年安泽南三交村杀害
党兴晋　亢驿村　1945 年沁源温水村作战牺牲
柳秋贵　良马小寨村　1947 年河南汤阴县南下过江时牺牲
张连生　和川上县村　1945 年浮山作战牺牲
吴正太　马壁郎寨村　1949 年太原作战牺牲
刘德贵　郭都村　1951 年　10 月朝鲜作战牺牲
张米贵　三交花车村　1945 年浮山关桥作战牺牲
尚传文　冀氏李庄村　1946 年河南作战牺牲
常　全　桃曲村　1950 年因公牺牲
郭文章　良马村　1941 年屯留县常村作战牺牲
冯士兰　石槽村　1945 年安泽下横岭村被敌杀害
吴希春　高壁村　1944 年安泽草峪岭被敌杀害

按烈士对待的 50 名失踪军人名录

姓　名　籍　贯　失踪时间地点

杨士秀　府城神南村　1947 年洛阳战斗失踪

李双喜　和川木家园　1944 年失踪
崔兴贵　杜村人　1951 年失踪
蒋富有　和川东洪驿村　1937 年失踪
郭海江　和川法井村　1951 年失踪
李三奎　府城石桥沟村　1945 年失踪
张小保　马壁海东村　1941 年失踪
王占熬　罗云双头村　1938 年失踪
侯金钟　罗云双头村　1938 年失踪
田银锁　罗云双头村　1942 年失踪
安福贵　良马小寨村　1940 年失踪
李文松　和川孔旺村　失踪
马斗牛　府城孔村　失踪
孙黑小　冀氏沟口村　1945 年失踪
秦唐则　唐城庞必村　1948 年失踪
王富贤　三交上梯村　1943 年浮山关桥战斗失踪
马富旺　府城神南村　1945 年失踪
陈来群　府城小黄村　1946 年失踪
闫小狗　府城高壁村　1945 年失踪
张砍牛　罗云议亭村　1947 年失踪
任贵则　罗云安上村　1949 年失踪
武文新　府城第五村　1945 年失踪
秦连法　罗云议亭村　1946 年失踪
赵宽心　罗云议亭村　1949 年失踪
李尖牛　罗云议亭村　1948 年铁门战斗中失踪
弓双秀　三交上梯村　1947 年河北失踪
李存连　罗云北崖底村　1947 年失踪

李元福　和川东洪驿村　1948 年淮海战役中失踪

李小红　府城小黄村　1947 年失踪

梁修庭　和川西洪驿村　1947 年洛阳战斗中失踪

张应柱　府城飞岭村　1946 年翼城作战中失踪

密新德　三交上梯村　1948 年河南柳高庄战斗后失踪

徐晚虎　马壁东里村　1946 年河南方城战斗时失踪

韩根成　唐城南湾村　1948 年失踪

张来义　府城神南村　1947 年失踪

郑大喜　府城义唐村　1947 年失踪

陈双虎　罗云村　1948 年失踪

李三财　府城风池村　失踪

平太则　杜村郭庄村　1948 年失踪

陈七金　郭都劳井村　1948 年失踪

张运芳　罗云上田村　失踪

王志祥　和川村　1948 年太原作战时失踪

赵来昌　冀氏白村　1948 年淮海战役负伤转院后失踪

王根堂　罗云上田村　失踪

张麦成　罗云车道村　1948 年河南柳高庄战斗中失踪

刘贵喜　府城义唐村　1947 年河南陕州战斗中失踪

尚庆云　府城大黄村　失踪

李松柏　良马花寨村　1951 年失踪

斗黑则　罗云安上村　失踪

刘章林　马壁荆村　1948 年失踪

1949 年　南下干部名录

孟　健　苏　琴　梁生光　王沁峰　杨培林　郭元宝　王政民
师传信　尚发云　郭佐唐　刘根祥　范如昌　李桂宝　孙西林
侯怀德　张占胜　杨　柳　王安民　贺德全　郭文平　齐许福
刘怀文　李春玉　任世清　胡家风　王俊荣　王宝进　雷　宏
常　全　王洪基　郭高明　杨成森　闫安祯　田福旺　赵元庆
王希云　李宝荣　刘笃才　罗汉三　龙高栅　王洪库　师仁忠
李炎滨　常广太　贺锡禄　任守道　郭瑞芝　高存信　李荣贵
赵元祥　牛苏群　张海明　徐广德　黄伟栋　靳文华　常守义
刘国亮　王长禄　张正道　乔　健　李长瑛　史春荣　张永福
韩荣光　任连登　苏克林　何宗汉　张庚寅　吴风贵　李秀德
李生贵　刘日德　韩　秀　张道安　张　湧　杨　鹏　史道沅
段文来　汪太平　段王梅　亓西舟　王振奎　牛采莲　王长祥
刘　斌　师传有　李文明　柴新民　裴玉秀　党爱民　苗金英
白怀谨　杜荣华　裴玉风　袁世杰　李耀明　吕茂丰　曹清莲
苗秀珍

抗美援朝部分军人名录（部分）

王毓秀　袁锡功　国金贵　李鼎春　李林效　郭福昌　葛清贤
段岐山　刘德贵　元保录　高徐保　崔兴贵　王明伦

1965 年抗美援越军人名录

王兆元 赵兴文 温增元 何春景 贾儒福 申志胜 刘同保 刘治平
黄玉堂 郭秀贵 孙全孝 郑秋元 苏启明 李宝林 何水鱼 李福来
许文全 樊锡广 联庆文 郭秋生 吴二太 李怀生 王高贵 刘金龙
范福印 贾学义 郭长业 李福财 李文珠 杨福才 杨占云 王三喜
张文元 张连学 赵文庆 申治宝 孟庆福 刘广文 李生贵 吴秀云
李兆俊 牛怀玉 余德江 亓明生 郭贵清

1949 年至 2016 年历任县委书记名录

姓　名	籍　贯	任职时间	职　务
葛　莱	四川酉阳	1949.10—1950.4	县委书记
郭树塘	山西沁源	1950.4—1952.6	县委书记
李　雪	山西孝义	1952.6—1954.9	县委书记
范如源	山西古县	1954.9—1955.1	县委书记
范如源	山西古县	1955.1—1957.5	县委第一书记
卫继瑞	山西洪洞	1957.5—1957.9	县委第一书记
范如源	山西古县	1957.5—1959.2	县委书记
范如源	山西古县	1959.2—1960.6	县委第一书记
马思恭	山西稷山	1960.6—1963.1	县委第一书记
郑子明	山西稷山	1964.9—1967.1	县委代书记
古映光	山西安泽	1967.3—1970.2	核心小组负责人

汪芝武	河北省	1970.5—1971.3	核心小组组长
刘玺珍	河北省	1971.3—1973.5	县委书记
陈　丹	山西霍县	1973.5—1974.10	县委书记
米中兴	山西临汾	1974.10—1975.8	县委书记
王文学	山西垣曲	1975.8—1982.6	县委书记
王　敏	山西襄汾	1982.6—1983.12	县委书记
霍成福	山西定襄	1984.1—1985.3	县委书记
高清亮	山西洪洞	1985.3—1992.3	县委书记
陈　森	山西浮山	1992.3—1996.2	县委书记
李永林	山西吉县	1996.2—2000.4	县委书记
梁天运	山西灵石	2000.4—2003.7	县委书记
白建荣	山西方山	2003.8—2006.6	县委书记
梁若皓	山西襄汾	2006.6—2011.1	县委书记
任秀红	山西绛县	2011.1—2016.7	县委书记
李　强	山西壶关	2016.7—至今	县委书记

安泽县各界人民代表大会主席名录

届　次	姓　名	籍　贯	任职时间	职　务
第一届	郭树塘	沁源县	1949.11—1950.8	主　席
	李志忠	古　县	1950.8—1952.8	主　席
第二届	李　雪	孝义县	1952.8—1954.7	主　席

一至六届安泽县人民委员会委员名单

第一届 1955.1

范如源 李钟杰 葛云升 赵伯濂 孙耀华 张庭臣 宋天才 王丰财 常显庭

第二届 1956.12

范如源 李钟杰 葛云升 孙耀华 王丰财 张运昌 张衍义 宋天才 常显庭 弓世义

第三届 1958.5

范如源 陕盛保 王子衡 范 兴 张庭臣 李钟杰 张运昌
赵伯濂 常显庭 高云升 李海山 宋天才 徐 琳 乔兴盛 张衍义

第四届 1960.6

范如源 常显庭 李钟杰 赵伯濂 葛云升 徐 琳 张衍义
王兆炎 张爱忠 严国英 李海山 张清桂 原 刚

第五届 1963.6

古冶寿 师长英 乔洪德 宋天才 陈 震 马思恭 李海山
李钟杰 张守兴 张衍义 赵伯濂 常显庭 葛云升 祁文义

第六届 1965.11

王亚东 古冶寿 邓培杰 李海山 李俊灵 李钟珍 李春祥
邱进明 孟宗儒 张金榜 张衍义 陈克信 盖培岚 葛云升 董建勋

七至十五届安泽县人大常委会主任名录

届　次	姓　名	籍　贯	任职时间
第七届	郭德元	山西洪洞	1980.7–1984.11
第八届	宋兴华	山西古县	1984.11–1987.6
第九届	尉忠俊	山西洪洞	1987.6–1990.10
第十届	高　鹏	山西襄汾	1990.10–1993.5
第十一届	尚　旭	山西安泽	1993.5–1998.6
第十二届	尚　旭	山西安泽	1998.6–2002.4
第十三届	张忠祥	山西安泽	2002.4–2007.5
第十四届	杨湘蒳（女）	山西古县	2007.5–2011.6
第十五届	韩建辉	山西安泽	2011.6—至今

安泽县人民政府（人委、革委）领导名录

姓　名	籍　贯	任职时间	职　务
李志忠	古　县	1949.10	县长
张政铭	沁源县	1952.6	县长
陈寿亭	洪洞县	1954.10	县长
陕盛保	洪洞县	1956.12	县长
郑子明	稷山县	1959.1	县长
古映光	安泽县	1967.5	革委会主任
陈　丹	霍　县	1970.12	革委会主任
王文学	垣曲县	1974.1	革委会主任
王发家	襄汾县	1975.9	革委会主任
王　敏	襄汾县	1979.12	县长
郑泽生	襄汾县	1984.2	县长
段克己	稷山县	1990.6	县长
李永林	吉　县	1992.9	县长
梁天运	灵石县	1996.5	县长
祁寒冰	襄汾县	2001.2	县长
毛克明	洪洞县	2003.11	县长
张广勇	河南安阳	2006.6	县长
梁若皓(兼)	襄汾县	2008.8	县长
郑步电	浮山县	2009.10	县长
毛跟云	临猗县	2013.4	县长
牛庆国	万荣县	2016.08	县长
赵晨伟	侯马市	2019.01	县长

中国人民政协安泽县委员会主席名录

届　别	姓　名	籍　贯	任职时间
一	郭全兴	古县	1984.11
二	张玉书	安泽县	1987.6
三	尚旭	安泽县	1990.10
四	王修印	古县	1993.5
五	刘金龙	古县	1998.6
六	刘金龙	古县	2003.11
六	王作廷	安泽县	2004.6
七	王孝恩	安泽县	2007.5
八	王孝恩	安泽县	2011.5
九	高成锁	安泽县	2016.2

后　记

历史是最好的教科书。

经过数年努力，在庆祝中国共产党成立百年之际，《安泽县革命老区发展史》终于同大家见面了。

本书以习近平新时代中国特色社会主义思想为指导，以党的领导为核心，以老区人民为主体，以老区发展为主线，坚持辩证唯物主义与历史唯物主义的观点和方法，实事求是地记述安泽县的革命历史和发展现状。

《安泽县革命老区发展史》的编写，编年体与纪事体相结合，上溯 1927 年，下迄 2018 年。全书共分新民主主义革命时期、社会主义革命和建设时期、改革开放和社会主义现代化建设时期、全面建设小康社会四编，外加附录。书稿突出展现了安泽县革命老区人民创建和发展革命根据地的光辉历史，记录了不同历史时期的沧桑巨变，记录了老区人民在新的历史发展时期为实现中华民族伟大复兴驰而不息、全力拼搏取得的辉煌成就。

简单回顾一下本书的编写情况。

根据国家老促会安排，在省、市老促会的指导下，在安泽县委、县政府的具体领导下，县老促会会长杨湘萍同志亲自挂帅召开工作会议，2018年6月成立编纂委员会和编辑部，确定了编纂人员，制定了编纂方案。

开工伊始，大家认真查阅了既有资料，如《安泽县志》《安泽县革命老区》《中国共产党安泽县历史记事》《安泽县军事志》，等等。为了核实资料，同志们分头深入基层，走访知情人士，召开座谈会，广泛收集资料，了解各行业的发展情况，力争全面、准确地记录安泽的革命史实和发展历程。

经过全体编纂人员的辛勤努力，2019年6月形成初稿，尔后又经过多方面征求意见，反复修改，8月初审，9月中旬召开评审会议。与会同志一致认为，《安泽县革命老区发展史》政治观点正确，指导思想明确，史实准确，体例得当，结构合理，符合史志要求，可以付梓。

在编纂《安泽县革命老区发展史》的过程中，我们得到县各有关单位的大力支持，在此对有关单位提供资料和帮助一并表示真诚的感谢。

由于时间紧迫，所掌握的资料不够全面，加之编纂人员的文化水平与专业知识有限，疏漏和错误在所难免，欢迎读者不吝赐教。

编　者

2019年9月